Mapping
the
History
of
America

张津瑞　林广　著

地图上的美国史

第二版

东方出版中心

编 者 按

为了尽可能保证文图对照，书中地图可能标出了某些在全图比例尺下不太可能显示出来的地名，为求严谨，略去比例尺，请读者仅将书中地图作为简明绘制的示意地图参阅使用。

……既非平铺直叙的历史书,也非单纯的地图册,而是史地结合,时空交融,以图识史……独具匠心地成功地通过时间与空间的结合将美国历史立体地展现在读者面前……史地贯通,图文并茂,雅俗共赏,颇具特色。

——余志森,美国史研究专家
中国美国史研究会顾问
华东师范大学教授

历史地理学在我国……世界史研究领域及面向学生和公众的历史教学领域,相关应用极少。这套"地图说史"丛书,别出心裁,用简明易懂的地图并配以简短的文字说明来讲述历史,希望推动世界历史初学者一开始就形成结合地图来阅读历史,甚至自己动手绘制历史地图的习惯,同时激发学界、历史教育界关注这个重要的领域。

——沈志华,著名历史学家
华东师范大学历史系终身教授

以往的历史书写大多是在时间的维度上展开,而本套丛书则将历史置于空间中进行展现,这是历史观念和历史书写上的一种创新,丰富了历史的内涵。

——李宏图,法国研究史专家
中国法国史研究会副会长
复旦大学教授

……把文字的想象力和地图的表现力结合在了一起,文字力求通俗但也严谨,地图力求简明但仍有理有据,让历史的讲述更加丰富直观,也能推动初学者一开始就形成"把历史放置在特定时空中去考虑"的正确观念。

——邢来顺,德国史研究专家
中国德国史研究会会长
华中师范大学教授

时间、空间与人,这三个要素齐备,可以定位人类的任何知识,把握历史中种种变化的本源。自古以来,人们对地形、距离、空间、边界、世界的认知,在世界历史的进展中刻蚀出一层一层的标记。"地图说史"丛书凸显了史地不可分的历史学理念,这应是学习历史的正途。

——陈新,中国公众史学领域领军人物
浙江大学教授

……中学历史教师参考丛书备课,既可省却绘制地图之苦,亦可丰富教学内容之助……多年关注中学历史教育……很愿意向大家推荐这套丛书!

——任鹏杰,陕西师范大学基础教育研究院院长
《中学历史教学参考》主编

"地图说史"丛书……开启了以图像叙事和文字叙事互为关照撰写中学历史读本之先河。……图文互释,链接时空;古今贯通,领悟真谛。"地图说史"丛书的多样性和多层面,使历史在中学课堂中与我们的直接感知更加呼应、互相衔接。中学历史不再是枯燥的说教,而是亲切的立体的叙事。它正在改变中学历史教学。

——周靖,特级教师,华东师范大学第二附属中学历史特级教师
上海市教育学会中学历史专业委员会副会长

时间与空间就像是人类历史进程的经纬线,缺一不可。发生在特定经纬线交叉点上的重大历史事件,与出现的重要历史人物,往往会改变与影响历史的进程,令后人神往遐想和思绪万千。

——孔繁刚,上海中学历史特级教师
全国历史教研会学术委员会委员

历史发生在特定的时空中,没有地图的历史显然是苍白无力的。这套书有图有趣有真相,是爱好历史的人士必读之书。

——王雄,扬州中学历史特级教师
江苏省首届教授级中学高级教师
扬州市历史学科带头人

时空观念是历史学科的核心素养之一,古人即有"左图右史"之说。历史地图是历史事实形象生动的表现形式,既是知识成果的载体,也是教学的工具,利用历史地图进行历史教学,有利于学生形成准确的空间概念,加深对所学知识的理解。"地图说史"丛书具有简洁明快、化繁为简、直观形象等特点,清晰明了地把某些复杂难懂的历史事件、历史概念和历史结论生动活泼地阐释清楚,并揭示其内在本质,激发学生的学习兴趣,使学生产生深刻的印象,教师在操作时也可信手拈来,简便易行。对于中学师生培养必需的世界历史素养而言,这是一套难得的佳作。

——徐贵亮,安徽省教育科学研究院副院长
历史教研员,特级教师

前　言

一、学术史简说

从历史学诞生至今，文字表述一直是传递历史知识的最主要的方式。大多数的史学著作都以文字为主或者只有文字。不过，文字表达也有很大的缺陷。正如地理学家阿尔夫雷德·赫特纳所言，文字很难表达复杂的空间关系，"文字先后衔接缓慢，割裂了并存的情况，人们很难把文字转变为感官的直觉，而后者对于理解空间情况是必不可少的"。①历史地理学家 B.H.塔基谢夫也指出：对于历史上各种各样的事件和事件发生的时间，尽管历史学家们从字面上给我们作了明确的介绍，"但是事件在什么地方、什么情况下或者什么条件下发生，这些问题只有地理学和已编绘的地图能给我们说得一清二楚"。②

在批判传统史学著述方式的基础上，一些历史学家与地理学家合作，参与建立了历史地理学这一跨学科的研究门类，而他们的主要工作之一就是编著历史地图集。国内已引进的马丁·吉尔伯特著《美国历史地图集》便是一部非常典型的历史地理学著作。

或许是源于历史地理学的学科特点，大部分的历史地图集只有地图

---

① ［德］阿尔夫雷德·赫特纳著，王兰生译：《地理学：它的历史、性质和方法》，商务印书馆 1983 年版，第 465 页。

② 转引自张步天著：《历史地理学概论》，河南大学出版社 1993 年版，第 158 页。

而缺少相应文字表述。于是,这就走入了另一个极端,从而对读者,特别是非史学专业的读者造成了不便。因为地图很难表达历史事件的背景、细节、结果、影响及其在历史长河中的地位,更不可能承载抽象的思想或理论。而这些内容对于了解历史事件又是非常必要的,通常来讲,只有文字才能将它们充分地表述出来。

在理论上,读者只要一手拿着历史地图册,一手拿着通常的历史学著作,就可以比较全面地了解一个历史事件。可是,历史学家们在撰写历史著作时,很少觉得自己的写作应当与某本历史地图册相配合。历史地理学家们亦然。结果,读者们或许常常会发现,当自己对某个历史事件感兴趣时,却不清楚到哪里去找相应的历史地图;当自己对某幅历史地图感兴趣时,则完全找不到与地图相关的文字表述。

那么,能不能将地图与文字结合起来写成一本书呢?在美国史研究领域,军事史学家或许是这方面的先行者。在1959年出版的《西点美国战争史地图集》中,军事专家们便将军事地图融入军事史的叙事之中,采取了一页文字对应一幅地图的叙事方法。一些历史学家也尝试在某个专题,乃至通史著作中将文字和地图紧密地结合起来。在20世纪下半叶,随着历史学、历史地理学研究的迅速发展,诸如美国地理学会编著的《美国历史地图》等将历史地理学成果与史学叙事相结合的著作也应运而生。其中,以加里·那什所著的《美国历史地图集》尤为出色。因为加里·那什本人就是著名的美国史教科书《美国人民:创建一个国家和一种社会》的作者,他所著的地图册中,不仅每幅地图都有比较详细的文字解释,而且该书还可以与《美国人民》一书相参看。

不过,这些书籍也有自己的问题。首先,其中有些章节,例如谈到进步主义、黑人民权运动的部分,并没有附有地图。在有些章节中,地图和文字并不完全对应。例如,在探讨罗斯福新政的时候,历史学家们通常只给搭配上有关田纳西河流域管理局的地图。可是,田纳西河流域管理局仅仅是新政的一小部分,怎么可能反映新政的全貌呢?书中对某些地图的解读甚至还是有待商榷的。诚然,任何一本好书都难免有些缺憾,他人不应予以苛责。然而，也只有在发现、解决问题的基础上不断推陈出新，学术方可进步。笔者资历虽浅，但仍希望在这方面做一些贡献。其次，在上述著作中，著者很少对地图本身进行注释、标明引用来源。马丁·吉尔伯特所著的《美国历史地图》中甚至连一个字的注解都没有。从节约版面的角度来讲，这种做法情有可原，然而由此也产生了一系列问题。例如，这些书中的很多地图明显参考了更早一些的历史学家的研究成果。不标明参考资料来源的做法对于前人来说恐怕是不够尊重的。不仅如此，没有注释并标明资料来源，地图的可靠性也只有靠历史学家自己的名头来保证了。更重要的是，学术规范的缺位也极不利于历史地理学专业的发展。最后，上述著作一般成书于十几、数十年前，其中对历史问题的解读也带有特定时代的烙印。此外，除马丁·吉尔伯特《美国历史地图》之外，上述地图集通常部头不小、价格高昂，目前也都没有被引入国内。

本书尝试在上述美国史研究和美国历史地理学研究的基础上撰写一部简明的美国通史。内容基本可以满足初、高中学生以及非历史专业的本科生对于美国史学习方面的需求。对于专业的历史系师生来说，本书也可作为相关研究的入门书。不仅如此，由于国内在美国历史地理方面的研究几乎是一个空白，笔者也希望通过此书抛砖引玉，促进相关领域研究的发展。

二、全书的主要内容

本书以美国大国崛起的进程为主线，串联起48个对美国发展有重大影响的历史事件。全书分为四章，分别对应美国文明的奠基、经济发展与自我调整、全球扩张，以及建立以其为主导的世界秩序这四个历史阶段。

在1492年以前，北美洲还是印第安人祖祖辈辈生活着的家园。然而，自此之后，北美大陆发生了剧变。一群群来自欧洲的失意者和幻想者，怀着能在另一个世界得到新的起点、建立新家园、获得新财富的欲望，成群结队地涌入北美。他们有全新的杀戮技术和武器，他们有令人眼馋的花哨商品。他们冷酷无情地进入新世界，最初只是要求一小块土地容身，后来却成为整个大陆的主人！在这个过程中，欧洲的文化在北美的旷野中悄然地发生了变化，而辽阔的大西洋也日复一日地消磨了殖民者们对于母国的忠诚。终于，一个新的民族、一种新的社会、一个新的国家、一种新的制度伴随着工人农民的劳动号子、伴随着社会精英的响亮宣言和窃窃私语、伴随着凄厉的枪声和喊杀声，出现在了人类的历史舞台之上。而承载这一切的，便是崭新的美利坚文明。第一章便详述美利坚文明从无到有的过程。

统一的、有向心力的民族，较为完善的民主政体和广阔无垠的疆域构成了美利坚文明的基石，而工业革命的爆发更令这个年轻的文明发生了剧烈而深刻的变化。在不到一百年的时间里，美国从一个连高档纽扣都要从英国进口的乡巴佬国家一跃而成为世界顶尖的经济强国，而美国社会也由以农业、农村为代表的传统社会过渡到以工业、城市为代表的现代社会。在这场时代的大潮中，几家欢喜几家愁。有的人，例如亨利·福特、托马斯·爱迪生等人，凭借卓越的天赋、辛勤的工作以及必要的运气，成为人人羡慕的百万富翁；有的人，例如南部的奴隶主，逆时代而行终究被时代所淘汰；而另一些人则为建立一个公正而美好的时代而奋斗。第二章就记录了这场空前的时代变迁。

美国文明初建之日，恰逢欧洲文明向全世界扩张之时。幸好，广阔的大西洋和成群结队的英国军舰隔绝了欧洲列强争霸北美的野心，而美国人也乐得"闷声发大财"。自建国以来的近百年时间里，美国人的注意力都集中在开发自家资源之上，不愿意参与国际事务，特别是欧洲列强间的结盟和争霸。所谓的"孤立主义"便应运而生。然而，随着美国的日渐富裕，到19世纪末20世纪初，本土的资源已经不能满足各个阶层，特别是资产阶级的需要了。整合全世界的资源、开拓广阔的海外市场成为举国上下的一项急务。因此，"扩张主义"开始大行其道。问题是，"扩张"是一柄双刃剑。它在带来巨大经济利益的同时，也不是没有代价的。

在美西战争的战场上,在镇压古巴、菲律宾民族解放运动的作战行动中,在第一次世界大战的硝烟下,成千上万的美国人战死异乡,无数的财富在声声炮响中化为灰烬。因此,在 20 世纪 20、30 年代,当法西斯势力磨刀霍霍,准备挑起新的战争的时候,美国人却开始严肃地考虑是继续向外扩张,还是选择孤立主义的问题。最终,他们做出了什么样的选择呢?第三章将对此作出解答。

第四章则探讨美国在第二次世界大战结束后的历史。起初,随着大战的硝烟散尽,曾经不可一世的英、法、德等强国已虚弱不堪,而美国则是空前的强大和繁荣。在美国人觉得世界霸主的桂冠已近在咫尺的时候,在东方,两轮红日冉冉升起。苏联和中华人民共和国先后成为在世界上占有举足轻重地位的国家。整个世界由此发展成为以美国为代表的资本主义阵营与以中苏为代表的社会主义阵营相互制约、相互抗衡、相互竞争的"冷战"局面。为了打败社会主义阵营,美国不仅极力扩充军事实力,而且先后在朝鲜和越南,与社会主义国家进行了惨烈的局部战争。正当美国政府把注意力集中于国际事务之时,国内却后院失火。曾经深受压迫的黑人,在马丁·路德·金的领导下,发起了声势浩大的民权运动。在各方面因素的作用下,这场以非暴力为旗帜的斗争逐渐演变为大规模的城市骚动和暴乱。大学生们也不甘寂寞。他们走上街头,强烈抗议政府的战争政策。最令美国的统治阶层感到恐惧的是,一度繁荣无比的经济也出现了问题。在 50、60 年代,曾令美国人引以为傲的制造业开始衰退。各个老工业区不同程度地出现了衰败、凋零的现象。随着工业的衰退,美国的失业率大幅上升,而物价则开始飞涨。人民愈加愤怒,而政府束手无策。美国文明的航船,将会驶向何处?美国大国崛起之路是否会到此为止呢?

三、地图的构成、种类与绘制方法

本书采用地图、文字相互参照的写作方法。每一幅地图均由笔者依照学术规范、根据翔实的资料、利用图像编辑软件手绘而成。

（1）地图的构成

所谓地图，是指："将地球表面的自然和社会现象根据一定的数学法则、应用符号和注记，经过选择和概括缩绘于平面上的图像。"[①]本书所绘制的地图，按照地图学的分类，属于专题地图中的社会经济地图。书中任一幅地图均由底图和专题现象两个部分构成。

所谓底图，是指表示地球表面地理景观外貌的地图。底图中所展示的内容，例如陆地、山川等，不会因人类活动而在短时间内发生剧烈的变化。

其中，有关世界自然地理信息的底图系主要根据联合国官方网站的《世界》地图而绘制。网址为：Cartographic Section of the United Nations，"the World"，http：//www. un. org/Depts/Cartographic/map/profile/world. pdf。同时，笔者还参考了美国国家地理学会编《简明世界地图册》；中国地图出版社著《世界地图》；《世界国家地理地图》编委会编《世界地理地图集（简明版）》等资料。

有关美国自然地理信息的底图则根据以下资料绘制而成：美国地质协会官方网站上的美国地质地图，网址为：United States Geological Survey，"Online Files for USA Geology"，available at http：//pubs. usgs. gov/dds/dds11/kb. html ；中国地图出版社著《2012 美国地图（大比例尺 1：480 万）》；美国国务院国际信息局主编《美国地理概况》等。

在本书中，专题现象则特指，在特定的历史时期内，因为人类活动而产生的，诸如划定疆域、行政区，修建运河、道路，兴建城市、工厂等人文现象。它还包括特定区域内工业附加值、犯罪率、国内生产总值等经济、社会指标的变化。这些内容常常因为人类活动而发生鲜明的变化。

（2）专题现象的资料来源

为了保证地图的质量，每一幅地图中的专题现象都有特定的来源。这些来源大致可分为三类：

---

① 黄国寿、季明月编：《地图编制》，测绘出版社 1984 年版，第 10 页。

第一类，文字史料与统计数据。这里的文字史料并不是指书中的文字叙述部分，而是指档案、文献、日记等没有经过历史学家剪辑、利用过的原始文献。统计数据则来自联合国出版的《各国社会、经济报告》,世界银行出版的《各国经济报告》,美国统计署出版的《美国统计年鉴》、《美国统计摘要》,美国劳工部出版的《美国失业情况报告》,美国联邦调查局出版的《统一犯罪报告》等。在绘图的过程中，笔者使用各种图标、标注将其中所需的内容转换为比较直观的图像信息。

第二类，原始地图。原始地图系指历史上由探险者、地图测绘部门、统计部门、军事机构、新闻媒体等个人或团体出版的，包括资源分布图、政区划分图、军事形势图在内的地图资料。作为原始史料，在准确表明出处的情况下，复原、利用原始地图符合相关的学术规范，而在绘制相关地图时，笔者也力图严格依照原始地图进行绘制，尽可能不进行改动，以此保证地图的质量和准确性。不过，书中主要根据原始地图绘制的地图不会超过地图总数的三分之一。读者可在东方出版中心的官方网站上查阅笔者利用或参考的原始地图。

第三类，由历史学家、历史地理学家原创的地图。如前所述，随着历史地理学的兴起，历史学家和历史地理学家们绘制了各式各样的、反映美国历史发展的地图。由于这些地图凝结了学者们个人的思考和独创性的劳动，大量、完全地照搬这些地图难免要招致抄袭的嫌疑。在不得不参考前人原创的地图时，笔者尽可能修正其中的错误、补充其中的不足或加入个人的思考，在此基础上，制作出带有笔者个人风格的新地图。

（3）地图与文字叙述的关系

每一幅由笔者绘制的地图与相应的文字叙述之间都有密切的对应关系。两者各自承担对方所不具备的功能。不过，地图与文字间有着鲜明的主从关系，并且这种关系因地图的不同而有所区别。

在本书中，所有地图，根据其与文字叙述部分的关系，可以分为形势图和叙事图两种类型。其中，形势图反映特定历史时期内政治、经济、军事或社会发展的总体情况。与该图像对应的文字叙述部分处于从属地位,负责阐述与其相关的背景和细节,并对地图表达的信息加以分析和总结。

叙事图则用于反映按照一定步骤演进的历史事件。与其对应的文字叙述在图文关系中处于主体地位。一般来讲,文字叙述负责交代整个历史事件的起因、经过和结果。与独立战争、南北战争等军事历史有关的地图通常属于叙事图。

四、通用图标

图标是表达地图中专题现象的最基本的工具。书中共使用了数十种精心设计、形式各异的图标。其中,适用于书中所述的所有历史时期且含义一般不发生改变的图标主要有:

—·—·—	国界线	---------	州界线
—·—·—	特定历史时期不存在但最终出现的国界线	- - - - -	特定历史时期不存在但最终出现的州界线
◎	首都	○	城市
━━━	道路	▬▬▬	铁路
▭	海洋与湖泊	──	河流
🗻	山脉	▲	特定的山峰

对于上述图标,地图中不再予以特别的标注。

目 录

地图目录

第一章

白手起家

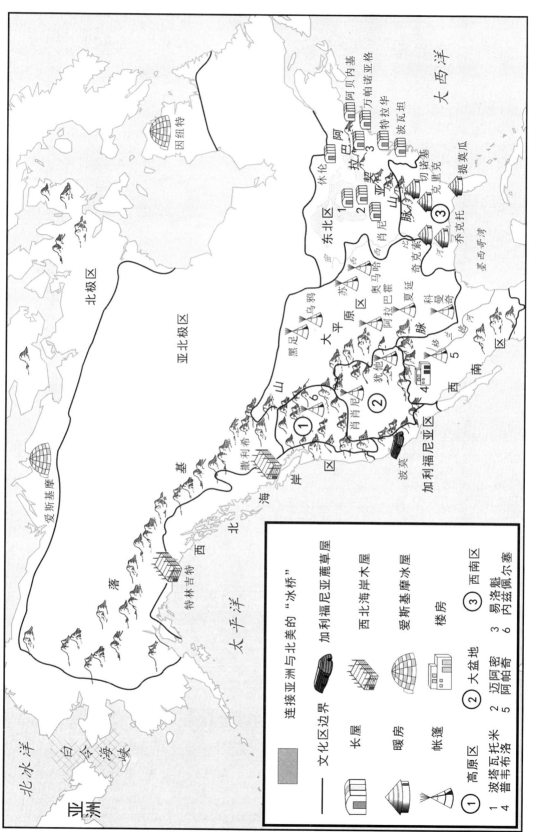

图 1 与白人接触前的北美印第安人

1. 1492年前后的北美印第安人

人们常说是哥伦布发现了新大陆。不过,对于美洲土著居民印第安人而言,所谓的"新大陆"却是他们祖祖辈辈生活的家园。根据考古资料,美洲印第安人来自亚洲,属于蒙古人种美洲支系。在数万年前的冰川纪末期,由于大量的海水被冻结成冰川,海平面下降,现在的白令海峡当时是一片野生动物时常出没的荒原。大约在2.54万年前,一群群游牧部落无意间从西伯利亚穿过白令海峡这片荒原,来到了阿拉斯加,并逐步向南迁徙,足迹渐渐遍布整个美洲。

经过世世代代的繁衍生息,在欧洲人到来前,在今天美国境内大约生活着150万至200多万印第安人。不同地区的印第安人,在语言、文化习俗、居住模式等方面都有很大的区别。古人类学家据此将北美印第安部落分成若干"文化区"。图1就反映了这些文化区和主要的印第安人部落的分布状况。从地理位置看,美国本土主要属于东北、东南、大平原、高原、大盆地、西北海岸、加利福尼亚、西南八个区域。阿拉斯加则包含北极区和亚北极区的部分土地。

东北区靠近大西洋,春夏温暖湿润,冬季气候寒冷,多森林、河流、湖泊。这里生活着易洛魁、阿尔贡金等印第安人部落或部落联盟。当地的印第安人大多已经发展到了新石器时代,掌握了以玉米、豆类、南瓜种植为主的农业技术。技术的进步推动了文化习俗、社会结构、政治体制等社会上层建筑的发展。印第安人修建起以长屋为主的半永久性的村庄。长屋是用树皮和树枝搭建的长方体形建筑,最长可达20余米,内有隔间,可供很多家庭使用。氏族部落是多数印第安人的社会组织形式。酋长是部落的领袖。主管祭祀的萨满和善于捕猎的战士在部落中有很高的地位。1492年前后,经过长期的交往,安大略湖以东的若干部落组成了易洛魁联盟。联盟的成员按照公开辩论、平等和一致同意的原则,用民主的方式解决争端。

东南区东临大西洋,南濒加勒比海的墨西哥湾。这里光照充足、土地肥沃、气候湿热。在12世纪,若干印第安文明曾辉煌一时,但由于种种原因,壮丽的城市遭到了废弃,文明消失在历史的长河之中。到15世纪,在这一区域繁衍生息的印第安人,包括切诺基、克里克、契卡索等部落或部落联盟,已经忘记了祖先们的辉煌及其曾掌握的很多技术。当地常见的建筑是一种被称为"暖房"的尖顶茅草屋。村庄内阶级分化比较明显。

密西西比河以西是一片广袤的大平原区。这里是苏族、阿拉巴霍、阿帕奇等印第安人部落的家园。这里降水稀少,环境与密西西比河以东地区相比,要恶劣得多。不过,大平原也是几百万头野牛的家园。当地的大多数印第安部落靠狩猎野牛为生。他们不仅猎取野牛获得肉食,而且用野牛皮缝制衣服和帐篷。很多印第安部落,例如阿帕奇部落,追逐野牛群,过着游牧生活。另一些部落,例如苏族,则种植玉米、南瓜等作物,过起了半定居的生活。

大平原以西为西北海岸区、高原区、大盆地区、西南区和加利福尼亚区。这里位于落基山脉的范围内,地形起伏大,气候条件恶劣,土地贫瘠,交通不便。很多印第安部落与世隔绝,社会经济发展水平很低。例如大盆地的肖肖尼部落主要靠采集浆果、捕捉昆虫和小动物为生。尽管如此,也有一些例外。例如,西南部的普韦布洛部落有着上千年的定居与农耕历史,是15世纪北美文明程度最高的印第安人。他们切割岩石、制造泥砖,以此修建围墙和房屋。

北美西北部的阿拉斯加地区气候极其寒冷,但是一些印第安人仍然在那里安居下来。北极区的爱斯基摩印第安人懂得修建冰屋的技术,以捕鱼、猎杀海豹为生。亚北极区边缘地带的撒利希部落和特林吉特部落都会修建风格独特的木屋。

印第安人在美国历史上扮演了非常重要的角色。他们是北美农业的先驱者,培植出了玉米、马铃薯、西红柿、南瓜等农作物。他们留下的农作物种类,约占现在美国全部农作物品种的七分之四。印第安人在和大自然的斗争中学会了设陷阱捕捉海狸和狐狸,在无人迹的荒野中以火把寻路、用野草制药、用玉米制糖等实用技术。没有他们的帮助,欧洲殖民者很难在北美立足。印第安人的民主制度对于美国政治体制的形成也发挥过积极的影响。印第安人甚至还在反法西斯战场上发挥了重要的作用。在太平洋战场上,日本军队经常窃听美军的通讯,使得美军处于不利地位。美军于是征召印第安人入伍,充当通讯兵。印第安人的语言生僻,比密码还难破译。因此,印第安人通讯员之间可以通过电话或步话机侃侃而谈,而窃听的日本兵只能干瞪眼。为了纪念印第安人通讯员的功绩,2000 年,著名导演吴宇森拍摄了影片《风语者》。

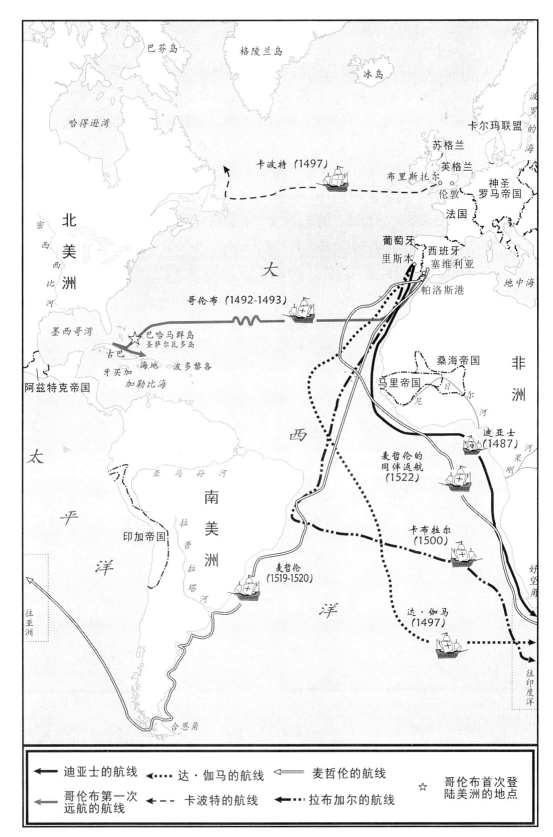

图2 新航路的开辟

2. 地理大发现

    15 世纪以前,世界仍处于分散的、闭塞的状况。当北美印第安人还在氏族社会里挣扎时,大西洋彼岸的意大利和西北欧地区,资本主义已开始萌芽和发展,一批强有力的君主国取代了孱弱的封建制国家。对商品市场和生产原料的渴求驱使欧洲人开始向海外扩张,进行殖民活动。造船技术的进步、航海设备的更新、指南针的应用都为欧洲人向海外探索新航路创造了有利的条件。图 2 展示的就是 1500 年前后欧洲人探索新航路的主要历程。

    首开探索新航路先河的是葡萄牙人。为了获得中国、印度的香料、黄金和丝绸等物品,葡萄牙人不断探索通向东方的新航路。1487 年,迪亚士率葡萄牙船队到达了非洲的最南端,也就是今天的"好望角"。

    西班牙人也不甘示弱。1492 年 8 月 3 日,意大利热那亚航海家克里斯托弗·哥伦布受西班牙国王派遣,带着给印度君主和中国皇帝的国书,率领 87 名水手、三艘帆船,从西班牙帕洛斯港扬帆出大西洋,径直向西航行。他们同惊涛骇浪搏斗,经 70 昼夜的艰苦航行,终于横渡大西洋,于 10 月 12 日凌晨到了巴哈马群岛中的圣萨尔瓦多岛,接着又到达古巴和海地。之后,哥伦布分别于 1493 年、1498 年、1502 年三次西航,到了牙买加、波多黎各等岛屿,以及中美、南美洲大陆沿岸等地方。但当时哥伦布误认为自己到了印度,所以,加勒比海一些岛屿至今还被称为西印度群岛。偌大一个美洲,在当时还不为人知。所以,人们称哥伦布发现了"新大陆",由于哥伦布笃信自己到达了印度,因此他就将当地土著冠以"印第安人"的称呼,意即印度人。于是,"印第安人"的称呼就这样一直沿用了下来。

    继哥伦布发现新大陆之后,英、法、葡萄牙等国也开始了对美洲的探索。1497年,意大利人约翰·卡波特在英国国王亨利七世的资助下,率领船队到达北美洲东北海岸。1500年,葡萄牙航海家卡布拉尔从里斯本出发,直指印度。然而,船队在途中遇风迷失方向,意外地漂流到今天南美东部的巴西。这次航行为葡萄牙在巴西境内建立殖民地提供了依据。

人们对"西印度群岛"了解得越多,越是纳闷,因为当地荒蛮、贫穷,和传说中的中国和印度截然不同。1497年7月,达·伽马率领的葡萄牙船队从里斯本港出发,绕过好望角,到达印度西海岸,真正开辟了通往东方的航路。此后,人们开始怀疑,哥伦布是不是走错了路。1503年,曾到访美洲的探险家亚美利哥·维斯普奇大胆地提出:哥伦布所发现的土地并不是亚洲,而是"见所未见、闻所未闻的全新世界。"①他撰写的介绍新大陆风土人情的文章更是风行欧陆。于是,当时的地理学家们便用亚美利哥的名字来命名哥伦布所发现的新大陆。②

在历次探险、航行的基础上,1519年9月,葡萄牙人裴迪南·麦哲伦率领一支由五艘帆船和265名水手组成的船队,从西班牙的塞维利亚港启航。第二年11月,这支船队抵达南美洲南端的以他名字命名的麦哲伦海峡。随后,麦哲伦的船队向西北方向驶入太平洋。他们在太平洋上漂泊了70天,忍饥挨饿,艰难前行,于1521年3月到达菲律宾群岛。在与群岛居民的殖民冲突中,麦哲伦身中毒箭,客死他乡。麦哲伦的部下驾驶唯一完好的帆船"维多利亚"号继续他未完成的航程,渡过印度洋,经好望角,于1522年9月返回了它的出发地塞维利亚港。麦哲伦的船队历时三年横渡太平洋、印度洋,完成了环球航行,并且以考察实践证明了地球是圆球形的,世界各地的海洋是连成一体的。这样,从欧洲到美洲以及经由美洲达到亚洲的新航路终于开通了。

新航路的开辟改变了世界历史的进程。它打破了以往人类文明区域性分割和孤立发展的局面,首次将全球人类联系成为一个密不可分的

----

①　Amerigo Vespucci, Letters of Amerigo Vespucci, http://mith. umd. edu/（下载时间2014年2月5日）

②　亚美利哥,拉丁文为Americus。地理学家用拉丁语中表示地名的后缀-a替换了该词的最后两个字母,从而构成了一个新词:America。中文含义是美洲或美国。

整体,由此开启了人类文明一体化的进程。从那以后,西方终于走出了中世纪的黑暗,开始进入资本主义高速发展时期,一种全新的工业文明成为世界经济发展的主流。新航路的开辟也引发了欧洲大规模的海外殖民和扩张,而美洲首当其冲,遭到了欧洲列强的侵略与瓜分。

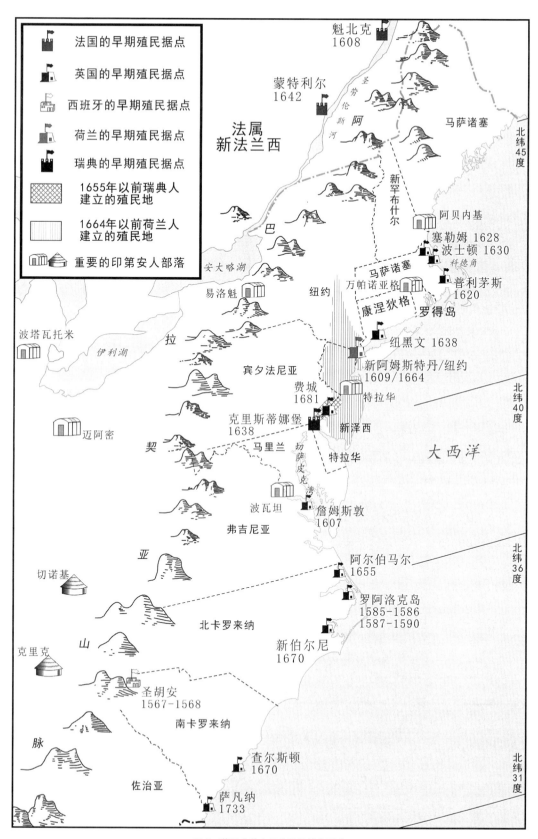

图3 英属北美十三个殖民地的形成

3. 英属北美十三个殖民地的建立

新航路开辟之后,欧洲列强在北美展开疯狂的掠夺和征服活动。英国人是其中的积极分子。经历了若干次失败的尝试之后,1607 年 4 月 26 日,英属弗吉尼亚公司在切萨皮克湾沿岸建立起英国在北美的第一个永久性殖民地詹姆斯敦。这里地势低洼、密林环绕,不仅难以种植,而且疟疾盛行,生活条件极其艰难。1614 年,殖民者约翰·罗尔夫在詹姆斯敦试种烟草成功,产品盛销欧洲,詹姆斯敦因而迅速发展起来,并逐渐扩张,形成了弗吉尼亚殖民地。1632 年,英王将波托马克河以北、原属弗吉尼亚殖民地的一部分土地授予信奉天主教的卡尔弗特家族。后者随即在此建立了马里兰殖民地。

当切萨皮克湾附近诸殖民地迅速发展之际,一些在英国受迫害的清教徒们也开始了他们的新大陆之旅。1620 年,一批清教徒乘坐"五月花"号帆船前往北美,在大西洋上航行 66 天之后到达北美东北部的科德角。在那里,他们签署了一份后来被称为《五月花号公约》的契约,约定上岸后"建立公民治理的政治团体"①。登陆以后,清教徒们建立起普利茅斯殖民地。在印第安人的帮助下,清教徒学会了种植玉米和捕鱼的技术,并度过严寒艰难地生存了下来。1621 年,清教徒邀请了附近的印第安人一起共庆丰收。这就是感恩节的来历。1630 年春,以约翰·温斯罗普为首的另一群清教徒,怀着建立"山巅之城"的梦想来到美洲,在普利茅斯以北建立起马萨诸塞殖民地,首府为波士顿。从 1630 至 1642 年间,约有 1.3 万名英格兰人前往马萨诸塞,开垦荒地,建立城镇。出于对

---

① Mr. John Carver, Mr. William Bradford, etc., Agreement Between the Settlers at New Plymouth May (flower Compact), http://avalon. law. yale. edu/17th_century/mayflower. asp (下载时间: 2014 年 1 月 1 日)

新土地的渴望以及殖民者内部的竞争与分歧,一部分移民离开了马萨诸塞,并在其以南建立了纽黑文、康涅狄格和罗得岛等殖民地,在其以北建立新罕布什尔殖民地。各殖民地之间既合作又竞争,并争相扩张领土。1652 至 1658 年间,马萨诸塞吞并了新罕布什尔以东的大片土地,1691年,又吞并普利茅斯。康涅狄格则吞并了纽黑文。

1640 年,英国资产阶级革命爆发。血腥的内战牵扯了英国人的大部分精力,殖民活动一度中断,直到 1660 年以后才恢复,但此时,西班牙、法国等国已经在北美建立起比较稳固的殖民地。尤其是荷兰,它在北美建成了"新尼德兰"殖民地。其版图包括特拉华河流域、哈得孙河流域等广大地区。外国殖民地对英国殖民地的发展和扩张构成了巨大的威胁。英国统治者决定诉诸战争。1664 年,约克公爵派军队攻占新阿姆斯特丹,迫使新尼德兰殖民地投降。为了表彰约克公爵的战功,新尼德兰殖民地和新阿姆斯特丹均改名为"纽约"。

1664 年,英国国王正式将纽约殖民地的大部分地区分封给约克公爵,而约克公爵又将其中纽约市以南,特拉华河以东的土地授予他的两位挚友。后者据此建立了新泽西殖民地。在特拉华河以西、马里兰殖民地以北,是一片广袤的平原地区。1643 年,瑞典移民在这里殖民,后来,这片土地又被荷兰人占领,最后还是落到了英国人手中。1681 年,英国国王查理二世为了偿付欠威廉·宾父亲的 1.6 万英镑的债务,将上述土地抵给了威廉·宾。威廉据此建成宾夕法尼亚殖民地。1682 年,威廉又从约克公爵手里获得了位于新泽西以南,名为"下游各县"的一块土地,并将之并入宾夕法尼亚殖民地。1702 年,由于税收、管理方面的分歧,宾夕法尼亚殖民地发生了分裂,下游各县在事实上独立了出来,后来更名为特拉华殖民地。

1663 年和 1665 年,英王查理二世颁布特许状,将北美北纬 31 度至36 度线之间的大片土地授予一批宠臣,令他们建立卡罗来纳殖民地。其中一名宠臣威廉·伯克利以弗吉尼亚为基地,组织殖民队伍前往阿尔伯尔马湾和帕姆利科湾沿岸拓殖并成功地建立起以新伯尔尼为核心的若干殖民据点。1670 年,另外几名宠臣在阿什利河河口建立了查尔斯镇,后更名为查尔斯顿。由于新伯尔尼和查尔斯顿之间距离遥远,不利于统一管理,1712 年,卡罗来纳殖民地发生了分裂。殖民者们分别以新伯尔尼为核心建立了北卡罗来纳殖民地,以查尔斯顿为核心建立了南卡罗来纳殖民地。18 世纪 30 年代,以詹姆斯·奥格尔索普为首的慈善家们计划将英国穷人、犯人安置在北美殖民地,以缓解英国本土日益严重的社会问题。该计划得到了英国王室和议会的支持,获得了南卡罗来纳以西的大片土地,以及巨额的财政资助。1733 年,由奥格尔索普带队,114 名移民前往北美,在萨凡纳河附近建立了佐治亚殖民地的第一座城市萨凡纳。

　　截至 1733 年,经历了几代人的殖民活动,英国在北美建立了 13 个殖民地。此后,英国又通过殖民、战争等手段在北美建立了新斯科舍等新的殖民地。然而,唯有之前这 13 个殖民地于 1775 年宣布独立,成立了美利坚合众国。"英属北美十三个殖民地"因此成为一个专有的历史名词。

图 4-1 截至 1775 年英属北美殖民地的经济发展状况

4. 殖民地社会经济的成熟

随着英国殖民地的建立，北美大陆的社会生活，乃至自然环境都发生了深刻的变化。欧洲人大批来到北美。大片沿海荒地开垦为肥沃的农田。大大小小的殖民据点星罗棋布，特别是在沿海出现了纽约、查尔斯顿、波士顿、费城、巴尔的摩等人口较为稠密、经济较为发达的大城市。人们安居乐业，生活条件日益改善。据说，到殖民地时期结束时，北美的殖民者们在整体上已经成为世界上最富足的人群之一。

当时的北美，地多人少，只要肯劳动，除了奴隶之外，大多数人都能在有生之年获得至少200亩（约50英亩）的农场，成为受人尊敬的有产者。发财致富、出人头地是这样的可望又可及，因此殖民者们尽心尽力地经营自己的产业，因地制宜地发展出不同的产业。

英属殖民地的最南端，弗吉尼亚、马里兰、北卡罗来纳、南卡罗来纳和佐治亚等五个殖民地一般被称为"南部殖民地"。这里光照充足、土地非常肥沃，十分适合热带作物的生长。当地出产的烟草、靛蓝和稻米是整个英属北美殖民地最重要的出口产品。一些农民在农闲时还利用当地丰富的林业资源生产柏油、松香等航海用品。作为这些农、林产品的中转站，巴尔的摩、萨凡纳、查尔斯顿等海港城市迅速发展了起来。尤其是查尔斯顿，它一度成为北美大陆上百万富翁最多的城市。

弗吉尼亚、马里兰以北的纽约、新泽西、宾夕法尼亚则是"中部殖民地"。这里土地平坦、肥沃，河流纵横，十分有利于农业的发展。其中，宾夕法尼亚的农牧业十分发达，是整个北美殖民地最大的小麦生产基地，有着"粮仓"的美誉。新泽西则遍布桃树和苹果树。而纽约出产的牛奶、面粉、啤酒和牲畜也广受欢迎。除了农业之外，中部殖民地的工商业也十分发达。纽约与费城都是当地重要的工商业城市。

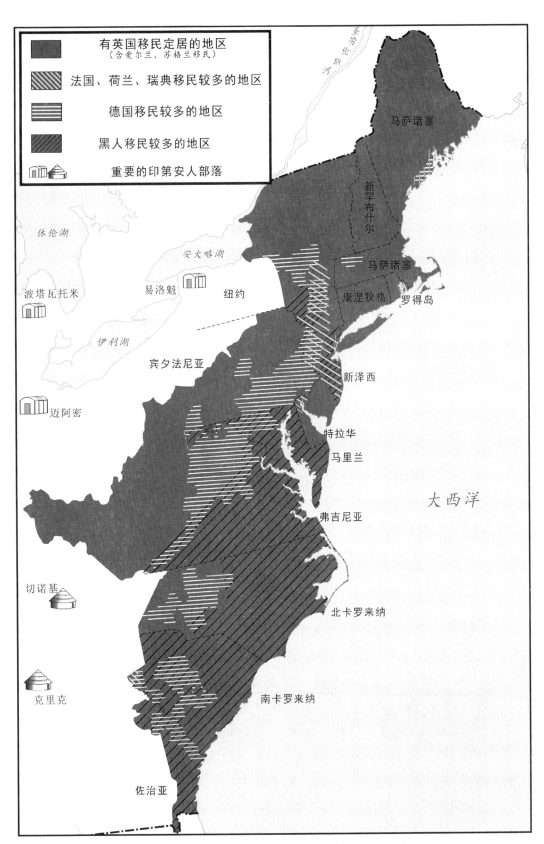

图 4-2 截至 1775 年各族裔移民在英属北美十三个殖民地中的分布情况

在英属北美十三个殖民地的北端有马萨诸塞、康涅狄格、新罕布什尔、罗得岛四个殖民地。17世纪初,英国航海家约翰·史密斯将罗得岛附近的土地命名为"新英格兰"。后来,"新英格兰"成为上述四个殖民地的统称。美国独立后,缅因、佛蒙特两州相继建立,亦成为新英格兰的组成部分(参见图11-1)。这里山林密布,乱石嶙峋,土地相对贫瘠,不太适合耕作农业,但是却很适合种植牧草、放养牲畜,因此畜牧业十分发达。同时,新英格兰地区靠近世界著名的纽芬兰渔场,鱼类资源极其丰富。每年捕鱼业都能为当地居民带来巨额收入。受益于捕鱼业的繁荣,新英格兰的伐木业、炼铁业、铁器制造业、造船业、航海业迅速兴旺起来。殖民地时期快结束的时候,三分之一的英国船都出自新英格兰工匠之手,而波士顿更成为整个英属北美殖民地最重要的商业港口之一。除此之外,各个殖民地的边疆居民还常常和印第安人贸易,用酒、铁器、衣服等手工产品换取皮毛。

随着经济的发展,各殖民地之间的经济联系大大增强。到18世纪中叶,新英格兰和中部殖民地的商船队已经基本控制了殖民地的海外贸易。以保险为主的金融业迅速发展。各殖民地的主要城市已经通过桥梁、渡船、道路网和商船队连接了起来。彼此间商旅往来络绎不绝。统一的北美市场形成了。

为了寻求更好的生活,新来的移民常常成为开拓殖民地的先锋。在殖民地经济的发展中,移民起了极其重要的作用。源源不断涌入北美的移民提供了必要的资本、技术和劳动力。

英属北美各殖民地成立、发展之时,恰逢欧洲战乱频发、瘟疫横行之际。尤其是在英国,贪得无厌的地主们大规模地圈地。这场以"羊吃人"闻名的运动使无数农民失去土地和家园,沦为流民。北美辽阔、富饶的土地无疑像磁石一样吸引着每一个在贫苦中挣扎、在战乱中求生的欧洲人。随着各殖民地的巩固,欧洲人便像潮水一样涌进了北美。他们在北美以惊人的速度生儿育女。每对父母平均要生养6到10个子女。如此高的出生率又进一步增加了殖民地的人口。在1620年,整个英属北美殖民地只有2000多名白人,1720年增至近40万人,1780年竟然达到200万以上,堪称史无前例的人口高速增长。

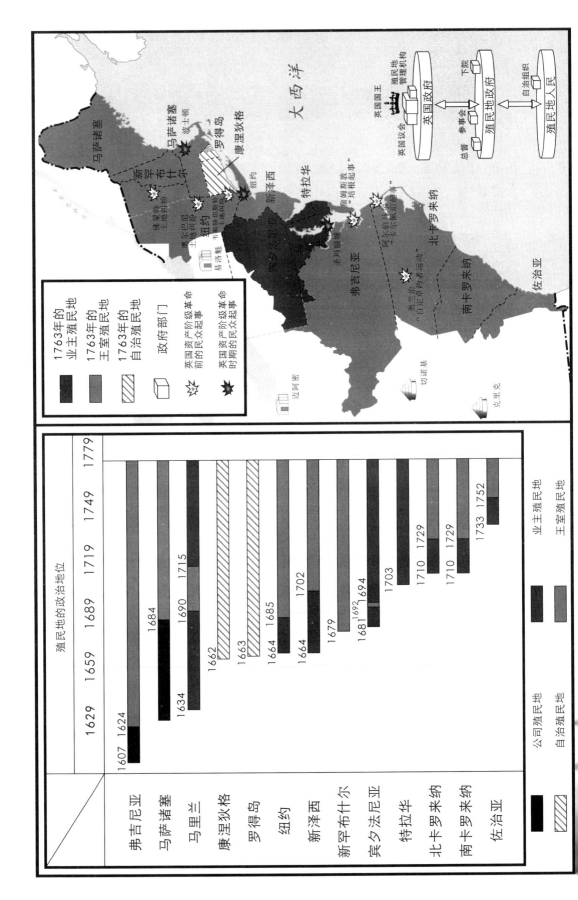

就移民来源来看,英裔移民是殖民地居民的主体。自英属北美殖民地建立以来,英国人便源源不断地移民北美。这股移民潮流在1629至1640年间达到高潮。到17世纪末,英国移民已占殖民地白人总人口数的90%以上。不过,自1688年光荣革命结束后,英国的政治、经济条件日益改善,前往北美的移民大幅减少。而来自德国、法国、北爱尔兰等国家和地区的移民开始增多。如图4-2所示,由于生活环境比较好的沿海地区早已被英国殖民者占据,这些非英裔的居民只好到边疆去开辟自己的家园,成为殖民地扩张的开路先锋。在南部各殖民地中,欧洲人不太适应当地炎热、潮湿的气候,而种植园里的艰苦生活更让他们望而生畏,很少有移民愿意来定居。为了弥补劳动力的匮乏,南部殖民地的种植园主们大肆购买黑人奴隶。约有40万到60万的黑人被贩奴船运进北美。尽管没有人身自由,但黑人仍有机会建立家庭,繁衍生息。到1770年,黑人已占殖民地居民总数的五分之一。

总的来看,英裔移民是英属北美殖民地的主要开拓者和建设者,掌握着殖民地的政权和经济命脉。他们为殖民地带来了英国的语言、政治制度、法律、宗教、风俗习惯以及伦理道德观念。新来的移民只有适应他们的文化、掌握英语才能够适应殖民地的生活。尽管如此,在不同国家、不同文化的殖民者们共同生活、共同劳动的过程中,非英裔的移民也将自己的文化带进了北美大陆。而在这块崭新的大陆上,英国文化本身也发生了微妙的变化。一位殖民者在1782年感慨道:"有这样一个家庭,他的祖父是英国人,他的妻子是荷兰人,而他的儿子却娶了一个法国女子,他们的4个儿子现在娶了4个不同国籍的妻子……来自世界各国的人融合成一个新的种族,他们所付出的劳动以及他们的后代,总有一天将使世界发生巨大的变化。"①经过长期的交流与融合,到18世纪中后期,在殖民地内,一种新的文化——美利坚文化、一个新的民族——美利坚民族诞生了。

随着经济的发展,人口的增多,殖民地逐渐形成了以总督、议会为核

---

① J. Hector St. John de Crèvecoeur, *Letters from an American Farmer and Other Essays*, Cambridge, Mass.: Belknap Press of Harvard University Press, 2013, p. 31.

心的成熟政治制度。其中,总督是殖民地的首脑,有权掌握军队、召集或解散会议、否决立法、任命下级官员等重要权力。总督一般由殖民地的所有者或英国国王任命,但是在康涅狄格、罗得岛少数"自治殖民地"中由居民选举产生。17世纪末18世纪初,英国加强了对殖民地的管理。弗吉尼亚、马萨诸塞等八个殖民地被收归英王直辖。其总督都由英国国王直接任命,成为英王统治殖民地的象征。其他殖民地的总督也要经英王批准后才能上任,而殖民者们不仅很难去英国当官,也无权选出代表,参加英国议会。

与总督相比,议会更多地反映殖民者们的利益。1619年,弗吉尼亚殖民地建立了北美第一个由选举产生的立法会议,由此开启了殖民地的民主化进程。此后,信仰自由、政教分离、无记名投票等政治权利、陪审团公审等政治制度以及"政府是人民的公仆"等政治观念逐渐在各个殖民地确立起来。在新英格兰等地区,基层政权甚至完全被殖民者们的自治机构——村镇会议所掌握。到17世纪,大多数殖民地的政府中都出现了两院制议会。所谓两院制议会,一"院"被称为"上院"或"参事会",一般通过选举或总督任命的方式,由殖民地上层人士组成。另一"院"则称"下院",全部由殖民者们的民选代表组成。上、下两院都有立法权,法案由两院通过后再由总督批准、实施。不同的是,经过长期的政治斗争,上院在人事任免、审判民事纠纷方面有很强的影响力,下院则掌握着征税、拨款、查账等财务方面的权力。从现在的标准来看,北美殖民地的议会制度有很多的弊端,例如,贫民、印第安人没有选举权,黑人甚至连人身自由都没有。然而,在当时,北美殖民地的议会制度确实非常先进。通过这一制度,殖民者们得以组织起来,与总督的权势抗衡。而善于盈利、愿意投资、乐于采用新技术的商人、农场主、手工工场主,就是我们常说的新兴资产阶级,也因此能够通过选举,进入政界或影响政府决策,促使政府采纳对其有利的法案与政策。不仅如此,在长期的议会斗争中,一大批政治精英脱颖而出,成为未来殖民地独立斗争的领导者。

5．殖民地人民的觉醒

随着殖民地社会、经济、政治的发展,脱离母国统治的离心思潮也在日渐增长。在这一过程中,文化和教育扮演了重要的角色。

殖民地的教育起源于弗吉尼亚。1616 年,英国国王下令在詹姆斯敦建立一所大学,实施"真正虔诚的、符合道德的、文明的"教育。几经周折之后,虽然大学一时没有建立起来,但是教育事业却在殖民地生根发芽。17 世纪,在私人的资助下,弗吉尼亚殖民地共建立了五所学校,并颁布了一系列鼓励办学的法规。新英格兰殖民地更加热衷于教育。1636 年,马萨诸塞殖民地政府在牧师约翰·哈佛的资助下建成了旨在培养牧师的哈佛学院。它是今日哈佛大学的前身。1639 年,殖民地政府还建立了第一所用税金办学的公立学校,并于 1642 年颁布《义务教育法令》,要让孩子们有读书和写字的机会。五年后,它又进一步颁布了法律,责成每个有 50 户居民的乡镇应该指派一名教师教育儿童,每个有 100 户居民的乡镇则要设立中学。

英国资产阶级革命后,为纪念当时共同主政的英国国王威廉三世与他的妻子玛丽二世,也为了适应殖民地社会经济发展的要求,英国决定在弗吉尼亚殖民地建立英属北美殖民地第二所高等学府——威廉—玛丽学院,学院注重《圣经》教育,同时也关注实用性和社会需要。1701 年,在以詹姆士·皮尔庞为首的传教士推动下,康涅狄格法院成立一所教会学校,1716 年,该校迁至纽黑文,1718 年,在英国东印度公司高层官员伊莱休·耶鲁资助下,教会学校正式更名为"耶鲁学院",后来演变为今日的耶鲁大学。

上述学院注重人文科学素养的培养,不太关心生产和谋生技能方面的训练,因此培养出来的学生不太适应社会经济发展的需要。因此,富

图 5-1　英属北美十三个殖民地的高等教育事业

兰克林于 1749 年提出了《宾夕法尼亚青年教育的建议》，倡议建立面向实际的新型中等学校，建议修习科学，学习历史、数学以及采用本族语进行教学等等。在富兰克林倡议下，1751 年开办了费城学院，开设算术、会计、英文文法、簿记、公共演讲、书法、绘图、航海、科学、测量等课程。这种学院不同于哈佛学院和耶鲁学院，它将科学学科引入学校的教学大纲，非常适应当时社会经济发展需要，成为日后美国高等学校办学的主要方向。

到美国革命前夕，各个殖民地相继颁布建立学校的法律。初等教育逐渐发展了起来。越来越多的殖民地居民学会了读书和写字。新泽西学院、达特茅斯学院、罗得岛学院、国王学院、皇后学院等高等学府也相继建立。

教育事业的发展不仅为殖民地输送了大批专业人才，而且深刻地影响了殖民地的政治生活。一方面，公共教育的发展有效地提高了殖民地居民的识字率。在此基础上，公共传媒迅速发展了起来。波士顿、纽约等城市相继出现了报社和杂志社。其中，《宾夕法尼亚日报》是当时最有影响力的报纸。它的读者遍及英属北美十三个殖民地。这些报纸、杂志在创建伊始就扮演了殖民地人民的喉舌，成为反对英国总督的残暴统治、争取殖民地居民民主自由权利的急先锋。新闻的传播速度也大为提高。以 1775 年 4 月 19 日发生的"列克星敦枪声"（详见下一节）为例，波士顿的报刊当天就登载了殖民者与英军之间发生武力冲突的新闻。几天后，这一事件在中部殖民地变得家喻户晓。几周之后，消息便传到了南部各殖民地。通过大众传媒，各殖民地的居民在思想上拉近了彼此间的距离，促成了美利坚民族的形成。

另一方面，殖民地的高等学府也培养出一大批政治精英。《独立宣言》起草者之一、美国第三任总统托马斯·杰斐逊就是威廉—玛丽学院的高材生。担任过华盛顿侍从武官，参与编撰《美利坚合众国宪法》并奠定美国"工商立国"政策的亚历山大·汉密尔顿则毕业于国王学院。大学还为殖民地培养了一类特殊的人才：律师。作为钻研法律、精于诉讼的群体，律师对于暴政和不公最为敏感，对于法律条文的编制也颇有心得。更重要的是，他们大都能言善辩，这在唤醒民众、发动民众、组织民

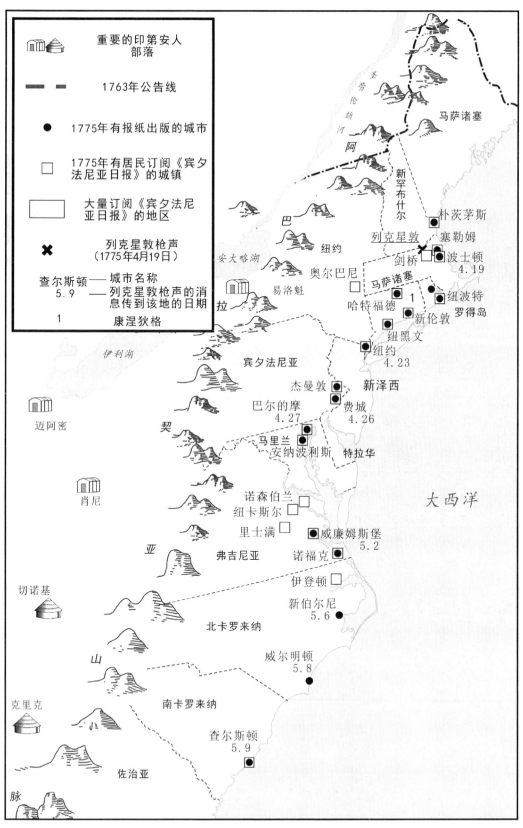

图 5-2　截至 1776 年英属北美十三个殖民地的新闻出版事业

众方面起到了重要的作用。

高等学府的发展也促成了启蒙思想的传播。启蒙运动是发生在17、18世纪欧洲的一场反封建、反教会的资产阶级思想文化解放运动。启蒙思想家们猛烈地抨击封建制度,提倡理性和法治,推崇人权、自由和平等。尽管北美的一些大学或学院并不欢迎启蒙思想,但校方无法禁止学生去了解、阅读启蒙思想家们的著作。其中,英国思想家霍布斯、法国思想家狄德罗等人的社会契约思想,即"国家不是根据神的意志而是人们通过社会契约创造的",英国思想家洛克和法国思想家孟德斯鸠的立法、司法、行政"三权分立"思想,以及法国思想家卢梭的"主权在民"思想等在殖民地的高等学府中广泛传播。18世纪下半叶,启蒙思想已经得到了大多数殖民地精英的认同。有"美国革命之父"之称的塞缪尔·亚当斯当年在哈佛大学的硕士毕业论文的题目就是《论殖民地人民是否可以合法地抵制英国法律》。

抵制英国法律的机会很快就到来了。1756至1763年间,英国、法国等国,在欧洲、北美洲、印度等广大地域进行了争夺殖民地和领土的战争,史称"七年战争"。在北美战场上,英国在印第安人与殖民地居民的支援下打败了法国,控制了北美东部的大部分地区。为了控制殖民地人民和安抚印第安人,英国政府发布《1763年公告》,划定1763年公告线,规定公告线以西属于印第安人保留地,禁止殖民者移民和定居。这个公告引起殖民地边境居民的强烈不满。同时,经过长期的战争,英国政府面临着严重的财政困难。为了筹集资金,英国政府决定向殖民地征税,于18世纪60年代颁布了一系列征税法令。其中影响最大的是《印花税法》。

印花税起源于荷兰,征税对象主要是商业合同、单据、账册和法律文书。纳税人需要自行购买带有"税资付讫"字样的印花,再将之粘贴在需要课税的文件上。今天,包括美国在内,大多数国家都征收印花税。不过,在17、18世纪的北美,殖民地的赋税极轻。大多数平民甚至没有直接向英国政府缴税的习惯,而且印花税涉及社会生活的方方面面,触及大多数殖民者的利益。因此,突如其来的印花税被人们视为暴政的象征。各殖民地都爆发了抗税运动。1765年,商人塞缪尔·亚当斯、约

图 5-3　18世纪后半叶殖民地人民的反印花税暴动

翰·汉考克,律师帕特里特·亨利等人在纽约和波士顿组织了革命团体"自由之子社"。"自由之子社"在各个殖民地发动游行和暴动,甚至捏造新闻,抹黑英国政府和殖民地官员。9月,马萨诸塞、康涅狄格、纽约等九个殖民地的代表参加了"反印花税法大会"。大会通过了《权利与自由宣言》,在宣言中提出了著名的"无代表就不纳税"的原则,即殖民地居民"目前没有,而且因其现状也不可能被"英国政府所代表,因此英国政府无权征税。① 迫于殖民地居民的抗争,英国政府于 1766 年取消了这一税法。

虽然英国政府做出了让步,但它既不愿放弃北美这个财源,也不愿意让外界觉得政府对于抗税者无可奈何。英国政府认为:印花税失败的主要原因是征税太过突然、征税对象过多,而通过关税的形式,间接地从殖民地的富人那里征收税款,就不会引发众怒。1767 年 6 月,英国政府颁布《汤森税法》,在北美各港口对进口的纸张、玻璃等货物征税,同时严厉打击偷税漏税现象。然而,英国政府的谋划被殖民地精英们揭穿。在"自由之子社"的组织下,抗税运动再次兴起。为了贯彻税法,1768年,英军进驻波士顿。此举激起了殖民地人民更强烈的反抗。1770 年 3月 5 日,波士顿市民用雪球和石块袭击英国驻军,不久事态失控。混乱中,一些英国士兵遭到殴打。暴怒的英军开枪还击,造成市民 5 人死亡的惨剧,史称"波士顿惨案"。为抗议英军暴行,殖民地人民纷纷抵制英货。英国政府再次退让,废除了《汤森税法》,但为了维护大英帝国的面子,坚持对输入殖民地的茶叶征税。

尽管英国政府希望息事宁人,但殖民地反英、抗税运动却愈演愈烈。1772 年,罗得岛殖民地的居民烧毁了因追逐走私犯而搁浅的英国的"加斯比"号军舰。肇事者受到了殖民地政府的保护,英国政府无法加以惩处。1773 年,弗吉尼亚殖民地议会做出决议,建立通讯委员会,以便协调各殖民地的反英、抗税运动。随后,其他殖民地也建立了通讯委员会。同年,鉴于屡次增税都受到抵制,英国政府又想出了一个新的牟利的办

---

① Stamp Act Congress, "Resolutions of the Continental Congress," http://avalon. law. yale. edu/18th_century/resolu65. asp(下载时间: 2013 年 1 月)

法——降税。当时,与英国政府关系密切的东印度公司陷入了财政危机,并积压了多达 1 700 万磅的茶叶。为了帮助该公司摆脱困境,英国政府大幅减免茶叶的进口税。结果,东印度公司输入北美的茶叶比走私茶都要便宜。殖民地的抗议、抵制运动再次兴起。1773 年 12 月 16 日,塞缪尔·亚当斯带领"自由之子社"的 150 名成员,扮成印第安人,登上三艘英国船,将船上 342 箱,价值 1 万多英镑的茶叶悉数倒入海里。这就是著名的"波士顿倾茶事件"。

"波士顿倾茶事件"的消息传到伦敦后,英国朝野哗然。1774 年,英国政府接连颁布五项法令:要求关闭波士顿港口,直到东印度公司被毁茶叶得到赔偿为止;削弱马萨诸塞殖民地议会的权力;宣布殖民地司法机构无权惩办犯罪的英国官兵;授权英军在波士顿市内驻扎;规定把宾夕法尼亚殖民地以西和俄亥俄河以北的土地并入高度中央集权的魁北克殖民地。上述五项强制法令被北美人民统称为"不可容忍的法令"。此外,英国还向殖民地加派驻军。

1774 年 9 月 5 日,经过各地通讯委员会的协调,除佐治亚外,来自 12 个殖民地的 55 名代表在费城集会,商讨对付英国的办法,这就是第一届大陆会议。会议通过了《权利宣言》、《陈情书》、《致英国人民书》等文件,要求英国政府取消对殖民地的各种经济限制和五项高压法令;重申不经殖民地人民同意不得向殖民地征税,要求殖民地实行自治,英国驻军撤走。如果英国不接受这些要求,北美殖民地将于 12 月 1 日起抵制英货,同时禁止将任何商品输往英国。尽管这次大陆会议没有提出独立问题,但英属北美十三个殖民地已处于革命的前夜。

6. 独立战争

1774年9月9日,马萨诸塞殖民地发表《萨福克决议》,宣布拒绝服从英国法令,中止同英国的贸易往来,并号召殖民地人民武装反抗英国的暴政。大批青年拿起了武器,组建起民兵队伍。他们平时是工人和农民,战时拿起枪,一分钟就能集结起来,因此又号称"一分钟人"。英国政府则决心镇压"叛乱"。1775年4月初,英军将领、马萨诸塞总督盖奇获悉殖民地民兵在康科德附近藏有军火,便于19日凌晨派出一支700人的军队前去搜查,但消息走漏。"一分钟人"迅速集结起来,在列克星敦与前来搜查的英军对峙。其间,有人开了枪,两方随即猛烈交火,民兵被击溃。英军虽然赢得了胜利,但不仅没找到军火,还在康科德附近及撤回波士顿的路上屡屡遭到袭击,损失惨重。列克星敦之战打响了北美殖民地人民反抗英国殖民当局的第一枪,揭开了独立战争的序幕,史称"列克星敦枪声"。

战争的爆发对各殖民地产生了深刻的影响。5月10日,英属北美十三个殖民地的代表于费城召开了第二届大陆会议,决定组建"大陆军",并任命乔治·华盛顿为大陆军总司令。7月4日,会议通过了托马斯·杰斐逊、本杰明·富兰克林等人起草的《独立宣言》,庄严宣告:北美十三个殖民地脱离英国,成立"自由和独立的国家"。殖民地的"叛乱"转变为捍卫新生政权的独立战争。在这个过程中,天才宣传家托马斯·潘恩也发挥了重要的作用。他用平实、犀利的笔调抨击英国的殖民统治,揭露英国国王的丑恶面目。他的代表作《常识》风靡各地。不过,仍然有数十万人反对独立。他们被称为"效忠派",并遭到新政权的公开迫害。

从图6中可以看到,这场战争大致可以分为南、北两大战场。此外,

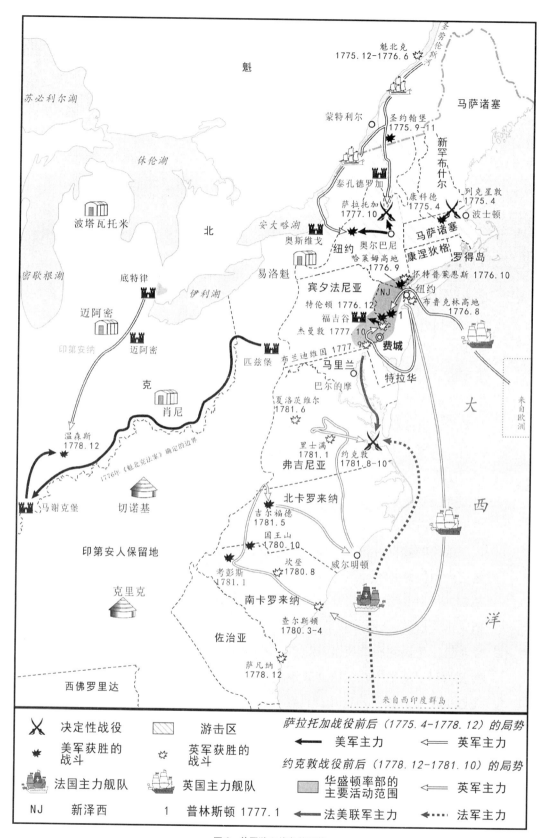

图6 美国独立战争的形势

英美两军在西部的俄亥俄流域也有交火。战争爆发之初,北部是主战场。1775 年 6 月,驻扎波士顿的英军向附近的民兵发动进攻。在波士顿北面的邦克山上,3 000 名民兵,在武器差、弹药少的劣势下,与英军展开血战。他们接连三次打退敌人的猛扑。接着,华盛顿率大陆军包围了波士顿。翌年 3 月,英军从海路退走,波士顿光复。围困波士顿期间,大陆军又向魁北克发动进攻,力图攻占这个重要的战略据点,但被以逸待劳的英军击败。

1776 年初,英军制订了从魁北克、纽约出发,打通尚普兰湖、哈得孙河一线,以此孤立反英最坚决的新英格兰地区,而后对其他殖民地各个击破的作战方案。1776 年 8 月,威廉·豪率英军 3.2 万人,在海军舰队配合下进攻纽约。华盛顿率军抵抗,但在布鲁克林高地之战和白色平原之战中惨败,被迫撤往新泽西。英军占领纽约,随后在追击过程中攻占新泽西北部地区。当年圣诞节前夕和新年之夜,英军沉湎于胜利和狂欢之中。华盛顿利用英军疏于戒备之机,奇袭特伦顿和普林斯顿,俘敌近千人。大陆军的士气为之一振。

1777 年夏,驻守魁北克的英军将领约翰·柏高因挥军南下,企图与豪在奥尔巴尼会师。然而,豪并未予以策应,反而率主力夺取了大陆会议的所在地费城。大陆军抓住战机,在大量民兵的配合下,在萨拉托加围困住了孤军深入的柏高因。10 月 17 日,柏高因向华盛顿投降,这就是著名的萨拉托加战役。萨拉托加战役的胜利成为独立战争的转折点。而英国国内的反战情绪也因此日益高涨。1777 年 12 月,英国请求与美国谈判,表示"除独立一词以外",愿意接受美国的一切要求。然而,大陆会议不为所动。与此同时,通过这场战役,英国的老对手法国、西班牙、荷兰等国意识到美国有望取得胜利,因此趁火打劫,先后对英宣战。其中,法国不仅向美国提供了巨额财政资助,而且派出远征军奔赴北美,与大陆军并肩作战。英国陷入空前孤立的境地。1778 年 6 月英军放弃费城,退守纽约。战争进入相持阶段。

1778 年,英军新任统帅克林顿上任后,将战略重点转向南部,企图利用南部"效忠派"人数较多的优势,迅速扭转战局。1778 年底,克林顿率领英军攻取了佐治亚州首府萨凡纳,1780 年春,又包围了查尔斯顿,迫使守军 5 000 余人投降。接着,克林顿返回纽约,留下康华利指挥英军继续征服南方。面对强大的敌人,大陆军余部仍然坚持硬碰硬的正规战,因此在坎登之战惨败,大片领土失陷。不过,在广袤的南部战场,英军只有四处分兵才能维持补给线,并确保对占领区的控制。这就为民兵的游击战提供了可乘之机。在国王山等地,英军的小股部队屡屡遭到袭击,有时竟会全军覆没。大陆军也借鉴游击队的经验,改变策略,采取攻击英军弱点的运动战,先后于 1781 年 1 月和 3 月,在卡彭斯和吉尔福德等地大胜英军。康华利虽然又多次击败大陆军,但终究无法再在内陆地区立足,只好指挥英军向沿海退却。

1781 年 8 月,康华利率残部退守弗吉尼亚的约克敦。10 月,法美联军从纽约、费城一线经巴尔的摩南下,将约克敦团团包围了起来。法国海军也在约克敦附近洋面击败了英军舰队,断绝了康华利的海上退路。10 月 19 日,绝望的康华利在援军到达的前夕率部投降。约克敦战役以后,除了零星战斗外,北美大陆战事已基本结束。1783 年 9 月 3 日,英国代表与美国代表于凡尔赛宫签订《巴黎条约》。独立战争以美国的胜利而告终。

7. 邦联国会与西部土地

独立战争胜利后,美国作为一个新兴的国家出现在世界舞台上。迎接它的,不是繁荣与富强,而是各式各样棘手的难题。在国外,英国不甘心失败。它不仅采取种种措施打击美国的经济,而且陈兵于美国北部、西部边境,威胁着美国的国家安全。法国和西班牙虽然曾在战争中支持美国,但他们同样觊觎美国的土地和财富,企图从这个幼小的国家身上大捞一笔。在国内,惨烈的战争造成了严重的破坏。人民生活苦不堪言。国家百废待兴。

复杂、险恶的局势考验着新生政权的执政能力。当时,统治美国的是所谓的邦联国会。《独立宣言》颁布前后,十三个殖民地纷纷驱逐英国总督,并修订宪法,改"殖民地"为"州",建立新的州政府。各州代表云集的大陆会议成为临时性的中央政府。1777 年 11 月,大陆会议批准了美国第一部宪法《邦联条例》。此后,经由各州的审议,1781 年,《条例》正式生效。根据《条例》,各州各派出二至七名代表,组成邦联国会。它下辖外交部、财政部、陆军部和邮政管理局,拥有战争、外交、管理邮政、仲裁争端的权力。各州无论大小,无论派出多少代表,各有一票表决权。邦联国会的任何重大决定只有获得九票支持才能生效。邦联国会休会期间,各州各出一名代表,组成州际委员会,负责日常的行政事务。而各州"保留着主权、自由和独立",拥有除外交权和部分战争权外的一切权力。

在美国立国之初,邦联国会在处理西部土地方面发挥了积极的作用。战争时期,大陆军曾在民兵与殖民者的帮助下于俄亥俄河流域击败英军,控制了阿巴拉契亚山脉与密西西比河之间的大片土地。战后,这片土地被割让给美国。围绕着处理这片新国土的问题,各州爆发了激烈

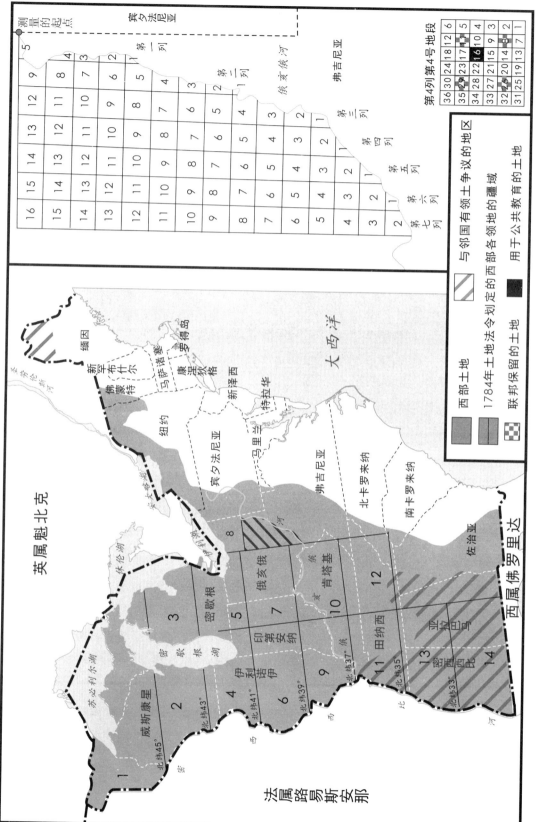

图 7　建国初期美国政府关于公地……出售平和土地收入……

的争论。早在殖民地时期,由于对于北美了解不多,英国政府在建立弗吉尼亚、卡罗来纳等殖民地的时候,常常将北纬某某度与某某度之间的土地全部授予殖民者。独立以后,这些州据此宣称相应纬度范围内的土地都属于自己。它们被称为"有地州"。其中,弗吉尼亚和北卡罗来纳分别吞并了后来属于肯塔基州与田纳西州的土地。另一些州则有着明确的西部边境的州,例如马里兰、罗得岛和特拉华等州。它们被称为"无地州",无缘获得西部的土地。它们主张在西部建立新的州。经过邦联国会的耐心协调,各州逐渐在西部土地的问题中终于取得了一致。

　　1784 年,邦联国会颁布第一个《土地法令》,规定:西部土地为美国全体人民公有。土地按经纬线分割成 14 个"地区"。其中任何一个领地,一俟人口达到 2 万人,就可以向邦联国会派遣一名代表,但邦联有权对该地区加以监管。等到其人口与东部十三个州中人口最少的一个相当,就正式可以加入邦联,拥有与其他州相同的权利。

　　1785 年,邦联国会颁布了第二个《土地法令》,确定了出售西部土地的方式:用科学的测量方法,把新领地划分为若干正方形镇区。每个镇区为 6 平方英里。镇区下再划分为 36 个正方形的地块。每个地块为 640 英亩。640 英亩也是出售土地的最低限额,售价为 1 英亩 1 美元。买主必须在一个月内付款。俄亥俄州的东部地区是最早贯彻该法令的地区。在这里,邦联国会以宾夕法尼亚与弗吉尼亚的最北段的交界处为测量的起点,将俄亥俄河以北的地区划为 84 个镇区。边缘不规则的区域也作为一个完整的镇区。同时,按从东向西的顺序,将各镇区划为 7 列。每列中的各镇区由下往上编号。每个镇区内的地块则从右下角开始,由下往上、由东往西顺次编号。如果有地产商对左图中黑色地块感兴趣,他只需告知政府,自己要购买第 4 镇区第 4 列第 16 号地段,就可以开始交易了。不过,图中所示的黑色地区常常是不出售的。法令将每个镇区的 16 号地段专门用于发展公共教育。政府可以在此修建学校。此外,8、11、26、29 号地段由邦联政府保留,以备不时之需。

　　1787 年,邦联国会颁布了第三个《土地法令》。其内容主要针对的,是俄亥俄河以北的西北领地,因此该法令又常被称为《西北法令》。它废止了 1784 年《土地法令》中按纬度划定土地范围的做法,允许于时机成熟的时候,在西北领地建立"三个以上,五个以下的州"。该法令还就新领地加入邦联的步骤做出了详细的规定。根据法令,新并入邦联的土地统称为"领地"或"地区"。国会派遣总督和法官加之治理。当"领地"中的成年自由男性居民人数达到 5 000 时,"领地"升格为"准州",可组建两院制的议会。居民人数达到 6 万时,"准州"便可获得州的资格,享受与东部十三个州完全平等的权利。

上述法令将美国领土的扩张纳入了法治轨道。其中,1787 年《土地法令》的影响最为深远。美国历史学家塞缪尔·莫里森指出:"1787 年法令是美国伟大的创造性贡献之一,因为它显示了怎样消除殖民地与宗主国关系上的摩擦。1785 年《土地法令》和 1787 年《西北法令》的各项的开明规定,为美国的领地制度和殖民政策奠定了永久的基础,并使合众国向西一直扩展到太平洋,从 13 个州扩大为 50 个州,相对说来没有遇到什么麻烦。"[①]

---

① 塞缪尔·莫里森:《美利坚共和国的成长》(上卷),天津人民出版社 1980 年版,第 297—298 页。

$8.$ 1787 年宪法的制定

除了成功处理了西部土地问题之外,邦联国会的政绩乏善可陈。图8-1反映了当时邦联国会面临的部分问题。在政治方面,邦联国会缺少强有力的领导核心和有权威的司法系统。幅员较大的州与幅员较小的州之间、工商业发达的州和以农业为主的州之间、蓄奴州与废奴州之间都存在严重的利益冲突。宾夕法尼亚和特拉华之间甚至就边界问题发生过械斗。各州的代表在国会里拉帮结伙,争辩不休。国会的立法与仲裁功能常常因此陷入瘫痪。不仅如此,《邦联条例》没有明文赋予国会征税权。它只能靠向各州摊派的形式筹款,但钱常常收不上来。国会债台高筑,入不敷出,甚至发不起军饷。在经济方面,各州政府对内滥发货币,对外以邻为壑,对邻州的商品征收重税。邦联国会无力阻止。与此同时,由于各州的阻挠,国会也无法通过调节关税来保护国内的工商业。英国商人趁机向美国倾销商品。美国的经济形势急剧恶化。在外交方面,邦联政府在国际上毫无信用。立国之初,邦联政府曾向法国政府借债,法国虽然愿意借一点,但不借给邦联政府,只愿意借给华盛顿。英国、西班牙等国看透了邦联政府的虚弱本质。他们大肆蚕食美国的国土,侵犯它的经济利益,甚至煽动暴乱。邦联政府束手无策。

1786 年,马萨诸塞发生经济大萧条。民众的生活陷入困顿,但州政府却大肆征税。人们忍无可忍。1786 年秋,在大陆军老兵丹尼尔·谢斯的领导下,马萨诸塞民众发动了起义。起义军一度重创州政府的军队。谢斯起义成为制定新宪法的契机。美国的政治精英们意识到:如果不进行改革,美国政府必然会被民众推翻。他们放下成见,决心制定一部新宪法。1787 年 2 月 21 日,邦联国会通过决议,宣布在费城召开大会,修改《邦联条例》。

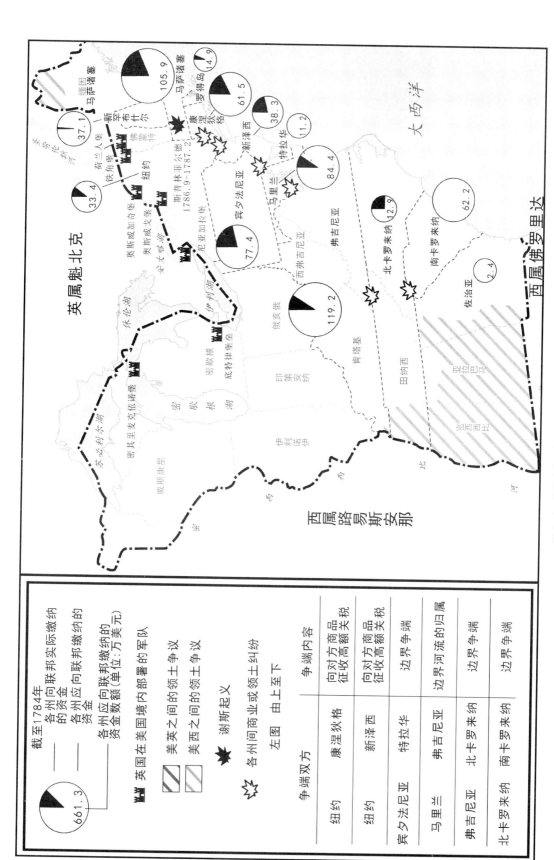

图 8-1 邦联政府面临的内政、外交难题

　　5月,来自各州的 55 名代表齐集费城,并推举 81 岁高龄的本杰明·富兰克林为会议主席。尽管会议在名义上是修订宪法,但讨论过程中,会议突破了原定目的。代表们决定抛弃《邦联条例》,另立新宪法。因此,这次会议又被称为制宪会议。会上,代表们在改组中央政府、增加其权力权威的问题上,意见基本一致,但由于各自的政治主张和各州的利益的不同,彼此间又有很多的分歧。其中,北部工商业者的代表亚历山大·汉密尔顿等人希望建立一个强大的行政部门,以便对内镇压人民起义,对外抗拒英国的政治、经济入侵。立国之初,他们曾试图拥戴乔治·华盛顿为国王,建立君主立宪制度,但遭到华盛顿的拒绝。在制宪会议上,汉密尔顿等人转而主张建立一个由民众直接选举产生的、强大的行政部门。由于担心行政部门权力过大,形成独裁,另一些代表则主张行政长官由国会选举产生,其权力受到国会限制,并对国会负责。两方互不相让。大州和小州的矛盾也非常尖锐。大州幅员辽阔,人口众多。它们希望通过这两方面的优势,在中央政府中分得更多的权力。其代表提出了弗吉尼亚方案,主张按人口分配国会议席。小州则担心会受到大州的欺压。它们的代表提出了新泽西方案,主张国会应由各州议会推举的代表组成。国会选举问题还牵涉到奴隶制。实行奴隶制的南部各州主张,如果按人口分配国会议席,那么黑人奴隶应当计算在人口之内。这样就可以增加蓄奴州的代表名额。废奴州则坚决反对这个方案。有的代表还要求彻底禁止奴隶制。此外,代表们还在征收关税、设立最高法院等问题上争执不休。

　　由于存在着严重的分歧,制宪会议很快就陷入了僵局。大会主席富兰克林一筹莫展,只能每天祈求上帝保佑,不让大会分裂。7月,面积不大不小的州——康涅狄格州的代表提出了妥协方案,从而打破了僵局。该方案的内容是,国会分为两院,其中众议院中每个州的代表数目由州内自由民加上五分之三的奴隶的数目决定。参议院中每个州都有两个代表,由州议会选举。该方案不仅满足了大州和小州的要求,而且通过"五分之三妥协",暂时缓和了废奴者与蓄奴者的矛盾。8月,会议提出了选举人团制度,以调和有关行政首长的争论。该制度规定,各州选民选举出选举人团,再由选举人团选出总统和副总统。此外,为争取南部

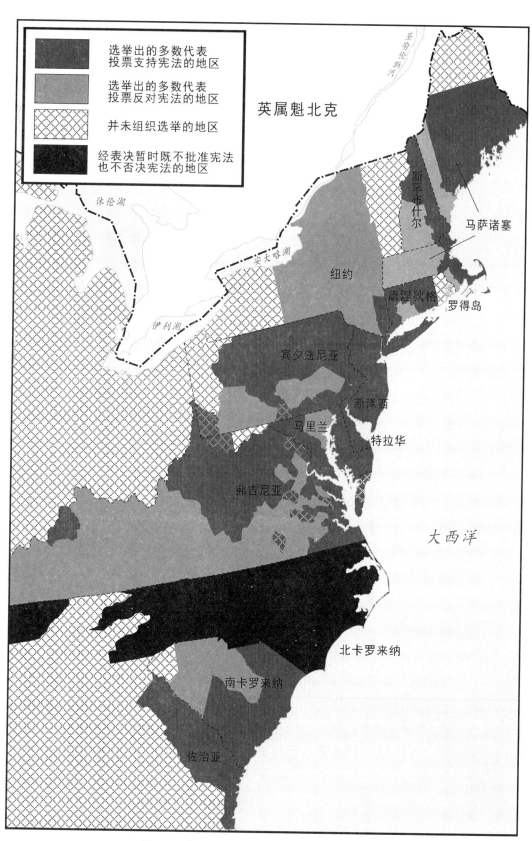

英属魁北克

休伦湖

安大略湖

纽约

康涅狄格

罗得岛

新罕布什尔

马萨诸塞

伊利湖

宾夕法尼亚

新泽西

马里兰

特拉华

弗吉尼亚

大西洋

北卡罗来纳

南卡罗来纳

佐治亚

圣劳伦斯河

图 8-2　美国联邦政府成立前各州对 1787 年宪法的表决

各州的支持,与会代表还约定,联邦政府的首都应从费城迁往切萨皮克湾附近的华盛顿。9月17日,新宪法草案在制宪会议上获得代表的批准,随后交由各州审议。

根据新宪法草案,美国将成为一个联邦制国家。全国性的政府,即联邦政府,掌握了治理国家必须的权力,对内有权征收税款、举债借款、铸造货币、统一度量衡、颁发专利和版权、建立邮政体系、控制州际贸易、颁布国籍法及公共土地控制法;对外有权招募并掌管陆海军、处理印第安事务、制定外交政策和发动战争。管理州际贸易、征收相关税费的权力被收归联邦政府,联邦政府的立法开始高于州立法。

为了防止联邦政府滥用权力,草案规定了立法、行政、司法三权分立的制度。国会执掌立法权;行政权属于总统;司法权则由最高法院执掌。三者相互监督、相互制约。例如,国会众议院可以弹劾总统,而总统有权否决或搁置国会通过的法律。总统是武装部队的最高司令官,但是宣战、结盟、签订国际条约须经国会批准。最高法院大法官终身任职且有权审判总统,但须经总统提名、国会参议院批准才可上任。19世纪初,通过一系列审判,最高法院还在事实上获得了司法审查权,即以违宪为名宣布国会制定的法律无效。

从图8-2中可以看出,各州批准宪法草案的日期是不同的,这是因为各州在审议草案的过程中充满着矛盾和斗争。包括制宪会议中的一部分代表在内,很多人对中央政府权力的扩张忧心忡忡,担心会出现独裁和暴政。不仅如此,草案只规定了权力的分配和中央政府的组织体制,并没有保证民众信仰自由、集会自由等方面的条款。时任驻法公使的杰斐逊就对此非常不满。还有人对制宪会议本身的合法性提出质疑,认为美国制宪会议的代表们只拥有修改邦联条例的权限,而不能制定一部取代它的新宪法,代表们不能越权行事。在很多民众看来,草案中的很多规定与他们的切身利益格格不入。在立国之初,由于经济困难,很多身处内陆的自耕农都欠下巨额债务。他们希望各州政府能多发纸币,以便增加农产品价格,并通过通货膨胀,在事实上减少债务。现在,各州发行货币的权力被联邦收走了,他们感到很难接受。北方的大地主也不欢迎新的宪法草案。起初,商品过境税是各州的重要财源,现在征收这

州名	组织选举的日期	召开代表大会的日期	表决结果 赞成 反对	通过宪法的日期	其他
特拉华	1787年11月	1787年12月	30:0	1787年12月7日	
宾夕法尼亚	1787年11月	1787年12月	46:23	1787年12月12日	1. 反对派议员被强行拖进会场 2. 七万选民中只有一万多参加投票
新泽西	1787年11月	1787年12月	38:0	1787年12月18日	
佐治亚	1787年12月	1787年12月	26:0	1788年1月2日	
康涅狄格	1787年11月	1788年1月	128:40	1788年1月9日	1. 四十六名代表未能出席；九名与会代表没有投票 2. 要求修订宪法
马萨诸塞	不明	1788年1月	187:168	1788年2月6日	
马里兰	1788年4月	1788年4月	63:11	1788年4月26日	1. 二万五千选民中仅六千人参加投票 2. 要求修订宪法
南卡罗来纳	1788年4月	1788年5月	149:73	1788年5月23日	
新罕布什尔	1788年1月	1788年2月	57:47	1788年6月21日	
弗吉尼亚	1788年3月	1788年6月	89:79	1788年6月25日	要求修订宪法
纽约	1788年4月	1788年6月	30:27	1788年7月26日	要求修订宪法
北卡罗来纳	1788年3月	1788年7月		1789年11月21日	1. 1788年以184:83决定暂时既不批准也不否决宪法 2. 联邦政府成立后以194:77批准
罗得岛	1790年以前拒绝组织代表会议	1790年以前拒绝组织代表会议		1790年5月29日	联邦政府成立后以34:32批准宪法

 宪法正式生效   一度拒绝批准宪法

表8-3　各州审批1787年宪法的过程

项赋税的权力也被收归中央政府。大地主们担心各州政府会因此增收土地税。最后,南部的奴隶主希望奴隶制能够万世长存,但草案只是默认了奴隶制的存在,而没有予以明文支持。奴隶主们对此非常不满。

支持宪法草案的,多是北部的工商业者、债权人和投机家。他们主要集中在沿海地区,特别是大城市之中。在宾夕法尼亚、马里兰等商品农业比较发达的地区,农产品主要运销给本州或邻州的工商业者。规范州际贸易,减免相关税赋,对于当地的农民来说,是非常有利的,因此很多人对于宪法草案的颁布欢欣鼓舞。此外,在佐治亚,人们常常和西班牙人、印第安人发生冲突。他们希望能有一个强大的中央政府来镇守边疆,因此也要求州议会通过宪法草案。然而,大多数人民对于这部突如其来的宪法仍满腹狐疑。美国首任大法官约翰·马歇尔曾指出:"在某些州,(赞成与反对宪法)两派势均力敌,因而甚至经过了相当时间的讨论后,宪法的命运尚难预料。在许多州,赞成方面的'多数'数量甚微,因而使人有充分的理由相信,如果没有人的影响,宪法将无法通过。毫无疑问,在通过的州里,多数人民都是反对宪法的。"[①]在纽约州、弗吉尼亚州、北卡罗来纳州、罗得岛州,支持新宪法的势力也一度居于劣势。在新宪法面临着流产的关键时刻,汉密尔顿等人挺身而出,旗帜鲜明地拥护联邦宪法。他们以"联邦党人"的名义发表了一系列论文,系统地对宪法进行了解释,详细地指出了宪法对于维护国家主权和安全的作用。汉密尔顿等人的爱国热情和耐心细致的解释工作取得成效,有力地推动了宪法的批准过程。

1787年12月,特拉华率先批准宪法草案,接着宾夕法尼亚、新泽西、佐治亚、康涅狄格四州。1788年2月和4月,在提出增加保护公民民主权利的条款之后,马萨诸塞和马里兰成为了第六和第七个批准新宪法草案的州。同年5月,联邦党人拿下了南卡罗来纳。再有一个州,新宪法就可在美国大地上生效。所有人的目光都集中到了弗吉尼亚。

弗吉尼亚在美国当时的13个州中面积最大,居住着全国五分之一

---

① ［美］查尔斯·彼尔德著,何希齐译:《美国宪法的经济观》,北京市:商务印书馆1984年版,第209、210页。

的人口，开国元勋中的詹姆斯·麦迪逊、帕特里克·亨利、乔治·华盛顿等都要在这里参加投票。但是他们的立场并不一致。经过三周的争论后，弗吉尼亚议会以 89 票对 79 票的微弱优势批准了新宪法草案，条件是联邦政府应于成立之后在宪法中加入保障公民民主权利的修正案。正当麦迪逊等联邦党人在为自己在新宪法通过时起到关键作用而兴高采烈之时，有消息说，几天前，新罕布什尔的州议会已经通过了宪法草案。也就是说，决定新宪法通过的关键的第九个州是新罕布什尔而不是弗吉尼亚。麦迪逊他们空欢喜一场。到 1788 年 7 月 26 日之前，包括纽约在内共有 11 个州议会批准了宪法草案。北卡罗来纳和罗得岛州经过两年多的斗争，方才予以批准。至此，美国最早的 13 个州，都批准了联邦宪法。宪法正式生效。

　　自联邦宪法生效以来，除了屡次添加修正案以外，它的主要内容几乎没有什么改动。依据新宪法而组织起来的联邦政府则有效地履行了自己的职责。在其领导下，美国经济走出低谷，人民安居乐业，国力迅速增强，佛蒙特、俄亥俄、田纳西等州也相继建立并加入联邦。

9. 第二次美英战争

美国取得独立战争的胜利后,英国并不甘心自己在北美的失败。它不断破坏美国的海外贸易,扼杀美国本土经济,并在美国边境挑起冲突。当时英法激战正酣,为了战胜法国,英国决心对欧洲大陆进行封锁,袭击一切开往法国的船只。美国的贸易因此损失惨重,有 6 000 艘商船和近万名水手在封锁中遭到英军的扣押。更有甚者,1807 年 6 月 22 日,英国海军公然袭击美国军舰"切萨皮克"号,造成美国海军 6 死 21 伤的惨剧。在这种情况下,美国政府决定反击。1812 年 6 月,参众两院分别以 19 票对 13 票、79 票对 49 票,通过了对英宣战的决议。1812 年 6 月 18 日,美国正式向英国宣战,史称"第二次美英战争"。

这场战争首先在美加边境打响。1812 年 7 月,美军从俄亥俄的代顿出发,增援底特律,准备以底特律为基地进攻加拿大。8 月,英军将领布鲁克率军在底特律与美军交战,美军一败涂地。布鲁克迅速挥师伊利湖东岸,击退美军的进攻,但是他自己却在 10 月 13 日昆士顿高地战斗中阵亡。接着,美军在加拿大的尚普兰湖地区发动进攻,但是由于一些士兵拒绝离开本土作战,结果导致进攻失败。不过,美国人还是有所收获。1812 年初,一位留着山羊胡、名叫山姆·威尔逊的中年商人承包了美军的肉食供应。他在运给美军的食品包装上都注上了 U. S.(Uncle Sam)字样,表示这是山姆大叔的产品。他供应的肉食质优价廉,美军士兵十分喜爱,而 U. S. 正是美利坚合众国(United States)的简称。有人开玩笑地说,美国就是山姆大叔。趣事传开后,"山姆大叔"名声大振。久而久之,留着山羊胡,头戴星条旗高帽,身着红、白、蓝三色燕尾服和条文长裤的山姆大叔便成了美国的象征。

1813 年美军形势好转。4 月 27 日,美军海陆并进,攻下上加拿大首

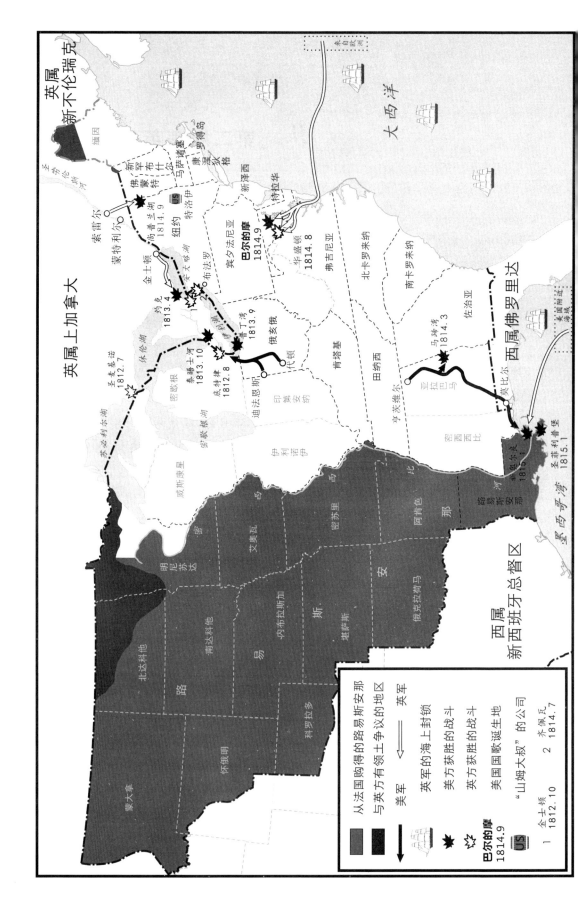

府约克。9 月 10 日,驻守五大湖地区的美国海军在佩里舰长的指挥下,在伊利湖普丁湾击沉英国多艘军舰,取得普丁湾之战的胜利;10 月,美军将领威廉·哈里森率领美国陆军,又在泰晤士河之战中重创英军,五大湖地区的战况从此稳定了下来。

1814 年,欧洲战局有所缓和。英军遂向北美抽调兵力。英军将领也制订了新的作战计划,决定兵分三路,同时从美国北部边境、切萨皮克湾、新奥尔良发动进攻,企图一举击败美军主力。5 月,驻加拿大的英军首先发起进攻。英军将领亚奥率军从金士顿出发,突袭美军。美军惨败。消息传来,惊慌失措的民兵烧毁驻防地,逃回家去了。然而,美军主力仍坚持抗战,终于在齐佩瓦一带击败了英军。8 月,英军将领普雷沃斯特挥师南下,企图挽回败局。美军当即迎击。9 月 11 日,美五大湖区舰队司令麦克多诺指挥 14 艘美舰在尚普兰湖同两倍于己的英舰队交战,结果大获全胜,击毙英舰队司令,俘英舰 4 艘。残余英军撤回加拿大。这一仗彻底消除了英军从加拿大入侵的威胁。

1814 年 8 月,第二路英军在强大海军的支持下突袭切萨皮克湾。美军猝不及防,丢失了切萨皮克湾的制海权。英军趁机直扑美国首都华盛顿。联邦政府仓促间集中正规军和民兵共约 7 000 人迎敌,但是没能抵挡住英军的进攻。时任总统的麦迪逊及内阁成员仓皇出逃。24 日,英军占领华盛顿,将国会大厦、总统官邸在内的大量建筑付之一炬。美国的总统官邸本来是灰色的沙石建筑。战后,美国人在修葺被烧得焦黑的总统官邸时将其漆成白色,由此美国的总统官邸便被称为"白宫"。缓过神来的美军筑起堡垒,严阵以待。9 月,英军进攻巴尔的摩,美军依托麦克亨利堡奋勇抵抗,击退了来犯之敌。美国律师弗朗西斯·斯科特·基当时正被关在英军军营中,他目睹了麦克亨利堡垒激战的场面和堡垒上空硝烟中飘扬的星条旗,不禁热血沸腾,谱写出了后来成为美国国歌的《星条旗》。

第三路英军于 12 月向新奥尔良发动进攻。新奥尔良原来是法国殖民地,但后来被卖给了美国,成为美国的南大门。守卫此地的美军在安德鲁·杰克逊将军指挥下,浴血奋战,多次击败英军。到此时,连年的战争已令美、英两国都不堪重负。1814 年 12 月 24 日,在沙皇俄国的调解下,美英签署《根特条约》,宣布双方解除敌对状态,恢复战前边界。有意思的是,美军在这场战争中取得的最辉煌的胜利,其实是在战争结束之后取得的。由于通信手段的落后,当停战条约签署时,美英两军还在新奥尔良附近激战。1815年1月,英军作最后一搏,出动7 500人,向新奥尔良发起猛烈进攻。杰克逊则率6 000名美军和民兵,精心防御,用棉布包上沙子垒起高墙,迎击来犯的英军。英军虽然英勇进攻,但在美军的防御工事面前尸横遍野。是役,美军以伤亡10余人代价,歼灭英军2 000多人。

尽管英美两国其实都没有从这场旷日持久的战争中获得什么便宜,但新奥尔良之战却使美国人确信,自己赢得了战争。他们欢呼雀跃,庆祝胜利。而杰克逊则成为了家喻户晓的民族英雄,并在不久之后当选为总统。不仅如此,美国人也借这场战争在国际上打出了威风。战前,很多欧洲人相信,美国是依靠法国的援助赢得独立的。然而,在这场战争中,美国独力与英国鏖战,丝毫不落下风。欧洲各国在对美国刮目相看之余,纷纷采取拉拢美国的政策,从而使得美国能够在十分有利的国际形势下开疆拓土,称霸美洲。

$10.$ 向西部拓殖

对于美国人和美国文化来说，辽阔的西部边疆有着非常重要而特殊的意义。正如著名历史学家弗雷德里克·特纳在 1893 年所宣称的那样："直到现在为止，一部美国史在很大程度上可说是对于大西部的拓殖史。一个自由土地区域的存在，及其不断的收缩，以及美国定居的向西推进，可以说明美国的发展。"[1]

早在殖民地时代，英属北美十三个殖民地的居民就对阿巴拉契亚山脉以西的土地垂涎三尺(参见图 3)。自从美国宣布独立、1763 年公告线被打破之后，殖民者们便开始自发地向西部拓殖。一些商人从中发现了商机。1792 年，一位商人从宾夕法尼亚州政府申请到修筑收费公路的特许状，开始修筑从兰开斯特到费城的碎石路。工程于 1794 年完工。这是美国第一条收费公路。它全长 66 英里，耗资 46.5 万美元。筑路公司在公路沿途设立收费站对过往车辆收费，从中赚取了丰厚的利润。此后，美国出现了修筑收费公路的热潮。宾夕法尼亚公路、芝加哥公路等道路相继建成。纳奇兹小路等印第安人开辟的道路也得到了拓宽和维护。西进的交通条件大为改善。联邦政府也采取措施帮助拓殖者。1811 年，政府拨款修筑了一条通往西部的国家公路"坎伯兰大道"，后来各又出资将其延长，最终该公路始于沿海城市巴尔的摩，经坎伯兰，穿越宾夕法尼亚、弗吉尼亚、俄亥俄、印第安纳等州，途经哥伦布、范代利亚、圣路易斯等城市，最后抵达密苏里州的堪萨斯城，全长数百英里，可通行四轮大马车。坎伯兰大道的建成大大地改善了美国东西部交通运输的

---

① Frederick Jackson Turner, *The Frontier in American History*, New York: Henry Holt and Company, 1921, p. 1.

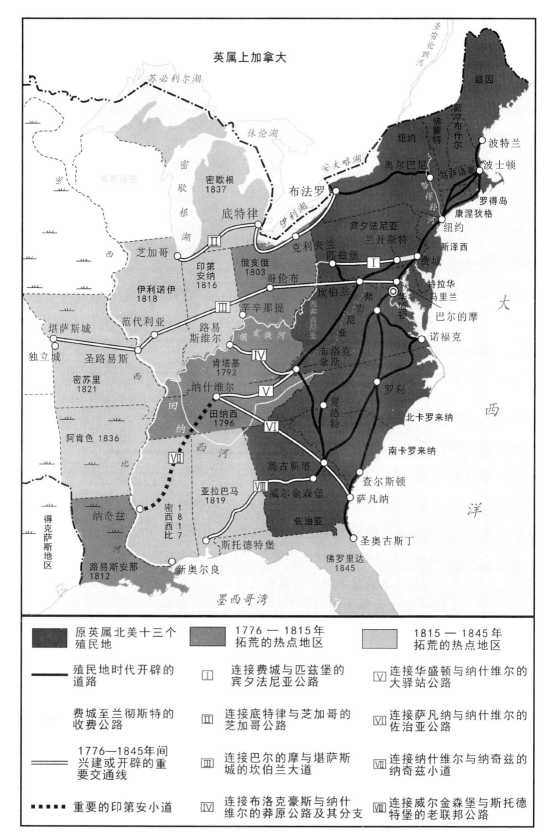

图 10-1 18世纪末19世纪初美国东部地区的重要交通线

条件,成为西进的重要通道。

除了公路之外,河流对于向西部拓殖的殖民者们来说也有非常特殊的意义。它不仅为殖民者提供水源和渔业资源,而且可供船只航行,为移民提供一种比较可靠的交通方式。殖民据点因此大多建立在河畔。在阿巴拉契亚山以西的公路网建成之前,大批的殖民者沿着俄亥俄河、坎伯兰河、田纳西河西进。到 17 世纪末 18 世纪初,俄亥俄河流域和田纳西河流域已成为人烟比较稠密的乐土。

1815 年以后,五大湖流域与密西西比河流域成为新的移民热点。大批德国移民涌入俄亥俄河以北的地区,在那里进行开发生产,建成了美国谷物生产和牧畜业的重要基地。印第安纳、伊利诺伊、密歇根等州在这一时期相继建立。来自弗吉尼亚、南卡罗来纳、北卡罗来纳、佐治亚等州的种植园主们则沿陆路和海路进入濒临墨西哥湾、介于佐治亚南部与路易斯安那之间的平原地区,建立起以生产和销售棉花为主的大种植园。密西西比州和亚拉巴马州就是在这一时期建立的。一些种植园主还打着国旗、奏着国歌,大摇大摆地开进当时还属于墨西哥领土的得克萨斯,在那里定居了下来。

密西西比河以西通常被称为远西部。其中既有一望无际的大草原,也有地势非常复杂的落基山脉。在铁路线建成前,在远西部,无论是往来交通,还是开垦土地,都很困难。拓荒者们常常面临缺衣少食、缺医少药,甚至朝不保夕的困境,尽管如此,人们仍怀着形形色色的梦想前往西部,有的人渴望获得一块属于自己的土地,有的人幻想一夜暴富,有的人在沿海地区过得不如意打算去西部重新来过,甚至罪犯也加入了西进的浪潮,他们或是为了逃避法律的惩罚,或是为了大捞一笔而纷纷前往天高皇帝远的西部,为西进运动增添了一抹混乱与喧嚣的色彩,而罪犯与警长之间的斗智斗勇则成了世人津津乐道的传奇故事。

在西进的洪流中,有的人依托伊利诺伊、田纳西、密西西比等州,通过开垦土地、建立定居点的方式循序渐进地向西拓殖。密苏里州、阿肯色州就是这样建立起来的。有的人则直接前往人烟稀少的远西部腹地和太平洋沿岸。黄金或许是吸引殖民者前去拓殖的最重要的原因。自1848 年开始,萨克拉门托、弗吉尼亚城、丹佛、科达伦等地先后发现黄金

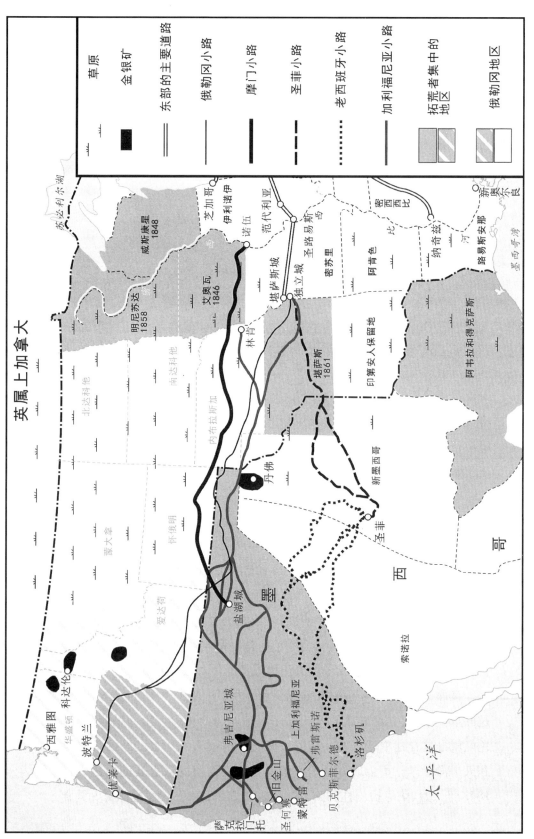

图 10-2 1775—1861 年美国人向近西部移殖时的主要交通线

或白银矿藏。消息传开后,成千上万的淘金者蜂拥而至,形成了淘金热。他们或沿着普拉特小路、俄勒冈小路、加利福尼亚小路等交通线长途跋涉,或乘船绕过南美洲,直达加利福尼亚。为淘金者们提供工具、食品的工商业者、农场主也随之而来。金矿枯竭后,很多采矿小镇因此变成了新兴的工商业城市。

美墨贸易也是吸引殖民者的因素之一。法属路易斯安那以西地区原属于西班牙。1810 年,当地的居民发动革命,脱离西班牙而独立,成立了墨西哥。由于历史、文化方面的原因,墨西哥虽然盛产黄金等贵金属,但经济非常落后。美国的工业品和农产品在这里十分畅销。向墨西哥倾销商品的美国商人总能获得巨额利润。以堪萨斯城为起点直达墨西哥边境的圣菲小路因此繁荣了起来。圣菲也因此成为一座繁荣的商业城市。

西进的旅途还带有一丝宗教色彩。1830 年,约翰·史密斯在美国东部创立了摩门教。其教义中最受诟病的地方是"一夫多妻制"。这一主张挑战了美国主流社会的道德底线,因此几乎人见人嫌。教徒屡屡受到当地居民的袭击。摩门教教徒在纽约州生存不下去,只好逃往西部,辗转来到密西西比河畔,建立了诺伍小镇。1844 年,史密斯遭暴徒杀害。摩门教徒发生分裂。一部分人跟随史密斯的家人在独立城定居,大部分人在继任会长杨百翰的领导下,经历长途跋涉,开辟出摩门小路。他们最终在今天的盐湖城一带定居了下来,建立了自己的乌托邦社会。经过几代人的辛勤劳动,盐湖城从一个名不见经传的小镇,发展成为西部重要的金融、工商业中心。

在无数殖民者的努力下,西部地区逐渐摆脱了野兽出没、人烟稀少的原始面貌。新的城市和乡镇纷纷涌现,为东部提供了一个庞大的原料产地和商品市场,刺激了美国经济的腾飞。而殖民者们在开拓西部的过程中所体现出来的拼搏精神、坚韧品质也融入了美国文化的基因之中。除此之外,殖民者们还成为美国国土扩张的急先锋,在美利坚疆域的形成过程中发挥了极其重要的作用。

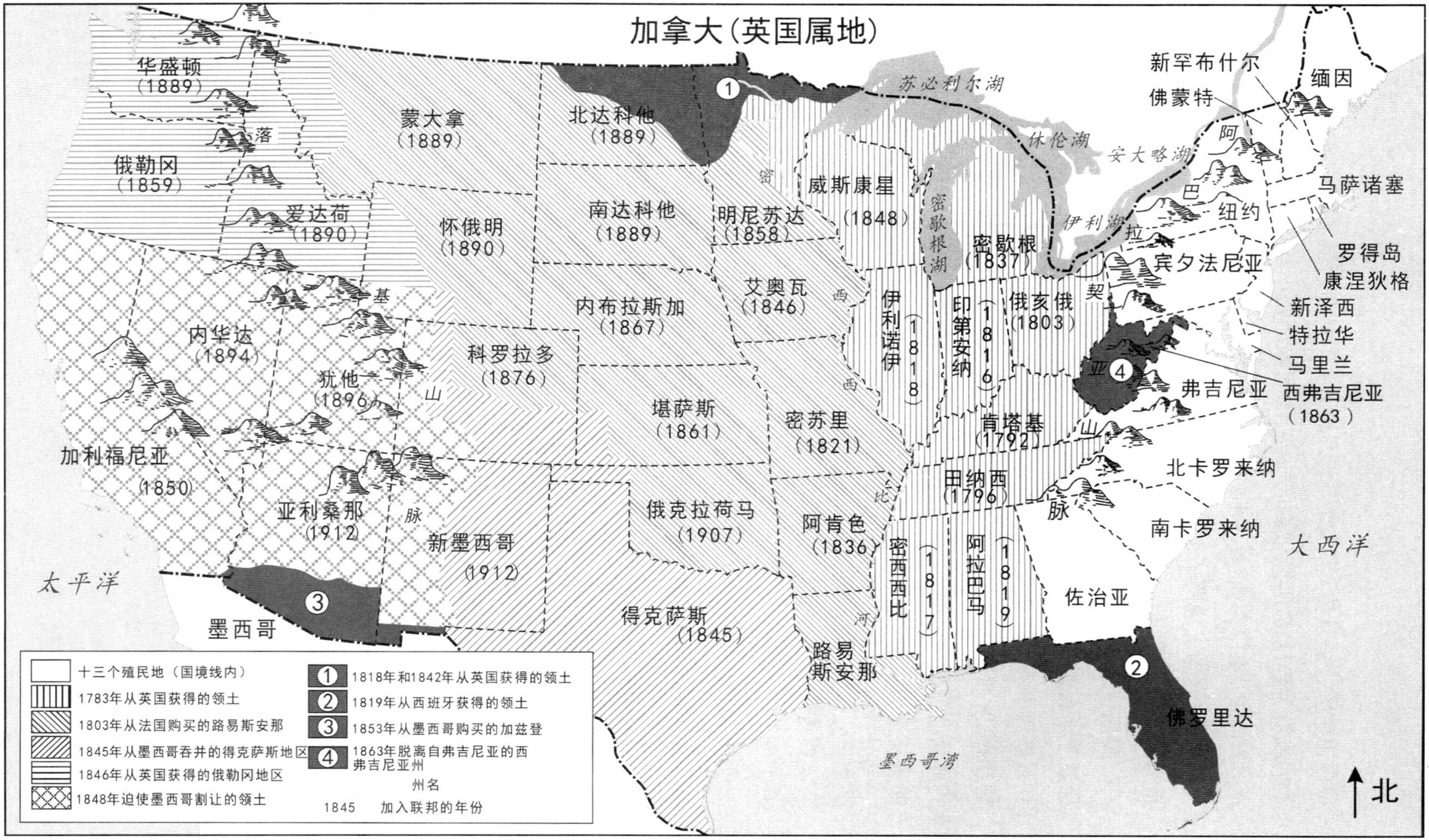

图 11-1 美国本土疆域的形成

11. 美国历史疆域的形成

美国殖民者的拓殖与美利坚疆域的扩张是一个硬币的两面。美国殖民者在西部、在佛罗里达地区、在太平洋地区的渗透、定居,乃至叛乱,为美国政府提供了扩张领土的借口,而美国政府对于土地的吞并又保证了殖民者的经济利益,鼓励和支持着他们向更远的地区迁徙。

1776 年,北美 13 个殖民地宣布脱离英国独立之时,其领土只有大西洋沿岸 13 个州的面积,约 80 万平方公里。在美国革命的过程中,殖民者在俄亥俄地区击败英军,控制了东至阿巴拉契亚山脉、西临密西西比河,北抵加拿大,南达佛罗里达的广袤土地。独立战争结束后,英美《巴黎条约》确认了美国对于上述土地的主权。美国的领土由此扩张到将近原来的三倍,达到 230 万平方公里。1812 年第二次美英战争结束后,英国进一步作出让步,以美国不再谋求吞并加拿大为代价,放弃了一部分与美国有争议的土地。1818 年,两国政府再次达成协议,宣布俄勒冈地区 10 年内由美英两国共管,向两国国民"自由开放"。

除了向英国索取土地以外,美国人也没有放过革命时期的战友:法国和西班牙。1803 年,时任美国总统的杰斐逊趁法国在欧洲深陷战火,无暇他顾之际,以 1 500 万美元的价格从法国人手中购得位于密西西比河和落基山脉之间的路易斯安那地区,该地区北起加拿大,南到墨西哥湾,面积达 260 万平方公里左右,比当时美国整个面积还要大。它包括现在路易斯安那、阿肯色、艾奥瓦、内布拉斯加、南北达科他诸州,以及密西西比河以西的明尼苏达、堪萨斯的大部分地区,俄克拉荷马、蒙大拿、怀俄明以及科罗拉多的一大块土地。这是美国历史上最大的一笔土地买卖"路易斯安那购买案"。它打通通往密西西比河以西地区的道路,改变了美国国内的政治和地理版图。

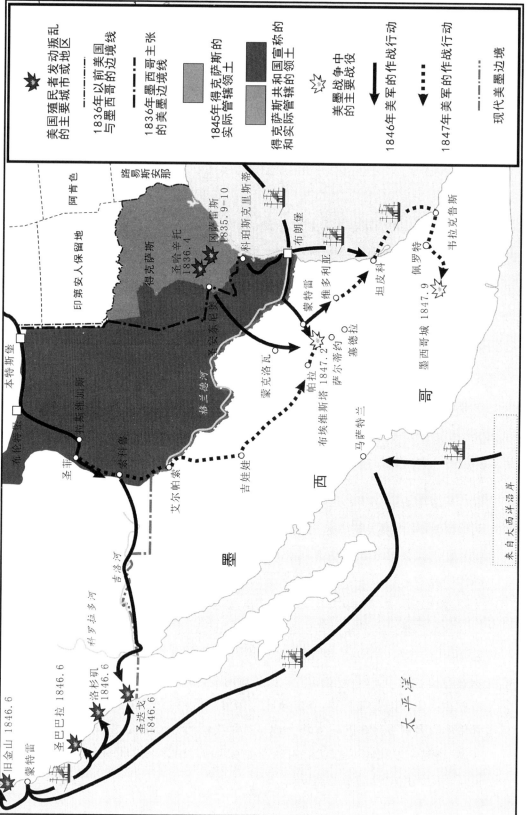

图 11-2 19世纪上半叶美国对墨西哥的侵略

　　获得路易斯安那以后,美国人又采取措施,力图吞并西班牙所控制的佛罗里达。1810 年,美国殖民者在佛罗里达发动叛乱,占据了佛罗里达的西部地区。这一地区很快被美国兼并。此后,美国政府与西班牙展开交涉,企图通过谈判获得佛罗里达全境。西班牙虽然有心将佛罗里达出售给美国,但是双方没有谈拢条件,谈判陷入了僵局。1818 年,美军以驱逐印第安人为名开进佛罗里达。当时,西班牙刚刚经历过惨烈的战争,叛乱四起,国力贫弱,无力抵抗美国的侵略。经过短暂的抵抗,西班牙驻军被击败。西班牙政府别无选择,只能满足美国的领土要求。1819年 2 月 22 日,美西两国在华盛顿签订《亚当斯—奥尼斯条约》。根据这个条约,美国正式吞并佛罗里达。同时,西班牙就两国在西部边境的问题做出了让步,并在条约中将美英共管的俄勒冈视为美国领土。通过这一条约,美国领土"在理论上"到达太平洋沿岸。因此,这部条约又被称为《横贯大陆条约》。美国政府付出的代价仅为 500 万美元。而且,这笔钱既不是直接用来"买地"的,也没有交给西班牙人。原来,1798 至 1800年间,美西两国关系紧张,西班牙人多次袭击美国公民的船只。在谈判过程中,美国政府重提往事,要求西班牙对此予以赔偿,可是西班牙拿不出钱。经过反复谈判,美国政府在自己的领土要求得到满足之后,"慷慨地"愿意出钱代替西班牙政府赔偿那些遭受损失的美国公民。那 500 万美元就是这笔赔偿金。

　　《亚当斯—奥尼斯条约》的签订又成为促成美国吞并俄勒冈地区的一个重要因素。经过美英两国的反复谈判,1846 年,美英签订《俄勒冈条约》,将北纬 49°线以南的俄勒冈地区划给了美国。美国的西部边境正式到达了太平洋。尽管如此,美国人仍不满足,刚成立不久的邻国墨西哥成为他们的侵略目标。

　　在侵略墨西哥的过程中,美国的殖民者又一次发挥了重要的作用。在 19 世纪 20 年代,墨西哥有着包括得克萨斯、加利福尼亚在内的广阔的北部边境,但在这里居住的墨西哥人却很少。为了开发当地的资源,墨西哥政府欢迎美国殖民者前来垦殖,结果却是引狼入室。到 1830 年,已有 2 万名美国白人和 1 000 余名黑人奴隶定居在得克萨斯境内。他们大肆排挤墨西哥人,控制了得克萨斯的经济命脉,甚至屡次发动暴乱。

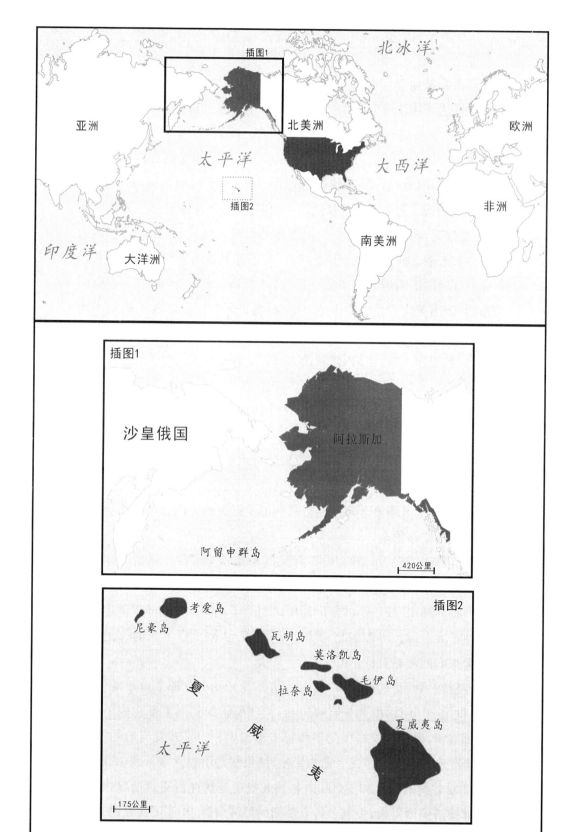

图 11-3　阿拉斯加与夏威夷

为了维护国家主权,墨西哥政府决定关闭边境,禁止美国殖民者进入。美国殖民者悍然反叛,并于 1836 年击败前来镇压的墨西哥军队,建立了"得克萨斯共和国"。美国很快予以承认,并于 1845 年 3 月将其正式吞并。

得克萨斯的吞并令美国人为之狂热。1845 年 7 月,《民主评论》杂志的编辑约翰·奥萨利文提出了"天定命运","即拓展到上帝为我们逐年增殖的几百万人口的自由发展而制定的整个大陆"。为了实现这一目的,美国人有权"征服劣等民族"的思想迅速传播开来。在这一背景下,扩张主义者詹姆斯·波尔克就任美国总统,并积极策划对墨西哥的战争。

1845 年 11 月,波尔克派出使节,威逼墨西哥出售新墨西哥和加利福尼亚。墨西哥立即予以拒绝。1846 年 1 月,美军派出小股部队侵入墨西哥边境,遭到墨西哥军队的抵抗。双方发生了小规模的交火。1846 年 5 月,波尔克政府炮制出墨西哥军队入侵美国的谎言,并以此为借口向墨西哥宣战。消息传来,6 月,在加利福尼亚的美国殖民者发动叛乱。美军迅速予以支援,在叛乱军的配合下,占领蒙特雷、旧金山、洛杉矶等重镇,控制了加利福尼亚。与此同时,美军主力自得克萨斯出发,进犯墨西哥腹地,墨西哥军队节节败退。马塔莫罗斯、萨尔蒂约等战略重镇相继失陷。1847 年 2 月,美墨两军在布埃纳维斯塔决战。美军以寡击众,大破墨西哥军队主力。1847 年,美军又在墨西哥首都以东的维拉克鲁斯登陆,直扑墨西哥首都墨西哥城,于 9 月占领该城。墨西哥军队一败涂地。1848 年 2 月 2 日,美墨双方签订《瓜达卢佩—伊达尔戈条约》。美军以支付 1 500 万美元的代价获得了墨西哥北部 137 万余平方公里的土地。1853 年,美国驻墨西哥公使又以 1 000 万美元购得墨西哥北部 7 万余平方公里的领土。经过这场战争,墨西哥 55% 的领土被美国吞并。至此,美国在加拿大以南、墨西哥和墨西哥湾以北的版图基本形成。随着美国经济的发展、人口的增多,越来越多的殖民者涌入新领土,在那里组建州政府,而后正式并入美国。1912 年,亚利桑那州和新墨西哥州成立,自此,美国已拥有了 48 个州。这些州又被称为"美国本土"。

19 世纪下半叶,一向热衷于扩张的俄国沙皇政府突然对自己最东端的领土阿拉斯加感到厌倦。阿拉斯加在北美洲西北角,气候极端恶劣,看起来没有什么经济价值。1867 年,囊中羞涩的沙皇政府派人去美国洽谈,准备出售阿拉斯加。经过讨价还价,俄方同意以 720 万美元的价格出售阿拉斯加。当时,美国刚刚经历内战(见下一章),国库同样空虚。很多人也不看好阿拉斯加这片苦寒之地。时任国务卿的威廉·西沃德却力排众议,说服国会接受俄国人的条件。1876 年,美国与俄国签订《转让阿拉斯加条约》。面积达 150 多万平方公里的阿拉斯加半岛及周边的阿留申群岛从此归属美国。俄国人很快就对这桩交易痛悔不已,因为美国人随后在阿拉斯加发现了金矿。第二次工业革命(见下一章)时期,美国工程师又在阿拉斯加发现了北美洲最大的油田。1959 年,阿拉斯加正式成为美国的第 49 个州。

19 世纪末,美国人又获得了一个新的礼物,夏威夷。夏威夷原为太平洋中一个独立岛国,战略地位十分重要,其主权国家地位得到英、法、美的承认。在很长的一段时期内,美国政府虽然觊觎夏威夷,但一直无法直接吞并。尽管如此,美国殖民者大量涌入夏威夷,控制了当地的经济命脉,甚至在美军的支持下,架空了夏威夷政府。1890 年,美国政府颁布《麦金莱关税法》,宣布免除糖的进口税,同时决定给予美国本土糖厂以每磅 2 美分的补贴。这项法案令在夏威夷殖民的美国糖厂主和甘蔗种植园主们如坐针毡。他们的销售市场是美国本土。法令颁布后,他们不仅得不到美国政府的补贴,而且面临着更廉价的古巴糖、爪哇糖和巴西糖的竞争。他们于是密谋推翻夏威夷现政府,并促成夏威夷与美国的合并,以缓解自己面临的经济压力。由于《麦金莱关税法》在美国兼并夏威夷的过程中发挥了很特殊的作用,因此它在历史上又被称为"糖的阴谋"。与此同时,夏威夷人救亡图存的努力又加速了兼并的过程。1891 年,夏威夷女王李留奥卡拉尼即位。她不甘心做美国人的傀儡,响亮地提出了"夏威夷是夏威夷人的"口号。此后,在李留奥卡拉尼的领导下,夏威夷政府逐渐收回了被美国殖民者攫取的特权。1893 年 1 月,在美国驻夏威夷公使约翰·史蒂文斯的煽动和支持下,包括糖厂主、种植园主、传教士在内的美国殖民者发动叛乱,李留奥卡拉尼政府被推翻。史蒂文斯向国内汇报说:"夏威夷梨子现在完全成熟了,这是美国采摘的黄金季节。"1898 年,夏威夷正式并入美国,成为美国领土的一部分。

美国革命时期,美国的革命者们设计了他们的国旗"星条旗"。旗面由 13 道红白相间的宽条构成,红色象征勇气,白色象征真理,13 道宽条则象征革命的英属北美 13 个殖民地。左上角则有一个包含了 13 颗白色小五角星的蓝色长方形。蓝色象征着正义,13 颗白色小五角星则代表着当时美国的疆域,即 13 个殖民地。而后,每当有一个州建立并加入美国,星条旗上就要相应地增加一个白色小五角星。随着美国疆域的扩张,星条旗共经历了 28 次修改。1959 年 8 月,夏威夷正式成为美国的一个州,次年,美国政府将国旗上的白色小五角星增加到 50 颗。此外,美国还攫取了包括关岛、波多黎各在内的一些岛屿(详见第三章)。它们与 50 个州一道共同构成了美国的现代疆域。

就这样,自建国以来,伴随着铁与血、谎言与欺诈、金钱与背叛,美国人成功将自己的领土从大西洋沿岸的细小长条,扩展到大半北美,以及海外的部分地区。其国土面积达到约 937 万平方公里(一说为约 963 万平方公里),是世界上最大的五个国家之一。就领土上的自然条件和资源来看,美国则是远远超过拥有大量冻土、冰川、雪山的俄国,加拿大,中国等国。在此基础上,美国经济迅速发展,到 20 世纪已成为富甲天下的经济强国。

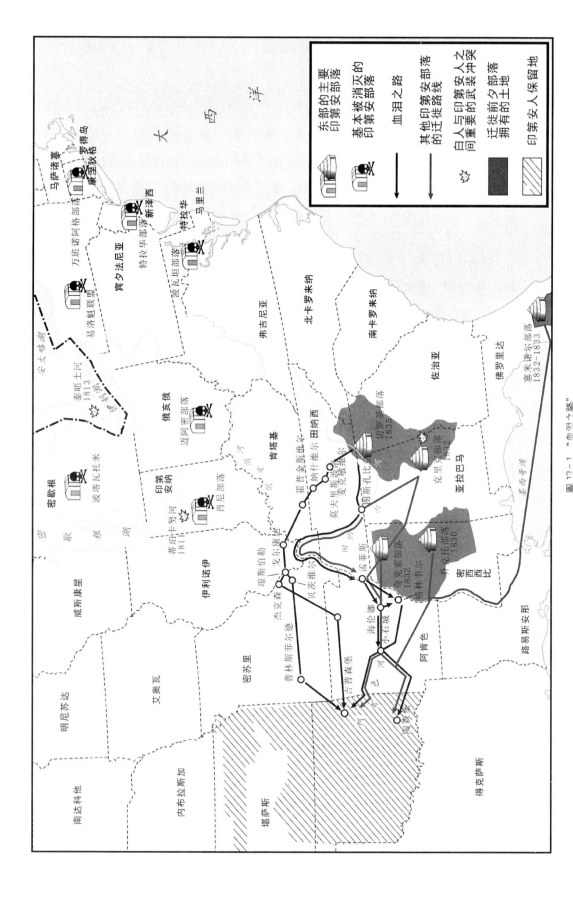

图 12-1 "血泪之路"

12. 血泪之路

我们在本书开篇就提到,印第安人曾经是北美大地的主人。在欧洲殖民者到达北美之前,印第安人就已在此繁衍生息许多个世纪了。欧洲人的入侵打破了印第安人原有的生活秩序。他们不断抢占印第安人的土地,给印第安人带来无穷的灾难。不过,为了拉拢印第安人,英国限制殖民地居民向北美西部迁徙。于是,北美西部的印第安人在一段时期内还能够延续自己的生活。但在独立战争之后,美国开始肆无忌惮地蚕食鲸吞印第安人的土地。印第安人被迫迁往条件更恶劣的地区。图12-1所反映的是北美东南部和西北部印第安人被迫走过的一条条"血泪之路"。

在美国境内的各个印第安部落之中,首先遭到镇压、驱赶的是临近东部沿海地区的印第安部落,包括肖尼、切诺基、奇克索、乔克托、克里克等等。在长期与白人的交往中,其中有的部落开始学习白人的生活方式,修建起整齐的房屋和良好的道路。切诺基部落还创造了本民族的文字,并用这种文字出版了书籍,甚至制定了成文宪法。尽管如此,白视高贵的统治者仍然将印第安人视为野蛮人,主张赶走他们。于是,从18世纪末开始,美国政府接连不断挑起与印第安人的冲突,用武力强占他们的土地。但是其惯用的手段是进行所谓的谈判,把印第安人谈判代表带到政府军驻扎的军营里强迫签订割让土地的条例,但是印第安部落又拒绝交出土地,于是政府以印第安人毁约为由发动武力镇压,这种骗人的鬼把戏经常上演。

面对咄咄逼人的美国政府,肖尼部落的酋长特库姆塞挺身而出,组织抵抗运动。在他看来,"白人贪得无厌,到处霸占土地。制止这一罪恶的唯一办法在于全体印第安人团结起来,要求得到普通而平等的土地权

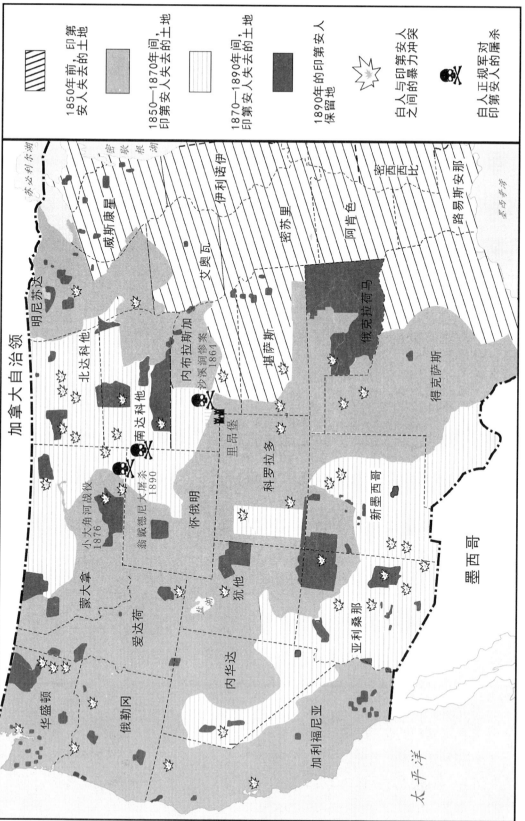

图 12-2　19 世纪末美国西部地区白人与印第安人的冲突

利。"①他在东北区(见图1)的各印第安部落中奔走串联,试图组织起印第安人联盟,使各个部落能够团结起来与美国政府谈判。美国人深以为忌。1811 年,美军将领威廉·哈里森趁特库姆塞外出之际,派兵发动突然袭击,在蒂珀卡努河沿岸击溃印第安武士并焚毁了肖尼族村庄。为了复仇,特库姆塞拿起武器与美军作战。1813 年,他在泰旺士河沿岸战死疆场,年仅 44 岁。

1814 年第二次美英战争结束后,美国政府开始诱骗印第安人说,只要他们交出自己的家园,向西迁徙到政府划定的印第安保留地,就"与印第安人保持永久的和平和友谊"。同时美国政府派人前往各个印第安部落,通过威胁、欺骗、贿赂等种种手段强迫印第安人迁移。由于独立战争时曾支持过英国军队,因此切诺基部落在美国强迫迁移中首当其冲。在杰克逊总统支持下,美国政府决定将切诺基部落逐出佐治亚州。1838 年,W. 斯科特将军率领 7 000 名美军把 1.5 万名切诺基人集中到集中营,再分成每批 1 000 人,武装押送到贫瘠荒凉的中西部印第安人保留地。在美军刺刀押解下,切诺基人被迫徒步急行军,整个迁徙过程在1838 至 1839 年秋冬强行完成。由于种族歧视政策驱使下的强制迁徙管理不当,缺乏起码的应急措施,食品短缺、没有御寒用品,印第安人风餐露宿、苦不堪言,许多老弱病残者被冻饿和疾病夺去了生命。在 116天的旅途中共有 4 000 多名切诺基人死去。这段旅程因此被美国历史学家称作"浸透血泪的路"。"血泪之路"便得名于此。

随着美国西进运动的深入开展,西部领土不断扩张,再加上 19 世纪40 年代加利福尼亚地区发现了金矿引发的"淘金热"的刺激,大量移民、商人、土地投机家、新兴工业资本家蜂拥进入西部(参见第 10 节)。他们都渴望占有更多的印第安人的土地,以实现各自心中的"美国梦"。白人与当地印第安人争夺空间和资源的斗争空前激烈。在美国政府的支持下,白人移民利用强大的军事力量和组织优势,惨无人道地驱赶和迫害印第安人。1849 年淘金热出现之前,加州有 15 万印第安人,而到 1870

---

① Tecumseh, "Speech to Governor William Henry Harrison at Vincennes, August 12, 1810", cited in Wayne Moquin, Charles Lincoln Van Doren, *Great Documents in American Indian History*, New York: Praeger Pulishers, 1973, p. 134.

年,该州仅剩下 3 万印第安人。

继占领印第安人的东部土地之后,贪得无厌的白人又背信弃义继续向原本许诺给印第安人的地区扩张。因此,许多像切诺基等已经迁徙到西部地区的印第安部人再次遭殃,甚至那些原本远离白人、在条件较差的偏远地区生活的印第安人也遭到了无情的驱赶和屠杀,幸存者再踏上"血泪之路",无奈地进入政府圈定的一个个荒凉、贫瘠的"印第安人保留地"。到 19 世纪末,绝大部分的印第安人都生活在若干的保留地中。

印第安人曾被迫多次举行反抗,其中印第安人苏族部落首领"坐牛"就是一名勇敢的战士。1876 年 6 月 25 日,他与"疯马"和"苦胆"等印第安人部落酋长率领的印第安人在小大角河战役中全歼了卡斯特将军率领的联邦军队第七骑兵团 250 多名士兵。但是,随着美国政府军源源不断地到来,印第安人的抵抗最后都被镇压了。白人不仅残忍地杀害印第安人,还有计划地消灭印第安人赖以为生的野牛。在 19 世纪 60 年代,大平原上约有 1 300 多万头野牛,到 1903 年只剩下三十四头。大批印第安人生计断绝,冻饿而死。1890 年 12 月 28 日,在围剿印第安人的过程中,联邦军队第七骑兵团在翁德戴尼开枪屠杀 200 名放下武器的苏族印第安人。翁德戴尼惨案为持续 300 年的印第安人保卫土地的战争画上了一个句号。哥伦布当年来到美洲大陆时,今天的美国境内约有 200 万印第安人,而到 1900 年时只剩下约 25 万人。

印第安人的"血泪之路"表明,在美国领土扩张过程中,美国政府和移民利用欺骗、驱赶、屠杀等手段,大量侵占印第安人的土地,在美国资本主义发展史上增添了血腥和丑恶,给美国民主和自由的旗帜涂上了浓浓的血污。

筚路蓝缕：北美开拓者小传

（1）约翰·史密斯

约翰·史密斯于 1580 年出生在英国的平民家庭，成年后投身行伍，屡立功勋。1607 年，史密斯前往北美，从事殖民、探险活动，并于 1608 年 9 月，被推举为詹姆斯敦殖民地理事会的主席。在职期间，史密斯以强硬手腕整顿殖民地，驱使贪婪、懒散的殖民者从事劳动，同时，积极改善与印第安人的关系，发展与印第安部落间的贸易。1609 年，史密斯因伤回国。在他回国之前，詹姆斯敦殖民地已初具规模。1614 年，约翰·史密斯回到美洲，发现并命名了"新英格兰"地区。

与探险、殖民相比，约翰·史密斯的风流韵事更是家喻户晓。据说，在 1607 年，史密斯曾莫名其妙地被詹姆斯敦殖民地附近的印第安部落俘获。印第安人打算用敲碎脑袋的酷刑将其处死。但是，印第安酋长的爱女波卡洪塔斯公主被史密斯英俊强壮的外表、不俗的谈吐与神秘的异域风采所打动，毅然挺身而出，"双臂搂住他的头，又用自己的（头）盖在他的上面，来拯救他于死亡"。酋长为爱女的义举而感动，不仅放了史密斯，而且认他为干儿子。

尽管这个故事更像是酋长为了拉拢白人殖民者而导演的好戏，尽管当时波卡洪塔斯尚未成年，尽管这位酋长的爱女最后嫁给了另一位殖民者，但这一切都并不妨碍人们把它想象成英雄抱得美人归的罗曼史和励志传奇。在 17、18 世纪，约翰·史密斯的艳遇成为北美各殖民地招徕移民的金字招牌。时至今日，约翰·史密斯与波卡洪塔斯的故事依然引人入胜。20 世纪 90 年代，好莱坞根据这个故事拍摄了电影《风中奇缘》。

（2）卡尔弗特家族

美丽、富庶、神秘的北美大陆不仅吸引着像约翰·史密斯这样的草根英雄，而且对达官贵人们也很有吸引力。大批英国乡绅、贵族成为殖民活动的领头人或赞助者。卡尔弗特家族就是其中的一分子。

卡尔弗特家族起源于英国的约克郡。16 世纪末到 17 世纪初，家族的重要成员乔治·卡尔弗特获得了英国国王的赏识，成为王室重臣，并于 1625 年获得"巴尔的摩勋爵"头衔。英国殖民北美的活动开始之后，乔治·卡尔弗特曾资助过约翰·史密斯等人的探险、殖民活动。17 世纪 20 年代，乔治·卡尔弗特因为他人的陷害被逐出朝廷，从此专心投身于北美的殖民事业。1628 年开始，他曾试图在纽芬兰建立一个殖民地，但由于气候恶劣、资金短缺等原因而失败。乔治·卡尔弗特并不气馁。1632 年，他又从新即位的国王查理一世那里获得了弗吉尼亚殖民地以北的大片土地，即马里兰殖民地。不幸的是，在国王签署相关文件前夕，乔治·卡尔弗特因病逝世。

乔治·卡尔弗特的儿子塞西利厄斯·卡尔弗特继承了其父的遗志，将马里兰建成为一个富庶的殖民地。除建立、发展马里兰殖民地之外，塞西利厄斯·卡尔弗特还积极提倡宗教自由，于 1649 年促成了《信教自由法》的颁布。

卡尔弗特家族对马里兰的统治一直维持到 1688 年。

（3）约翰·温斯罗普

约翰·温斯罗普，1588 年 1 月生于英国萨福克郡的一个乡绅家庭。他自幼便接受良好的教育，成年后担任过王室监护法院的律师和管理地方事务的治安法官。17 世纪 20 年代温斯罗普投身于北美的殖民地事业。1629 年 10 月，温斯罗普当选为马萨诸塞湾殖民公司的总裁。1630 年夏，他率领一支由 17 艘帆船组成的殖民舰队前往北美，建立起马萨诸塞殖民地，并一直担任殖民地的总督或副总督。1649 年 3 月 26 日，温斯罗普在波士顿去世，享年 61 岁。

温斯罗普学识渊博、为人正直、精明强干。在其治下，以马萨诸塞为中心的新英格兰殖民地有了长足的发展。除此之外,温斯罗普还给未来的美国留下了丰富的精神遗产。作为一名虔诚的清教徒,温斯罗普将清教徒的理念贯彻于殖民地的建设之中,提出了"山巅之城"的理念。马萨诸塞殖民地建立之初,他便号召殖民者"喜欢彼此,把别人的处境当作自己的处境,同喜、同悲、一起劳动、一起受苦",共同"筑建山巅之城,让所有人注视我们"。此后,在他的主导下,马萨诸塞殖民地建立起一套在当时历史条件下颇为高效、民主的政治制度。时至今日,温斯罗普早已作古,但他"山巅之城"的理念仍深深根植于美利坚文明的骨髓之中。

温斯罗普也是北美教育事业的先驱。自马萨诸塞殖民地建立以来,温斯罗普一直高度重视教育,先后颁布了英属北美殖民地时期第一个强迫教育法案、第一个公立教育法案,建立了英属北美第一所中等学校和第一所大学。马萨诸塞湾殖民地由此成为英属北美教育最为发达的地区。

(4) 约克公爵

约克公爵是贵族的头衔,通常授予英国国王的第二个儿子,并非专指某个人。前文中提到的"约克公爵"是指英国国王查理二世的弟弟詹姆斯·斯图尔特。

詹姆斯·斯图尔特,1633 年 10 月 14 日出生于英国伦敦圣詹姆斯宫,1644 年被封为约克公爵。作为王室的一员,詹姆斯·斯图尔特没能享受一个惬意的童年。1642 年,英国爆发内战。战争期间,年幼的詹姆斯·斯图尔特被俘。1648 年,他男扮女装逃出监牢,流亡到荷兰海牙。流亡欧洲期间,詹姆斯·斯图尔特投身行伍,先后加入法国、西班牙军队,并屡立功勋,成为当时首屈一指的杰出将领。1660 年,他的哥哥查理二世重夺王位。詹姆斯·斯图尔特随即返回英国,担任最高海军大臣等要职,并在英国与荷兰的战争中担任海军最高指挥官。在与荷兰作战期间,詹姆斯·斯图尔特攻陷了荷兰在北美殖民地新阿姆斯特丹,并将之重新命名为"纽约",即"新约克"之意。1685 年,查理二世去世,詹姆斯·斯图尔特继承王位,史称詹姆斯二世。

作为一名战将,詹姆斯·斯图尔特拥有很高的声誉,但是他并不善于治理国家。就任国王期间，詹姆斯二世与国会产生了激烈的冲突，逐渐失去民心。1688 年 6 月 30 日，英国爆发光荣革命。詹姆斯二世众叛亲离。12 月 11 日，他将国王大印丢进泰晤士河，然后逃往欧洲。此后，詹姆斯·斯图尔特一直谋求重登英国王位，虽屡败屡战，但终究屡战屡败。66 岁时，詹姆斯二世因心肌梗塞死于法国。

大事记

1607 年 5 月 14 日	英国建立詹姆斯敦殖民地。
1620 年 12 月 1 日	清教徒建立普利茅斯殖民地。
1756 至 1763 年	英法七年战争。
1763 年 2 月 10 日	英法签订《巴黎和约》,英国划定 1763 年公告线。
1765 年 3 月 22 日	英国政府颁布《印花税法》。
1770 年 3 月 5 日	英军镇压波士顿居民的抗议活动,造成当地居民的伤亡。
1773 年 12 月 16 日	波士顿发生"倾茶事件"。
1774 年 3 月	英国颁布四项"不可容忍法令",同年,第一届大陆会议在费城召开。
1775 年 4 月 18—19 日	列克星敦枪声,同年,第二届大陆会议召开。
1776 年 6 月 11 日	大陆会议颁布《独立宣言》。
1777 年 7—10 月	萨拉托加大捷。
1778 年 2 月 6 日	法美两国正式结盟。
1781 年 10 月 19 日	康华利在约克敦投降,同年,《邦联条例》得到批准。
1783 年 9 月 3 日	英美两国在巴黎签署和约。
1787 年 9 月 17 日	制宪会议颁布《美利坚合众国宪法》。
1803 年 4 月 30 日	美国从法国手中购得路易斯安那地区。
1811 年 11 月 20 日	美国政府开始修建坎伯兰国家公路。
1812 年 6 月 18 日	1812 年美英战争爆发。
1819 年 2 月 22 日	美国从西班牙手中购买佛罗里达。

1830 年 5 月 28 日	美国国会批准《印第安人迁徙法案》,引发"血泪之路"事件。
1846 年 6 月 15 日	美英签订《俄勒冈条约》,结束了在俄勒冈地区的边界争端。
1846 至 1848 年	摩门教教徒开始向西部的跋涉。
1848 年 2 月 2 日	美国从墨西哥攫取大片土地。
1853 年 12 月 30 日	詹姆斯·加兹登代表美国政府以 1 000 万美元购买了墨西哥大片土地。
1876 年 10 月 18 日	美国正式从俄国手中购买阿拉斯加。
1898 年 7 月 7 日	美国吞并夏威夷。

第二章

经济起飞

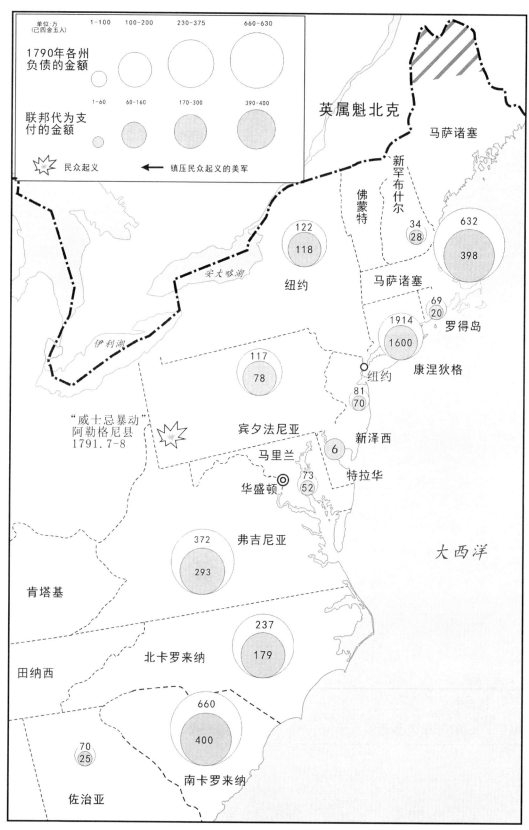

图 13　美国联邦政府建立初期所面临的内政问题

13. 金融立国与工业立国

1787 年,制宪会议颁布《美利坚合众国宪法》,1789 年由美国第一届联邦国会宣布正式生效。生效之后,美国很快就按照宪法组织起他们的新政府：联邦政府。首都暂定为纽约。1789 年 2 月 4 日,乔治·华盛顿当选为美国第一任总统。4 月,华盛顿在纽约正式就任。在就职演说中,他自豪地宣布："人们已将维护神圣的自由火炬和维护共和政体的希望,理所当然地、意义深远地,也许是最后一次寄托于美国民众所进行的这一实验上。"①

这个实验就是用民主共和制度管理国家。摆在华盛顿政府面前的一个最大的难题是,应当用什么样的政策方针来管理国家呢？围绕着这个问题,当时美国最杰出的两个人才之间曾经爆发出激烈的争论。

争论的一方是亚历山大·汉密尔顿。汉密尔顿于 1757 年 1 月诞生于英属西印度群岛的尼维斯岛。他是一位私生子。他的母亲名叫雷切尔·莱温。他的父亲是谁,至今还没有定论。然而确定无疑的是,他的父亲和母亲给了他一个卓越的大脑。汉密尔顿在很小的时候就可以阅读拉丁文和希腊文书籍,并能够撰写新闻报道,并因此得到资助,前往北美求学。在独立战争中,汉密尔顿崭露头角,于 1777 年担任乔治·华盛顿的副官,后曾参与约克敦战役并建立功勋。制宪会议前后,他又成为美国联邦宪法的最重要的支持者。1787 年 9 月,汉密尔顿、詹姆斯·麦迪逊、约翰·杰伊三人共同撰写了《联邦党人文集》。该文集系统地剖析和阐述了美国宪法和联邦政府的运作原理,成为宪法支持者们最重要的思想武器之一。

联邦政府成立后,华盛顿任命汉密尔顿为财政部长。在汉密尔顿看

---

① George Washington, "Washington's Inaugural Address of 1789: A Frans Cription", http://www.archives. gov/exhibits/american_originals/inaugtxt. html(下载时间：2014 年 1 月 1 日)

来,政府的目的在于:(1)促进商业、税收和农业发展;(2)缔造国内的安宁与幸福;(3)建设一个稳定的美国,壮大国力使美国受到世界各国的尊敬。为此,汉密尔顿主张对外与英国和好,以英国为依托发展对外贸易,对内强化中央政府的统治,千方百计促进经济的发展。从1790年开始,汉密尔顿陆续向总统、国会递交了四份报告。这些报告奠定了美国金融立国和制造业立国的理论基础。

他的第一份报告是《充分支持公共信用的报告》。独立战争时期,大陆会议曾发放了一种名为"大陆券"的债券来筹集资金、发放军饷。战争胜利以后,由于美国经济全面崩溃,大陆券一文不值。军人和购买大陆券的农民穷困潦倒,只能将债券贱价出售给投机商人。联邦政府建立以后,有人认为:应当将大陆券的原持有者和投机商人区别对待,联邦政府应对前者原价偿付,对后者折价偿付。汉密尔顿则指出:国无信不立。无论是平时,还是战时,国家都需要通过商业信贷筹集大批资金,而没有信用,国家一分钱都借不到。商人绝不会把钱借给一个出尔反尔的政府。"大陆券"事件是对联邦政府的一个考验。只有足额支付债券,政府才能取信于民,从而建立起一个比较稳定的金融体系。

为了保障公共信用,汉密尔顿还主张由联邦政府承担各州所欠的债务。当时,北部各州尚未偿清债务。在他们看来,这个主张当然是个绝妙的好主意,但积极偿债的南部各州却愤愤不平。经过汉密尔顿的协调,北部以将永久性首都设在南部波托马克河畔为代价,换取了南部各州的妥协。1790年,国会通过了以汉密尔顿报告为基础的《承担债务法令》,规定联邦应足额偿付大陆券,并承担各州积欠的债务。

1790年12月,汉密尔顿又提出了第二个《充分支持公共信用的报告》,主张就美国本土生产的奢侈品和酒类征收国产货物税,以偿付债务,应付政府支出。政府的债权人对此很高兴,但是用自家谷物酿造威士忌的农民们却愤恨不已。农民们当年之所以支持独立、支持大陆会议,最重要的原因就是抗税。现在,国家又把重税加到了他们的头上。1794年,宾夕法尼亚西部的农民揭竿而起,发生了史称"威士忌暴动"的起义。联邦政府悍然镇压,多名起义者被杀害,20多人被逮捕。

在递交第二个支持公共信用报告的当天,汉密尔顿还向国会呈交了

《设立国家银行的报告》，主张设立中央银行——第一合众国银行。该银行营业期限为 20 年，有权发行纸币。其资本定为 25 000 股，政府认购其中的五分之一，其余可由国内外人士任意购买。1791 年，第一合众国银行正式营业。该银行的建立促进了统一的金融市场的形成。由于联邦政府信誉卓著，第一合众国银行发行的货币广受欢迎，迅速淘汰了此前各州滥发的纸币。无论政府，还是商人都愿意从该银行融资。仅联邦政府就从该银行借到了多达 1 350 万元的巨额资金。

上述三个报告以及根据这些报告颁布的法律令美国踏上了金融立国之路。美国著名政治家韦伯斯特曾经评价说："汉密尔顿创建的金融体系，是美国繁荣富强的神奇密码。他叩开信用资源之门，财富洪流立刻汹涌澎湃。美国人民满怀感恩之情，世界人民满怀敬畏之心。"[①]

汉密尔顿的第四个报告是《关于制造业的报告》。当时，美国还是一个比较典型的农业国家。全国 90% 以上的人口从事农业。工商业仅仅集中在北部、中部各州的沿海大城市之中。在这样的背景下，史称"重农主义"的思潮大行其道。很多人认为美国不适合发展制造业，只要发展农业就足够了。汉密尔顿则高瞻远瞩地指出：未来是制造业的时代。他主张通过征收保护性关税、提供财政补贴、鼓励发明创造、保护专利、打击无良商家、发展公共交通等方式促进制造业的发展。尽管在当时，这份报告并没有为国会所接受，但是其中的构想却逐一通过国会立法变为现实，成为促成美国工业化的重要因素。

尽管汉密尔顿为美国经济的腾飞立下了汗马功劳，但是他忽略了平民，特别是农民的利益。他的政策侧重"发展"和"秩序"，但缺少"正义"和"民主"。汉密尔顿甚至还曾策划过拥立华盛顿为君主，建立君主立宪制的阴谋。在担任财政部长期间，他极力增强中央政府的权力，不断侵犯、压缩州的权力并参与组建联邦党。这些做法引发了以托马斯·杰斐逊为首的民主派的反对。汉密尔顿去世后，联邦党变本加厉地侵害州权和人权，最后于 1800 年在选举中被杰斐逊等人组建的民主共和党击败。

---

① Charles Dudley Warner, A Library of the World's Best Literature-Ancient and Modern, Vol. XXII, New York: Cosimo, Inc, 2008, p. 6896.

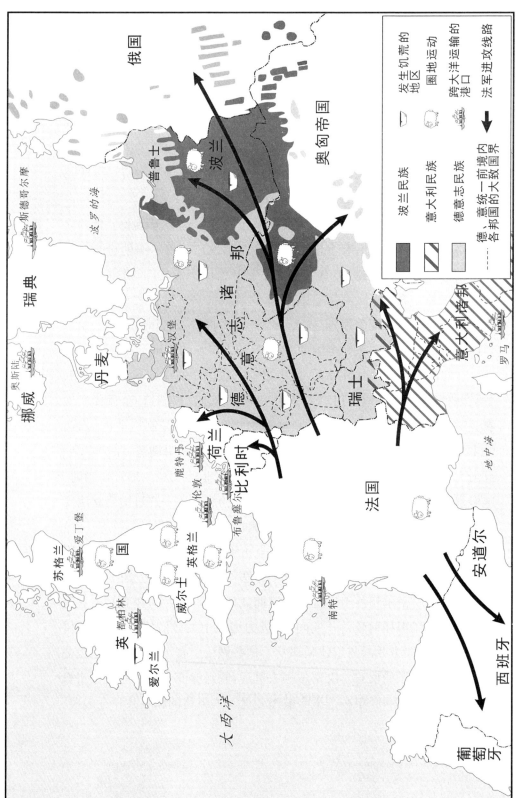

图 14—1 18,19 世纪欧洲的战乱与饥荒

14. 涌入美国的移民潮

汉密尔顿提交《关于制造业的报告》的时候，很多人对发展制造业的观点嗤之以鼻。很多知名的政治家指出：相较于美国广袤的领土来说，美国的人口实在是太少了。有了廉价的西部土地，一个普通人都能够买到一大块西部土地，成为体面的农场主。谁愿意去工厂做苦工呢？为了招揽劳工，工厂又要开出多高的工资呢？然而，没过多久，一股巨大的移民浪潮就席卷了欧美。

1815年，显赫一时的战争天才拿破仑在滑铁卢战役中惨败。不久法国被普鲁士、奥地利、英国、俄国等国占领。始自法国大革命的、席卷整个欧洲、波及北美的战乱就此画上了休止符。和平的到来使得欧洲、美洲之间大规模的商贸来往成为可能。从1815至1860年，有成千上万的船只游弋于大西洋上。它们常常将美国的棉花、木材、烟草等运往欧洲，回程时则载运欧洲的服装、家具等工业产品。为了充分利用船舱的空间，船主们常常向移民出售船票，搭载他们前往美国。

不过，移民们之所以涌向美国，还有着更加深刻的原因。历史学家们曾提出过"推—拉"理论来解释移民潮。

所谓"推"，是指欧洲政治、经济形势的变化迫使很多人背井离乡，踏上前往美国的旅途。在拿破仑战争时期，中欧，即今天的德国、奥地利地区是主战场。大军过境、交锋之后，当地往往是一片残垣断壁、鸡犬不存的景象。人们生活不下去，只好背井离乡去谋生。自然灾害同样是引发移民潮的一个重要原因。19世纪40年代，欧洲各处都出现了严重的马铃薯病虫害。尤其是在英国的爱尔兰地区，马铃薯是当地人的主食。灾害发生以后，马铃薯连连歉收，甚至绝收。从1845至1851年大约有100万爱尔兰人饿死，还有约100万人逃离故乡。

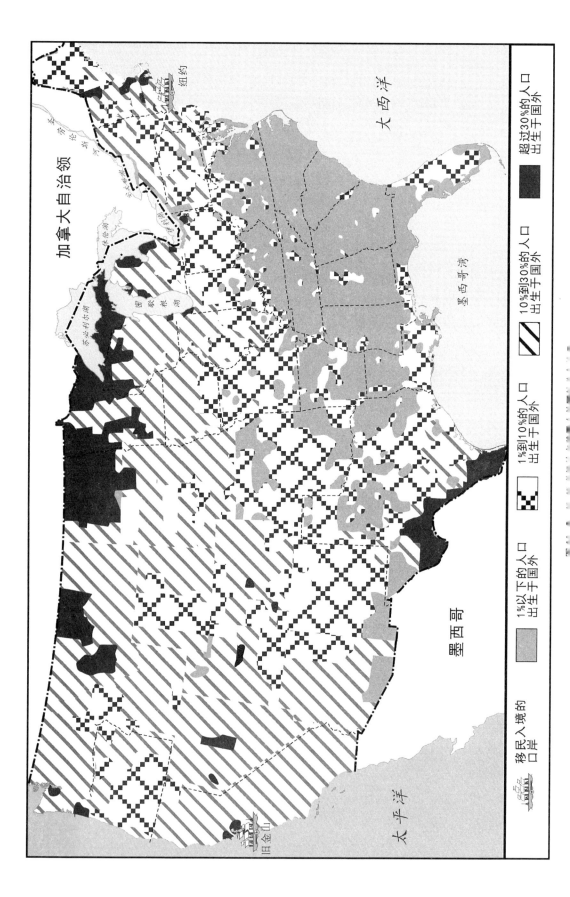

加拿大自治领

纽约

至劳伦斯河

休伦湖

苏必利尔湖

密歇根湖

亦利湖

大 西 洋

墨西哥湾

太 平 洋

旧金山

墨西哥

	1%以下的人口出生于国外		1%到10%的人口出生于国外		10%到30%的人口出生于国外
	移民入境的口岸				超过30%的人口出生于国外

不过,最重要的一个"推力"来源于工业革命。在英国,地主和资本家们发起了一场被称为"羊吃人"的圈地运动。他们将农民赶出世代耕作的土地,而发展起大规模的、工业生产所需的养羊业。农民衣食无着,只得流亡他乡。

当欧洲人彷徨无措之际,美国却急需人口,由此产生了一股强大的"拉力"。由于地广人稀,人们在美国更容易就业,而且生活条件也好得多。很多人用信件,将他们的生活情况告诉故乡的亲朋好友们。很多移民还在寄往欧洲的信件中附上汇款单和船票,用于资助他们前往美国。

美国的一些州,尤其是西部各州,也极力吸引移民。他们组建起移民委员会,鼓动人们移居美国。

从独立战争胜利到 1815 年,每年进入美国的移民大致为几千到一万余人,其中大部分是契约劳工和黑人奴隶。然而,在"推—拉"力的双重作用下,从 1815 年开始,美国出现了一股罕见的移民浪潮。从 1815 至 1860 年,约有 500 万移民涌入美国,其数量比 1790 年整个美国的人口还要多。其中 200 万来自爱尔兰,150 万来自中欧,75 万来自英格兰、威尔士和苏格兰,20 万来自法国。此外,还有分别来自瑞士、挪威、瑞典、荷兰的数万人口。1840 年以后,随着中国、日本等国大门被西方列强打开,一些东亚移民也开始在太平洋沿岸的加利福尼亚、俄勒冈等地定居。

如图所示,移民分布于美国各地。只有南部地区或许是个例外。那里盛行着奴隶制度。移民既找不到工作,也无法适应当地的社会氛围,只得迁往他处。移民的到来,为美国提供了急需的廉价劳动力,促进了美国工农业的发展。很多移民汇入了西进的大军,成为美国西部疆域的开拓先锋。少数富裕的移民还带来了美国工农业发展所必需的资本。更重要的是,移民中很多人是技工,有着美国人尚且没有掌握的工业技术。他们的到来,令始自英国的工业革命在美国生根发芽、茁壮成长。

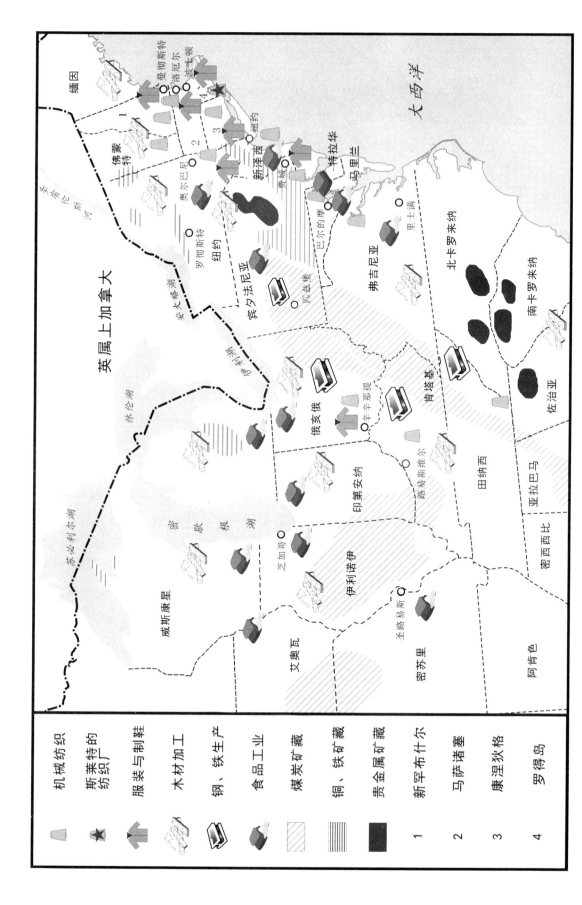

15. 美国的工业革命

英国是工业革命的原发地。为了保住技术优势,英国政府曾禁止出口工业技术和工业设备,更不允许任何人携带纺织机器的图纸出境。这一禁令却戏剧性地被一位英国移民打破了。1789 年 11 月,自幼从事纺织业的英国技工塞缪尔·斯莱特化妆成农民,躲过海关的盘查,移民到了美国。他完全凭记忆中的制造纺纱机的技术以及兴办纱厂的管理经验,在新英格兰建立起美国第一家机械纺织厂,成为"美国制造业之父"。1813 年,美国商人弗朗西斯·洛厄尔在访问英国的过程中又掌握了新的织布技术。回国后,他就在马萨诸塞建立起一家业务覆盖从梳棉纺纱到生产布匹整条生产线的大型工厂。棉纺厂和织布厂的建立,开启了美国工业革命的序幕。

美国工业革命开始时,主要依靠水力作为动力,因而受到地理条件的限制,工厂大多布局在滨海临河的地方。1804 年,美国人奥利弗·埃文斯研制了美式蒸汽机,从此引发了"动力革命"。纺织业、面粉业、锯木业等行业的许多工厂都采用了蒸汽动力,生产规模和生产力得以提高,一批锯木厂、面粉厂在美国中部盛产木材和粮食的大平原地区安家落户。在使用蒸汽动力的带动下,煤炭、焦炭、石油、采矿等工业部门也都蓬勃发展起来。

工业革命中大量机械设备的使用推动了钢铁工业的发展。1830 年,德裔美国人弗雷德里克·盖森海曼改进了无烟煤制铁法。1834 年,美国人威廉·亨利改进了热鼓风技术。19 世纪 50 年代,威廉·凯利与英国人亨利·贝西默发明的贝西默炼钢法开始推广使用,纽约、宾夕法尼亚、马里兰等地出现了大型的钢铁基地。1830 年,美国的生铁产量是16.5 万吨,到 1850 年猛增到 50 万吨。随着钢铁工业的壮大,生产机器

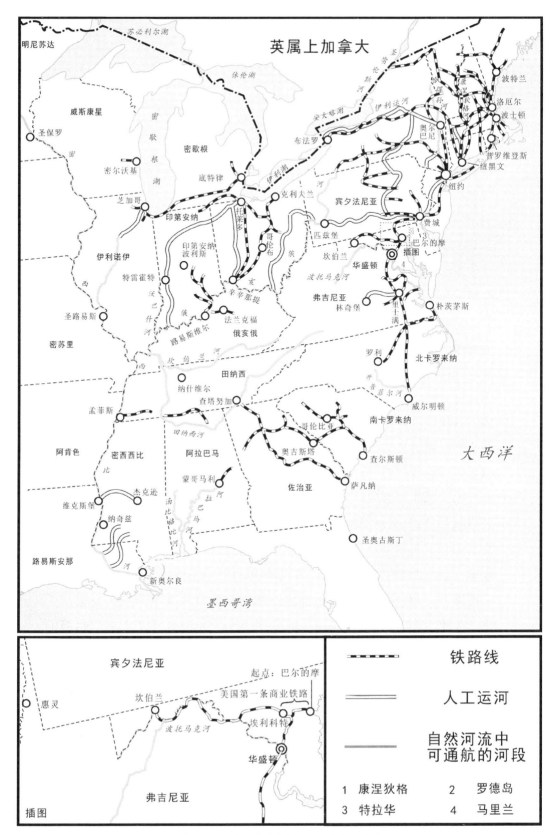

图 15-2　19 世纪上半叶美国铁路与运河的发展

的机器制造业也开始发展。1814 年,美国的纺织工厂中就出现了机械工具车间。1828 年,美国出现了专门生产蒸汽机和其他机械设备的公司。纽约、费城、芝加哥、波士顿、辛辛那提、新奥尔良等成为主要的机器制造业城市。

蒸汽动力还大大推动了交通运输革命。1807 年,美国工程师罗伯特·富尔顿设计制造的"克莱门特"号汽船在哈得孙河上首航成功,从纽约到奥尔巴尼的 150 英里航程只用了 32 小时,而过去同一路程乘马车要花一周时间。从此美国交通进入了"汽船时代"。

由于城市之间、沿海与内陆之间少有天然的水路,所以汽船的广泛运用大大地推动了运河的修筑。从 1815 年起的 40 年里,美国掀起了修建运河的"运河时代"。1825 年开通的伊利运河,全长 363 英里,是美国最长的运河,它沟通了奥尔巴尼至布法罗的水道。这样,从五大湖区到纽约,货运时间从原来 20 天减少到了 6 天,运费从每吨 100 美元减到 10 美元。伊利运河的开通沟通了纽约与内陆地区的联系,极大地刺激了纽约的发展。其他地方争相效仿,大力修建运河。从 1815 至 1840 年间,美国各州共投资 1.25 亿美元,开通了 3 000 英里运河,使美国成为当时世界上运河最发达的国家。

1814 年,英国人史蒂文森发明了火车机车。与汽船相比,铁路具有速度快、载重量大、便捷、准时等优点。这项技术很快被引入美国。1830 年美国建成了从巴尔的摩港口到埃利科特市的铁路,全长 13 英里,这是美国的第一条用蒸汽作为动力的铁路。此后,美国出现了一个兴建铁路的浪潮。到 1850 年,美国铁路长达 9 021 英里,在密西西比河以东地区形成了一个相当完备的铁路网。1860 年,美国铁路总长达 3 万英里以上,远远超过欧洲。

到 19 世纪 50 年代,美国东部沿海地区率先实现纺织工业、服装业、锯木业等行业机械化,机器制造业体系业已完成,接着美国西部地区采矿业、石油冶炼、钢铁业等也先后完成工业化进程。到南北战争前,美国已处于经济起飞的前夜。

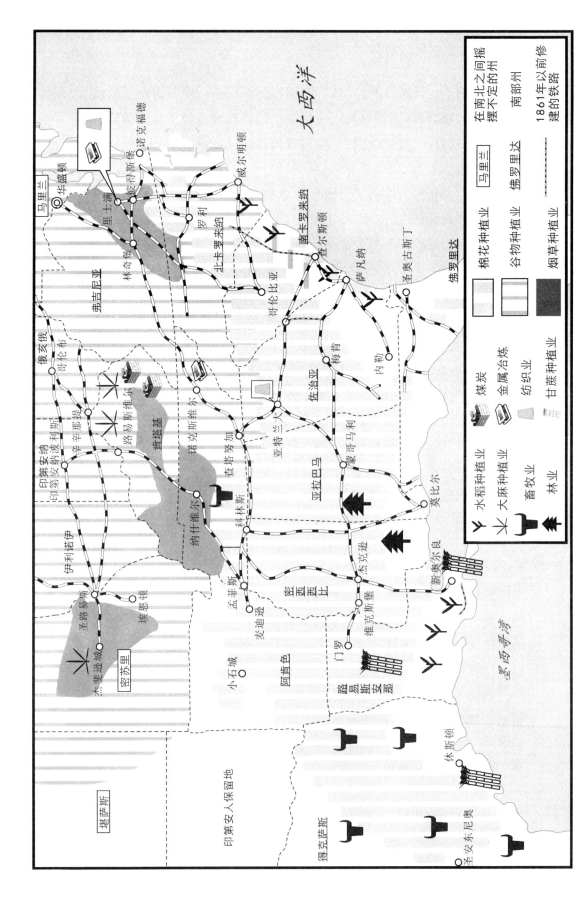

16. 美国南部的奴隶制种植园经济

在美国经济即将"起飞"的关键阶段,南部奴隶制却拖了后腿。从北美殖民地时期起,奴隶制种植园就在马里兰、弗吉尼亚、南卡罗来纳、北卡罗来纳、佐治亚发展起来。这些殖民地主要是由英国的贵族地主和富商组成的公司经营的,他们经英国国王特许得到大量土地。南部平原广阔,土地肥沃,气候温暖,适宜于粗放的大规模经营,可以采用技术低下的奴隶劳动。各类占地广阔的种植园因而兴起。

起初,南部种植园里的劳动力主要是那些无力支付到北美去的旅费的贫困欧洲移民,还有一些被法庭驱逐出境的罪犯、流浪者以及无力清偿债务的人,他们都是以约定时间的劳动偿还旅费或债务的"契约奴"。但 17 世纪 60 年代以后,大批黑人被运到北美种植园,逐渐代替契约奴成为种植园中的主要劳动力。1790 年,美国有多达 69.8 万的黑人奴隶,占南部人口总数的五分之二。黑人奴隶像土地、工具等生产资料一样,是种植园主的私有财产,他们的子女也是奴隶主的财产。奴隶终身为奴隶主劳动。奴隶主有任意处置奴隶的权利,包括买卖、毒打以至处死。繁重的劳动和非人的待遇,常常使奴隶在种植园里干活不到 10 年就被折磨而死。

奴隶们为种植园主生产了赚取大量利润的出口农作物。1766 年,北美殖民地,主要是弗吉尼亚和马里兰两地向英国输出烟草约达 1 亿磅,价值约 77 万英镑。南卡罗来纳、北卡罗来纳和佐治亚出产的大米和蓝靛,也是输往英国及欧洲其他地方的大宗产品。奴隶主聚集的查尔斯顿一度成为美国最富有的城市。

独立战争时期,自由、人权的思想遍及北美各地。黑人也大批参军,为独立立下汗马功劳。然而,奴隶制却并没有因此被废除。1787 年,制宪会议召开时,代表们默认了奴隶制的存在。他们还决定,将有关禁止奴隶贸易的争论搁置 20 年。在此期间,国会不禁止奴隶输入美国。无论黑人奴隶逃到美国的哪一个地方,当地的州政府都应当将其交还给奴隶主。

北部各州代表之所以选择妥协,一个重要的原因是,他们相信:随着美国经济的增长、人口的增多,奴隶制会显得很不经济,最终会自行消失。然而,事与愿违。美国向西部的殖民扩张,使种植园主在西部获得了广大的、新的、廉价的地盘。其次,1793 年,惠特尼发明轧棉机,把清除棉籽的效率提高了 100 倍,大大促进了植棉业的发展。最后,工业革命爆发后,棉纺织工业的发展对棉花的需求急剧增长。种植棉花有巨利可图。因此,棉花种植给了奴隶制以新的生命。种植园奴隶主带着大批的奴隶积极向西部扩展,垦地植棉。到 1860 年时,肯塔基、田纳西、亚拉巴马、密西西比、路易斯安那、得克萨斯等州已成为主要的种植园植棉区。在奴隶制的基础上,南部也开始了工业化,里士满、亚特兰大等地都出现了一些工业企业。

伴随着奴隶制种植园的扩张,奴隶的数目也不断增加。据统计,1860 年奴隶增长到近 400 万人,其中四分之三在种植园里劳动。奴隶制也成为南部社会最重要的组成部分。在 1860 年前后,拥有 10 个以下奴隶的小种植园主占大多数(约 28 万家);拥有 10 至 49 个奴隶的中等种植园主约 10 万家,一般耕种土地 200 至 400 英亩,拥有 50 个以上奴隶并耕种 500 英亩以上土地的大种植园主约 1 万多家。还有少数特大的种植园主,拥有奴隶 200 多人,数千英亩土地。

美国南部奴隶种植园经济曾对美国资本主义的成长起了重要作用。它生产的烟草、大米、蓝靛、棉花,使北美殖民地发展了对外贸易,为发展大工业创造了一个必备条件;南部奴隶制经济推动北部的航运业和纺织工业发展,中西部农民生产的猪肉、谷物和威士忌酒在南部找到了市场,有力地促进农业的繁荣;它生产的棉花,供应了英国工业革命中最主要部门棉纺织工业的需要,从而促进了工业革命的发展。然而,种植园经济排斥自由雇佣劳动制度,把奴隶视为私有财产,因此,与北方对立是不可避免的。19 世纪上半期,随着工业革命的基本完成,奴隶制种植园经济已经不合时宜了。北部资产阶级要求建立统一的国内市场。随着南北经济的发展和领土的扩张，双方在市场、原料、关税、劳动力等问题上的矛盾越来越尖锐，只能通过战争的手段解决。奴隶制种植园经济作为一种野蛮落后的制度被历史所否定。

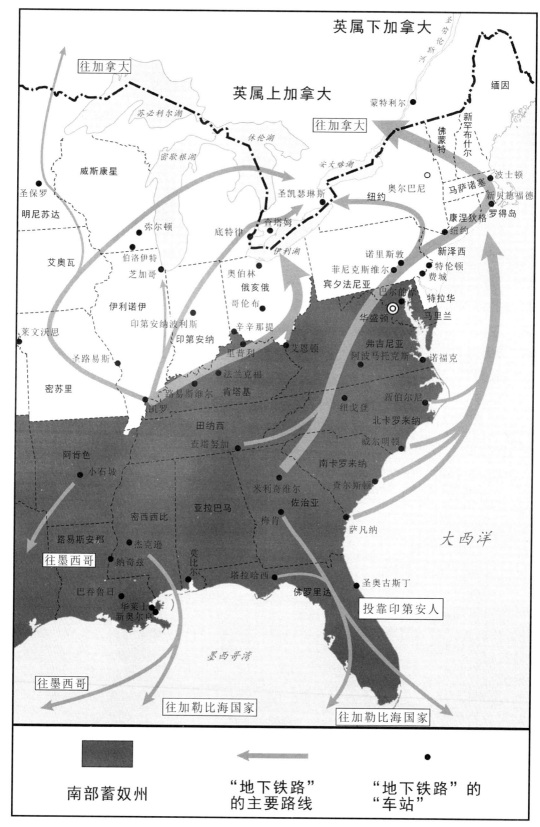

图 17-1 黑人奴隶逃亡的大致方向

17. "地下铁路"

　　在奴隶制制度下,黑人奴隶受到奴隶主阶级的残酷压迫和剥削,同时受到严重的种族歧视。为此,奴隶们举行了一次又一次的反抗斗争。同时,南方种植园主竭力在新扩展的土地上推广奴隶制,这严重地伤害到北方资产阶级的利益,双方矛盾日趋尖锐。北方主张废除奴隶制,掀起一场声势浩大的废奴运动,废奴主义者在北方许多地区组织了反奴隶制的团体,呼号奔走,团结了广大的群众,组织了许多秘密通讯联络点——历史上称之为"地下铁路",帮助黑人奴隶逃往北方废奴诸州。在废奴主义者的协助下,大批黑人奴隶从南部逃往自由州、加拿大、墨西哥等地,从个别行为逐渐发展为有组织的集体逃亡,形成了19世纪美国历史上著名的"地下铁路"运动。从图17-1中可以看出,协助奴隶逃亡的"地下铁路"网络遍布已加入联邦的各州。

　　这场"地下铁路"运动始于18世纪,兴盛于19世纪30、40年代。当时美国的各个市镇都有人与该组织联系。"地下铁路"有"经理"、"车站"、"乘客"、"列车长"和"乘务员"。组织地下铁路的人就是"经理",带领黑人逃跑的向导被称作"乘务员"或"列车长"。废奴派和其他同情黑奴的人将自己的住所贡献出来,让黑人逃奴在这里休息、吃饭和睡觉。这样的房屋或秘密联络点就是"车站"。黑人逃奴当然就是"乘客"。逃亡的旅途常常充满着艰难与困苦。追捕逃奴的奴隶主武装,携带着枪支与警犬,无时无刻不在抓捕逃亡的奴隶。尽管如此,黑人奴隶仍不断寻找机会,借助"地下铁路"逃出种植园。为了躲避奴隶主的追捕,黑人晓宿夜行、东躲西藏,从不敢光明正大地行路,这就是"地下"的含义。"铁路线"纵横交错,遍及南方各地。其中,亚拉巴马、密西西比、路易斯安那等州的黑人逃奴常在凯罗、莱文沃思、艾恩顿等地附近集中,然后进入俄

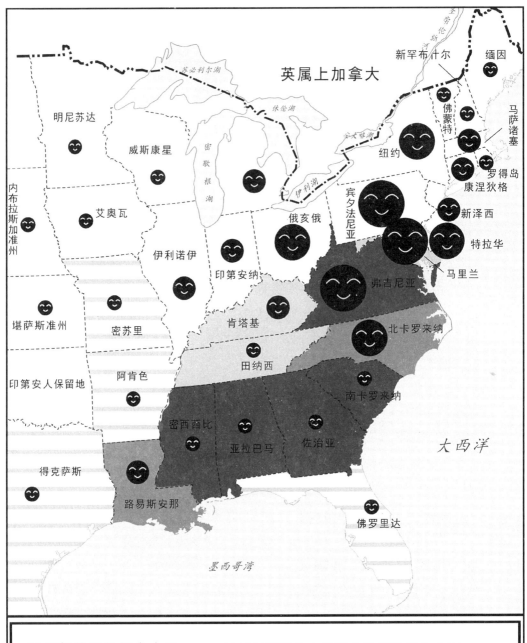

图 17-2　南北战争前夕黑人、自由黑人的数量与分布情况

亥俄、印第安纳、伊利诺伊等州,最后到达北部地区或加拿大。沿海地区的黑人逃奴有的从陆上经弗吉尼亚到达新英格兰等地,有的伪造证件、混上船只,从查尔斯顿、新伯尔尼、诺福克乘船,前往北方港口或加拿大,而得克萨斯境内的黑人则一般就在"乘务员"带领下越过边界逃往墨西哥。

在"地下铁路"运动中,美国涌现出许多默默无闻、尽心尽责的"乘务员"。其中黑人哈丽雅特·塔布曼女士是最杰出的一位。塔布曼原本是奴隶,1849年,她逃出种植园,来到北部的费城后成为自由人。为了帮助其他黑人同胞脱离奴隶制的迫害,她勇敢地投身于"地下铁路"工作,先后19次冒着生命危险潜回南部。凭借出众的才智和隐形的"地下铁路",塔布曼帮助包括她母亲在内的300多名黑人逃到了北部或加拿大,为废奴事业作出了重大贡献。

通过"地下铁路",大批黑人从南部逃到了北部获得自由。也有许多黑人逃到人迹罕至的深山老林与沼泽地带,在那里建立自己的家园。据估计,从1810至1850年,有10万黑人靠"地下铁路"的帮助,经历了重重的艰难险阻,逃到了北部或其他国家。整个"地下铁路"运动还鼓舞了整个美国的废奴运动,影响和教育了美国民众,对南部的奴隶主造成了极大压力。很多像塔布曼的黑人都自愿担任"乘务员"以解救更多的奴隶。当然,由于种族歧视,逃亡的黑人固然赢得了自由,但他们并非都过上了幸福和安定的生活,政治上也没有获得平等和自由。一些逃到美国北部的黑人明显遭到了当地白人的排斥。截至1840年,在北部生活的绝大多数黑人没有选举权,不能担任陪审员。在公共场合,他们遭受了被隔离的、低人一等的待遇。黑人甚至不能进入大多数公共学校与教堂。同时,由于自由黑人在就业方面与白人形成了竞争,针对黑人的暴力活动也屡禁不绝。例如,1834年和1844年,费城两次爆发反对黑人的暴乱,多名黑人被杀。由此可见,就当时来说,黑人争取解放与自由之路还很漫长和遥远。

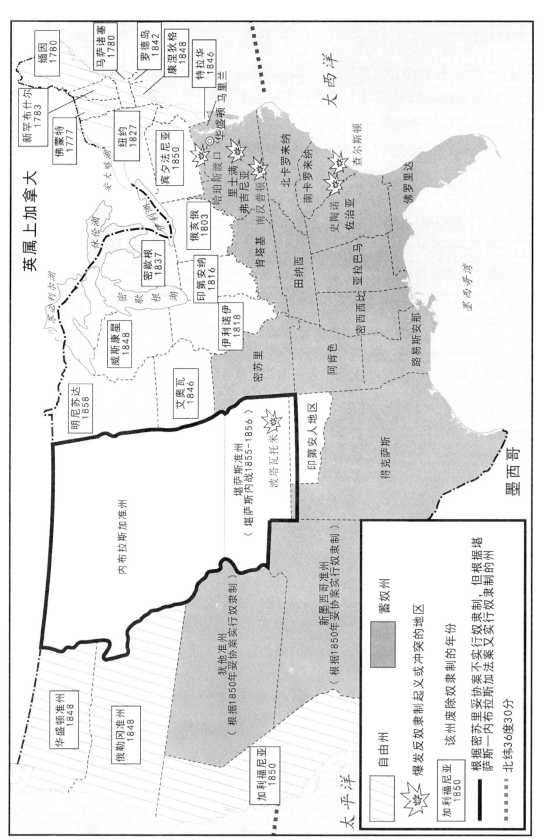

图 18　南北战争前蓄奴州与自由州的对峙

18. 两种社会制度的冲突

到南北战争爆发时,奴隶制在美国南部很多地区已经存在两百多年了。奴隶们为反抗这种不平等制度付出了许多流血和牺牲。早在独立战争时期,奴隶制就受到有识之士的诟病。1775 年,以本杰明·富兰克林为首的废奴主义者在费城建立了美国第一个反奴隶制团体。1794 年,废奴派在费城召开了第一次全国代表大会。经过废奴派的艰苦斗争,美国北部各州先后废除了奴隶制,但没有触动南部的奴隶制度,因而出现自由与奴役这两种不同的社会制度长期并存的局面,即北部各州为自由州,南部各州则是蓄奴州。

19 世纪 20 年代,在杰出的社会活动家威廉·劳埃德的领导下,废奴派又开始活跃起来。他们以彻底、立即废除奴隶制度为己任,不遗余力地揭露奴隶制的罪恶。废奴主义者哈丽雅特·斯托著的《汤姆叔叔的小屋》深刻地揭示了奴隶制残暴的一面,在全国引起巨大的影响。在废奴运动的影响下,1846 年,美国北部爆发了"自由土地运动",要求禁止奴隶制向西部领地扩张。1848 年,北部人民成立了自由土地党,用政党政治的形式与奴隶制作斗争。1854 年,自由土地党与其他党派合并,组建了共和党,其首要任务就是在全国范围内废除奴隶制度。而南部的奴隶主不仅坚决反对放弃奴隶制,还打算在美国新获得的领土上推行奴隶制。由此,南北之间的冲突不断。图 18 便反映了当时南北冲突中发生的重要的历史事件。

1819 年密苏里州申请加入联邦时,美国正好拥有 22 个州,自由州和蓄奴州的数目相等,双方在参议院席位也相等,密苏里作为自由州或者蓄奴州加入联邦,将直接影响双方力量的对比,于是南北各州的国会议员为此展开激烈的争论。直到 1820 年缅因从马萨诸塞分离出来之后,双方才达成妥协,规定密苏里和缅因分别作为蓄奴州和自由州加入联邦,同时规定北纬36度30分线为自由州和蓄奴州的分界线。这就是美国历史上著名的"密苏里妥协案"。美墨战争爆发后不久,南北双方又围绕如何处置新获得领土的问题爆发了激烈的争论。北部议员戴维·威尔莫特在国会提出了一项修正案,规定在墨西哥获得的任何领土"不得实行奴隶制或强迫劳役",该修正案被称为"威尔莫特但书"。但是修正案却因为南部奴隶主的阻挠未能成为正式的法律。1850年,南北双方再次达成妥协,规定加利福尼亚作为自由州加入联邦,新墨西哥和犹他两州自行决定是否采用奴隶制,首都禁止奴隶贸易。1854年,国会酝酿建立堪萨斯州和内布拉斯加州时,参议员斯蒂芬·道格拉斯提出了"堪萨斯—内布拉斯加法案",要求废除密苏里妥协案,认为新州是否实行奴隶制应由该州人民或其代表自行决定。这一法案引起全国长达四个月的争论,但是由于南部奴隶主的操纵,还是获得国会的通过。

"堪萨斯—内布拉斯加法案"颁布后,奴隶制的扩展不再受地域限制,不断推向北部,加速了资产阶级内部的分化。反对该法案的人于1854年7月组成美国共和党,资本主义和奴隶制的矛盾进一步激化。南部奴隶主建立了"南部之子"、"自卫会"、"密苏里人联防会"等组织,鼓励、支持向堪萨斯移民。有的奴隶主还变卖家产,组建私人军队,试图武力夺取堪萨斯。1856年,来自蓄奴州的750名暴徒武装袭击了自由州移民的聚居地劳伦斯镇。穷凶极恶的暴徒捣毁报馆、抢劫商店、炮击旅馆、焚烧房屋,甚至杀害当地的自由州移民。奴隶主的嚣张气焰激起了北方民众的怒火。5月24日,激进的废奴主义者约翰·布朗带着六名追随者来到波塔瓦托米河畔的一个定居点,处死了五名赞成奴隶制的人。此后,武装冲突遍及南部。无论是种上庄稼的田野,还是边疆小镇,到处都成了战场,终于酿成"堪萨斯内战",造成200多人丧生,财产损失超过200万美元。

为了彻底消灭奴隶制,1859年,约翰·布朗率领一群年轻人在哈珀斯费里渡口举行武装起义,逮捕奴隶种植园主,解放黑人奴隶。在与政府军的激战中,起义军寡不敌众,一半人战死沙场,布朗被捕并被处以绞刑。约翰·布朗虽然牺牲了,但他的精神却鼓舞了更多的美国人民,他们纷纷加入反对奴隶制的行列,解放黑人奴隶的呼声传遍美国大地的每个角落,1860年,两种制度的决战——美国南北战争终于爆发了。

19. 南北战争

1809 年 2 月 12 日,林肯出生于肯塔基州哈丁县一个贫苦的家庭。为了维持家计,少年时的林肯当过俄亥俄河上的摆渡工、种植园的工人等等。1834 年 8 月,25 岁的林肯当选为州议员,开始了自己的政治生涯。此后,林肯逐渐在政坛上崭露头角。1858 年的参议员选举中,林肯曾就奴隶制存废问题,与史蒂芬·道格拉斯进行了七次公开辩论。辩论期间,林肯公开反对奴隶制,要求限制奴隶制向西部的扩张,逐渐迫使其灭亡。1860 年,林肯作为共和党候选人参加总统选举。他获得了 18 个自由州中 17 个州的多数票,以 180 票选举人票、39.8% 的公众支持率的绝对优势赢得了选举。然而,他没有得到南部 10 个蓄奴州的任何选票。

对许多南方人来说,林肯执政将意味着奴隶制的终结,于是南卡罗来纳州旋即宣布退出联邦,1861 年 2 月,其他 6 个蓄奴州加入南卡罗来纳州的行列,一致退出联邦,并正式组建"美利坚诸州联盟"政府,推举杰斐逊·戴维斯为总统。这个政府又常常被称为"南部邦联"。1861 年 3 月 4 日,林肯正式就任美国总统后,宣布脱离联邦"在法律上无效",规劝南部回归联邦,维护国家统一。南部联盟拒绝林肯的要求,于 4 月 12 日炮击联邦的萨姆特堡要塞,打响了美国内战的第一枪。林肯派遣联邦部队重夺要塞,却引发田纳西、阿肯色、北卡罗来纳及弗吉尼亚四州宣布脱离联邦,与联邦军队对抗。战争全面爆发。战争一方是拥护联邦政府的北部、西部各州,另一方是波托马克河以南的 10 个"南部州"。马里兰、特拉华、密苏里及肯塔基四州历史上常常被看作是"南部州",而且在战争爆发时允许奴隶制的存在。然而,它们或是因为大多数居民不愿背弃联邦,或是因为忠于联邦的政府及时镇压分裂势力而留在了联邦政府的阵营之中。此外,弗吉尼亚西部一些地区的居民反对分裂,他们脱离弗

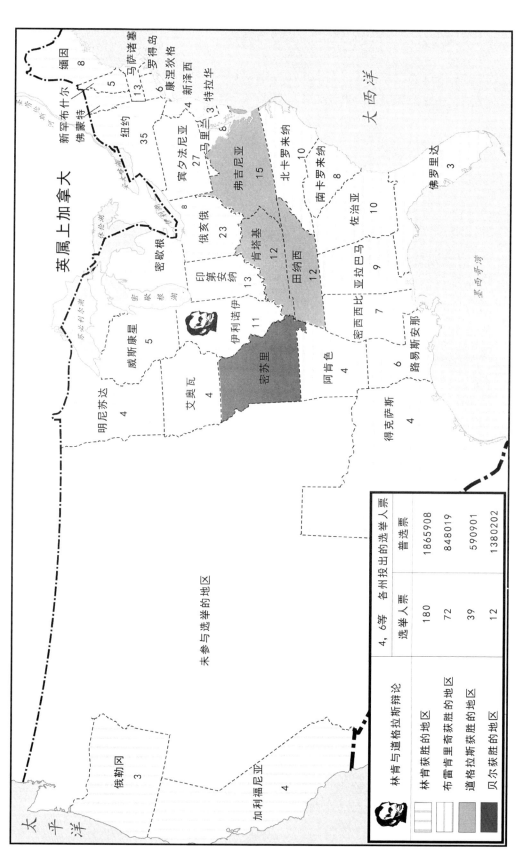

图 19－1　1860 年美国的总统大选

吉尼亚州自立,后来作为西弗吉尼亚州加入了联邦。

由于早有准备,南部联盟的军队在内战初期颇占上风,北方联邦军却接连失利。1862年,北军发动进攻,西线由格兰特指挥,2月攻克亨利堡和多纳尔森堡,4月在夏洛战役中击败南军,5月攻克科林斯和孟菲斯,解放了肯塔基和田纳西。东线北军则进展迟缓,7月被罗伯特·李指挥的南军击溃,李乘胜北进,8月在布尔河再次击败北军,兵临华盛顿,9月两军进行安蒂特姆会战,李被击退,联邦军取得胜利。

为动员广大群众,特别是黑人奴隶参加到北方军队中来,林肯在1862年先后颁布了《宅地法》和《解放黑人奴隶宣言》,前者宣布,一切忠于联邦的成年人,付了10美元登记费后,每人就可以在西部领取64.74公顷土地;后者宣布,1863年1月1日以后,奴隶将获得自由。消息传到南方后,成千上万的奴隶逃往北方,参加北方军队。这两项措施调动了广大人民群众的斗争积极性,为北方联邦军队战胜南方邦联军队增添了无限的动力。

1863年6月,南部邦联的名将李将军率8万人进攻宾夕法尼亚州,与联邦军米德将军所率的波托马克军团11万人,7月1日在交通枢纽葛底斯堡激战三天,最后北军全线反攻,李率军后撤。战事异常激烈,战场上有棵树竟身中250弹,南军2个旅长和15个团长全都阵亡,死伤2.8万,北军伤亡也达2.3万。这是内战中最激烈的一次战役。此役成为内战的转折点,此后,战场上的主动权转到北方军队手中。而在西线,从1863年2月开始,格兰特率3个军团7万多人围攻南军在密西西比河的战略要地维克斯堡要塞。经过几个月围困和连续47天炮击,堡内敌军弹尽粮绝,连猫和老鼠都被吃光了。7月4日,南军终于缴械投降,北军共俘敌3.7万。至此,北军控制了密西西比河地区,南军被分割成东西两部分。

1864年,北方军队在东、西两线同时展开强大攻势。在东线以消耗敌人力量为主要目标;在西线用强大兵力深入敌方腹地,切断南部邦联的东北部与西南部的联系。9月,谢尔曼将军率领的北军一举攻下亚特兰大,两个月后开始著名的"向海洋进军",在进军中彻底摧毁了敌人的各种军事设施,沉重地打击了敌人的经济力量,使南方经济陷于瘫痪。

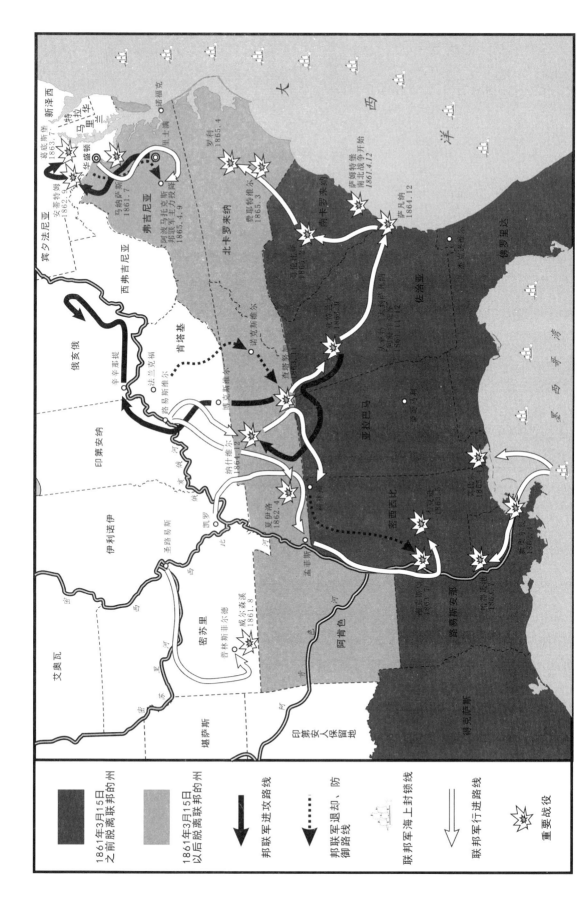

1865年初,奴隶纷纷逃亡,种植园经济濒于瓦解。北方海军实行的海上封锁,几乎断绝了南方与欧洲的贸易。同时,南方内部也出现反对派,南方逃兵与日俱增。粮食及日用品匮乏。1865年4月9日,李的部队陷入北方军队的重围之中,被迫向格兰特请降。美国内战以南方奴隶主的失败而告终。

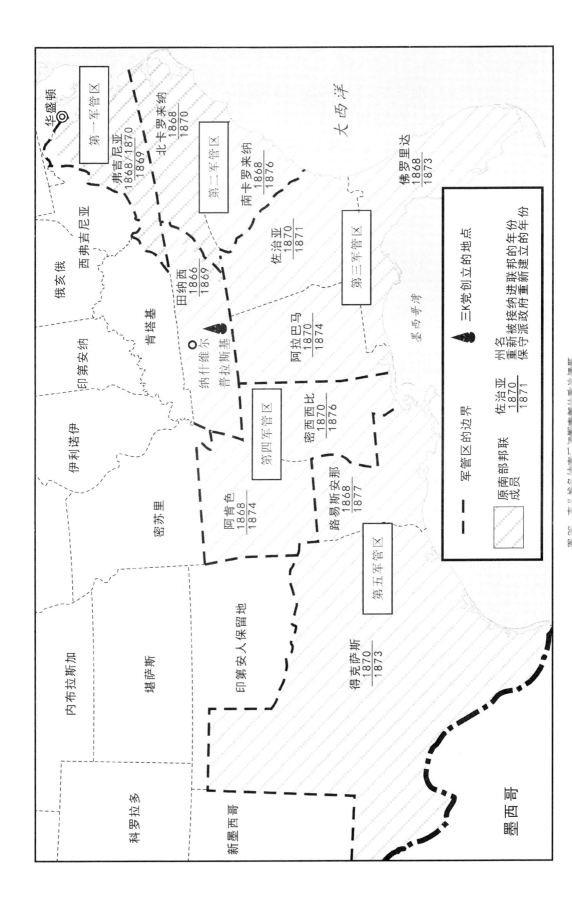

图30 美利坚合众国重建时期军管区分布图

20. 南部重建

南北战争后，1865年，美国国会通过宪法第十三条修正案，正式废除奴隶制。尽管如此，美国仍面临如何处置南部的前叛乱各州、如何对待被解放黑奴这两个棘手问题。美国历史由此进入重建时期。

其实，在南北双方正在战线上来回拉锯的时候，林肯总统就已经高瞻远瞩地思考了战后重建的问题。1863年12月8日，林肯发表《重建与大赦宣言》，提出"百分之十方案"，即不管哪个州，只要1860年登记过的选民中有十分之一赞成组织新的、忠于美国宪法的、服从国会法律与总统公告的州政府，他就承认新建立的政府是该州的合法政府。不仅如此，林肯还否决了国会提出的旨在严惩战犯的《韦德—戴维斯提案》。林肯遇刺后，继任美国总统的安德鲁·约翰逊继承了林肯宽容的重建政策。然而，这些举措不够彻底，以致奴隶制度死灰复燃。例如，原叛乱政府的副总统亚历山大·斯蒂芬斯是奴隶制的死忠派，却在获释四个月之后便被佐治亚州选为联邦国会的参议员。曾经的奴隶主也卷土重来，夺取被黑人分掉的土地，向政府索取被没收的财产。在这些人的支持下，南部各州不仅拒绝给予黑人平等的政治、经济权利，而且纵容白人种族主义者残酷迫害黑人。1865年12月24日，前邦联军士兵在田纳西州普拉斯基建立三K党。1867年，三K党在纳什维尔召开大会，颁布了正式章程，宣称要在美国南部恢复民主党的势力，并反对由联邦军队在南方强制实行的改善原黑人奴隶待遇的政策。为此，他们采取暴力手段，大肆袭击黑人和同情黑人的共和党人。

面对南部保守势力的反扑，约翰逊总统却态度暧昧，甚至采取不闻不问的态度。这激怒了国会议员们。他们联合起来，拒绝接纳南部代表，反对总统的重建政策。1865年12月26日，9名众议员和6名参议员组成了国会联合重建委员会,将重建的领导权转移到国会手中。1866年1月,美国国会通过《公民权利法案》(简称"民权法"),主张除不纳税的印第安人以外,合众国所有合法居住者一律享有平等的公民权利;任何州和任何个人都不得以任何法律、命令、惯例等为借口来剥夺公民应享有的权利。该法案遭到约翰逊的否决。但是,国会在4月9日又以三分之二多数驳回了总统的否决,使《公民权利法案》成为正式的法律。6月13日,国会又以该法案为蓝本,颁布了宪法第十四条修正案。

在此基础上,从1867年开始,国会联合重建委员会提出系统的重建法案,规定在除田纳西州以外的南部各州实施军事管制(如图20所示),剥夺一切叛乱分子的选举权和参政权,按宪法第十四条修正案的原则重新选举、组织政府。同时,国会还颁布官员任期法案和军队指挥权法,限制总统任免官员和指挥军队的权力,以保证重建法案的实行。在国会的支持下,南部各州都进行了广泛的民主改革,组建了有黑人参加的政府。为了进一步保证黑人的选举权,1869年,国会通过宪法第十五条修正案规定:"联邦或任何州均不得以种族、肤色或以前的奴隶身份为借口而剥夺联邦公民的选举权。"此外,国会还挫败了约翰逊总统破坏重建的企图。1867至1868年间,约翰逊两次无端下令撤换支持国会的陆军部长。对此,国会启动了对总统的弹劾程序。尽管最终弹劾没有成功,但是国会成功地限制了总统的权力。登上政坛的黑人政治家们也努力维护来之不易的政治权力。1868年6月,国会重新接纳佐治亚州。几个月后,该州通过驱逐黑人议员的决议。面对保守势力的反扑,黑人议员在亨利·特纳的领导下进行了积极的斗争,并向国会求援。国会遂决定,在佐治亚州没有恢复黑人议员合法席位之前,拒绝接纳该州参议员进入国会,并恢复对佐治亚的军管。在军管期间,驻军司令奉命重组了佐治亚的州议会。重新组成的州议会决定接受国会的条件。到1870年,佐治亚方才重返联邦。从1866至1870年,南部各州新选出的参、众议员相继被接纳入国会,南部各州在联邦中的合法地位得到恢复,重返联邦的程序终于完成了。

然而,形势在悄然发生逆转。在南部,很多黑人进入政坛后迅速腐化堕落,引起了公众的不满。曾经的奴隶主趁机卷土重来,迅速夺取了各州的政权。而很多国会议员厌倦了无休止的斗争,不再关注南部重建和黑人的命运。1877 年,为了赢得总统选举,当时控制国会的共和党人出卖了重建和南部黑人,与南部民主党人达成"海斯—蒂尔登妥协",许诺撤回联邦军队,终止重建。联邦的保护一撤,南部的白人就开始极力侵夺黑人的政治权利。如图 20 所示,19 世纪 70 年代,南部各州陆续重建了保守政权。

为了打压黑人,南部各州还颁布了一系列侵夺黑人民主权利的法律法规:1890 年,密西西比州颁布州宪法修正案,要求选民缴纳 2 美元的人头税,并接受文化测验,合格者方能参加选举,而黑人大多目不识丁、囊中羞涩,既交不起人头税,也不可能通过文化测验。1898 年,路易斯安那州制定了"祖父条款",规定凡在 1867 年前享有选举权的成年男子及其后代得以免除教育、财产及纳税的限制而行使投票权,否则无权参加选举。然而,在 1867 年,没有任何一名黑人在该州享有选举权。根据这一条款,该州的所有黑人都丧失了选举权。侵夺黑人政治权利的办法还包括在选举中作弊、实施暴力恐吓、使投票点远离黑人居住区等等。除剥夺黑人的政治权利以外,1870 年,田纳西州还颁布了"吉姆·克劳"法,规定在火车和公共交通设施中实行种族隔离。

不仅如此,联邦虽然解放了黑人,但没有保障他们拥有土地的权利。大多数穷困的黑人只好租种白人的土地,成为佃农。南部因此出现了一种特殊的经济制度:谷物分成制。在这一制度下,白人种植园主向北部工商业资本家贷款,然后以赊销生产、生活物资的方式向黑人佃农发放高利贷,同时低价折算佃农的收成。佃农一旦还不起债,旧债的利息就全部划为新的本金。通过这样利滚利式的压榨,黑人被牢牢地束缚在种植园主的土地上。由于佃农再也不算种植园主的财产,种植园主也不再在意黑人的死活,黑人的平均生活水平与战前相比大为下降。

至此,轰轰烈烈的重建工作在政党政治和奴隶主复辟势力的双重作用下夭折,黑人要获得真正的解放和自由还有待时日。

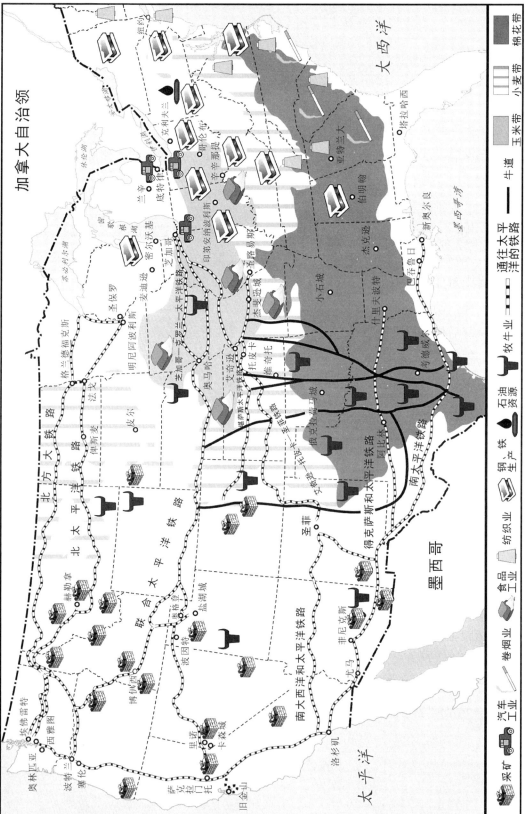

图 21-1　19世纪末20世纪初美国的经济发展概况

21 . 美国经济的"起飞"

南北战争结束后,影响美国经济起飞的障碍已经被清除。北部工商业资本家完全掌握国家政权,之后出台了一系列刺激经济的政策。美国的经济开始"起飞"了。

美国经济"起飞"的第一个标志是,西部出现了大规模的开发浪潮。战争时期,联邦政府颁布《宅地法》,许诺向美国公民提供免费的西部土地,同年,又颁布《太平洋铁路法案》,授权联合太平洋铁路公司开始从奥马哈城向西修建铁路;中央太平洋铁路公司从萨克拉门托城向东修建铁路。后来,北太平洋铁路、南太平洋铁路与北方大铁路等五条铁路也先后开通。这些横贯大陆的铁路解决了美国东西交通"瓶颈"问题,给移民西进提供了便利。

有了便捷的五大铁路,那些为"宅地法"鼓舞的移民们源源不断地向西部迁徙。在西部广阔的原野上,他们辛勤地劳动、建设自己的家园。经过移民们的努力,密苏里、堪萨斯、科罗拉多等州成为美国,乃至整个世界上的小麦主产区。艾奥瓦、内布拉斯加等地则盛产玉米。据统计,1859 年伊利诺伊小麦产量达 23 800 万蒲式耳,1861 年威斯康星成为新的小麦生产中心。据统计,1859 年,整个中西部生产的小麦,占到全国总的 54.95%,仅俄亥俄、伊利诺伊、威斯康星和印第安纳州的小麦产量就占了全国小麦总产量的 40%,俄亥俄河和密苏里河以北逐渐发展成为"小麦王国"。

在西部开发的过程中,我们所熟知的"牛仔"们登上了美国历史的舞台。南北战争之后,密西西比河以西的广大草原成了"牧牛王国"。当时,西部得克萨斯等州水草丰美,适合发展牧牛业。牧场主们雇佣"牛仔"放牧牛群,得克萨斯州就有 5 000 万头牛,是美国养牛最多的州。由于运送牛群,许多专门供牛群和牛仔们使用"牛道"和沿途歇脚地"牛镇"阿比林、考德威尔等建成了。每到春季,牛仔们沿着"牛道"将成千上万的牛群从得克萨斯赶到怀俄明、内布拉斯加、堪萨斯、密苏里等地。到达目的地之后,牛群就被装上火车,运往东部地区。在美国后来的小说、电影中,牛仔们常常扮演传奇、浪漫的角色,过着悠闲自在的生活。不过,他们的现实生活却异常艰辛,遇到牛群因惊炸群时,牛仔就有丧命的危险。随着时代的发展,牧牛有了专门的围场,牛仔们牧牛的身影悄悄地退出了历史舞台。但美国边疆的开发也洒满了他们的鲜血和汗水,他们的奋进、开拓精神却一直激励着美国人。

美国经济"起飞"的第二个标志是,美国开始了一个大规模的发明与创新的时代。新能源的发现和应用,新机器、新材料、新工艺的发明与推广,新工业部门的建立与发展,新运输手段的发现与使用,远距离传递信息的新方法和新设备的出现等,使得美国爆发了第二次"工业革命"。"发明大王"托马斯·爱迪生成为这个时代的象征之一。他不仅在1879年发明了电灯,而且在1882年建立起美国第一个发电站,为美国的电气时代拉开了序幕。1876年,亚历山大·贝尔发明了电话。1892年,纽约至芝加哥的电话线路开通。到1900年,美国电话产量达到80多万部,美国成为世界上电话使用最普及的国家。1893年,美国杜里埃兄弟成功试制美国第一辆内燃汽车。1908年,工业家亨利·福特的公司推出了物美价廉的福特T型车。1903年,美国莱特兄弟发明飞机。人类开始尝试征服天空。

随着科技的发展,工厂的管理组织形式发生了显著的变化。19世纪末20世纪初,弗雷德里克·泰勒提出了"科学管理"理论,主张通过确定操作规程和动作规范,确定劳动时间定额,完善科学的操作方法,实行计件工资制等方式提高劳动生产效率。1913年,福特借鉴了"科学管理"理论,创立了全世界第一条汽车流水装配线。在流水装配线上,整个生产过程被分解为若干工序。每个工人或每一组工人只需负责一道工序,而一条不断转动的传送带将工人们连接了起来。一道工序完成后,半成品就会被传送带运到下一个或一组工人手中,直至造出一辆完整的汽车。这种生产法后来被称为"福特制",并在全世界广泛推广。

　　科学、技术的新进展也令传统工业部门迸发了新的生机。1863 年，底特律的沃德钢铁厂率先采用先进的贝西默炼钢工艺，显著地降低了成本，提高了产量。到 90 年代，苏必利尔湖附近发现了富铁矿，美国的钢产量与日俱增。钢铁生产的新变化引起了机器制造业的质变。一系列大型机械，例如车床、蒸汽机等，都以钢代铁，开始大批量地生产。最终，在美国的五大湖区形成了一个庞大的、以钢铁业、机械制造业为主的制造业带。这一时期还涌现出匹兹堡、伯明翰等一大批钢铁生产基地。由于重工业源源不断地提供廉价、优质的原料、燃料、成品以及通讯设备，美国的运输业也有了空前的发展。到 1900 年，美国铁路网总里程达到近 20 万英里，超过当时欧洲铁路里程的总和，相当于当时世界铁路总长的三分之一。同时，采矿业、食品业、纺织业、木材加工业、印刷业等传统轻工业也有了长足的发展。

　　美国经济"起飞"的第三个标志是，垄断资本的兴起。为了赚取高额利润，大公司肆意地兼并小企业，从而垄断相关行业。1859 年，埃德温·德雷克在宾夕法尼亚州的泰勒斯维尔打出美国第一口油井之后，"黑色黄金热"风靡全国。在整个 60 年代，原油开采企业从 64 个猛增到 2 300 多个。然而，大大小小的企业之间展开激烈的竞争。到 1870 年，约翰·洛克菲勒建立的美孚石油公司击败了大多数竞争对手，控制了全美国 90% 的石油生产。该公司通过控股的形式控制旗下的产业，企业的所有权和决策权都掌握在九名"受托人"手中。这就是所谓的"托拉斯"管理模式。其他大企业纷纷效仿美孚石油公司。从 1893 至 1904 年，大约有 3 000 个企业被合并到各种类型的托拉斯之中。

　　就市场经济的发展来看，垄断是非常有害的，因为它压制了竞争，不利于新企业、小企业的发展。有时，垄断企业还会擅自提高产品或服务的价格，对消费者不利。然而，从生产的角度来看，垄断则是"科学管理"的深化与发展。垄断资本家们对产品的生产和供应有统一计划，不会造成重复建设和恶性竞争的现象。垄断企业内部通常有着统一的生产、质检标准，有利于提高产品的质量。不仅如此，通过垄断，垄断资本家掌握了巨额的资金，能够负担起产品、技术的研发，并有实力开拓国外市场。垄断资本家们也不断改进管理，以图扬长避短，降低成本，提高生产、经

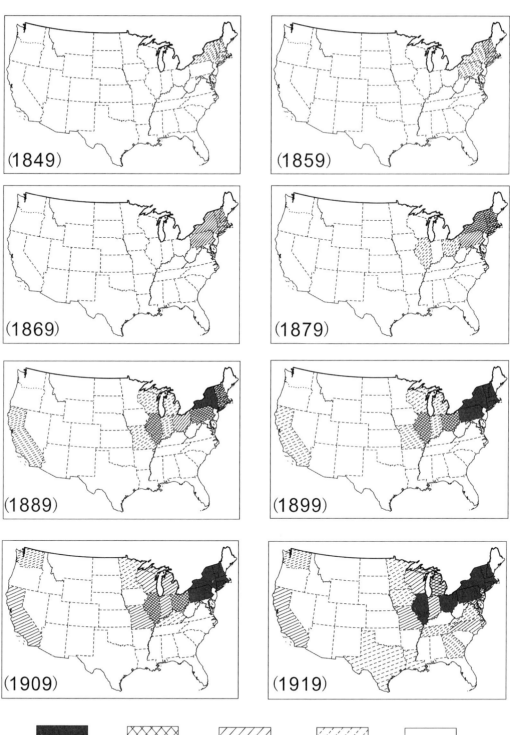

大于8亿美元	4亿至8亿美元	2亿至4亿美元	1亿至2亿美元	少于1亿美元

图 21-2 从各地工业产值的变化看美国的经济发展

营效率。

　　西部开发、发明创新、资本垄断这三个因素共同促进了美国经济的迅猛发展。从图21-2中可以看出,内战前,美国工业仅仅局限于以新英格兰地区为核心的美国东北部,战后,工业带迅速拓展到五大湖区,而后向西部、南部扩展。到1919年,美国已经成为全世界首屈一指的强大工业国。

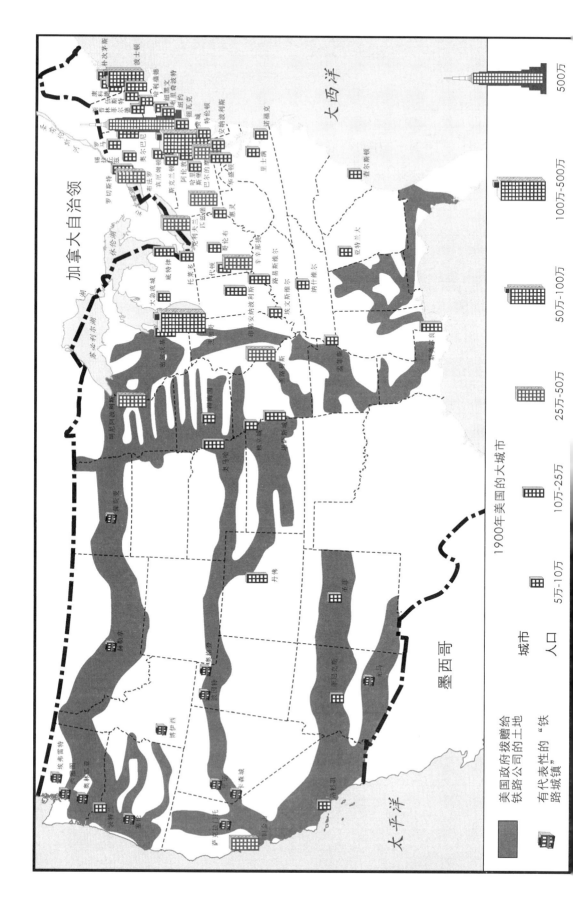

1900年美国的大城市

22．从乡村搬入城市

　　第二次工业革命的开展、西部开发的热潮以及源源不断的海外移民，为美国城市的发展注入了新的活力。19 世纪下半叶，美国的城市化也进入鼎盛时期。1790 年，美国城市人口仅占全国总人口的 5.1%，到 1920 年则增加到 50.9%，"美国从乡村搬入城市"。在这一转变过程中，东部沿海地区的老城市焕发出新的生机，而新的城市则在广阔的西部如雨后春笋般拔地而起。图 22 反映了 1900 年美国各大城市的分布态势。

　　从图中看出，东北部城市发展仍领先于全国其他地区。纽约、波士顿、费城等发展成为 50 万人以上的大城市。它们拥有庞大的土地、巨量的人口和发达的工业，同时也是连接美国与世界的重要口岸。每年都有大批的移民进入这些城市，其中很多人就在此定居下来了。特别是纽约，1898 年，它与布鲁克林等四区合并后，人口将近 300 万，是美国第一大城市，同时也是当时世界上第二大城市，仅次于伦敦。它拥有许多高耸入云的摩天大楼，1930 年建成 318 米高的克莱斯勒大厦，在当时创下世界最高建筑物的纪录。到 20 世纪 30 年代，纽约已拥有 188 栋摩天大楼。与此同时，一大批中小城市也在沿海地区兴盛起来，工厂、商店、街道、住宅渐渐取代了农田，成为东北部的主要人文景观。一些有钱人还在城市郊区建起别墅，过着田园式的、自得其乐的生活。

　　毗邻五大湖的俄亥俄、印第安纳、伊利诺伊、密歇根、威斯康星五个州，连同密西西比河、密苏里河流域的明尼苏达、艾奥瓦、密苏里、堪萨斯、南达科他、北达科他、内布拉斯加七州在内，在地理上都属于美国的中西部。美国经济腾飞后，这一地区成为美国重要的工业中心。亨利·福特的汽车厂就设在芝加哥和底特律等城市。与之相关的钢铁、零配件生产企业也随之纷纷前来。经济的发展吸引了更多的外来人口。中西部城市因此出现滚雪球式的发展。截至 1900 年,美国前 20 大城市中,中西部便占了 8 个。其中,芝加哥更是首屈一指的大都市。1890 年,该城人口就超过 100 万,1900 年,又跨过 200 万大关,跃升为美国第二大城市。

中西部以西到太平洋沿岸的广大地区在西进运动、淘金热和铁路建设的刺激下发展很快,出现了一批矿业城市和铁路城市。1870 年,太平洋沿岸城市化比例已达到 31.2%,其中,旧金山由一个微不足道的小村落发展到 1860 年时拥有 1.6 万人口的城市,皆因淘金热所致。19 世纪 60 年代旧金山经济迅速发展,产业涉及造船、制铁等诸多领域。到 1890 年,该市人口增至 30 万,成为西部最大的城市,在全国居第九位。

内战结束前后,为了修建"横贯大陆的铁路线",联邦政府将大片土地拨给铁路公司。铁路公司遂在铁路沿线修建城镇,发展房地产业,从中赚取了巨额的利润。而他们规划的城镇,由于依托铁路线,交通非常便捷,也很快发展成为繁荣的城市。

美国南部此时还不甚发达。当地的经济支柱是农业,因此城市的发展也远远落后于东北部与中西部。它们的大城市,例如萨凡纳、查尔斯顿、新奥尔良等,都坐落在沿海地区,充当贸易枢纽的角色。不仅如此,这些城市的人口也远远不如东北部与中西部的城市。1870 年,新奥尔良曾是美国第八大城市,然而到 1910 年已退居 15 位,人口也只达 25 万多,与纽约、芝加哥等城市相比,实在难望其项背。尽管如此,这些城市源源不断地将来自内陆的原材料运往东部、中西部发达地区,同时又吸纳后者的工业制成品,为美国经济的繁荣贡献了自己的力量。

庞大的城市体系不仅为工农业的发展源源不断地提供着资本、劳力、技术和市场,而且有助于形成商业、金融业和其他服务业高度发达的地区。原本分散的生产以城市为枢纽形成了统一、协调的社会化大生产。特别是在东北部与中西部发展为以大城市为龙头,铁路、公路为纽带,中小城市密切协作的社会、经济体系。

城市还成了"民族大熔炉"。从 1860 至 1900 年,有 1 400 多万移民涌入美国。在 19 世纪 60 至 80 年代,来自英国、德国等西欧、北欧国家的移民仍是移民潮的主体。他们被称为"老移民"。80 年代后,来自东欧、南欧国家,以及中国、日本、墨西哥的移民迅速增多。与"老移民"相比,新的移民群体大多来自贫穷、落后的国家或地区,大部分身无分文,多为文盲,更不会讲英语。更何况,到19世纪末,免费的西部土地已经被瓜分一空,他们不可能如同很多"老移民"一样前往西部拓殖。因此,大多数"新移民"定居在城市,特别是纽约、芝加哥等大城市,纽约几乎成了"移民的世界"。

在城市里,为了能够彼此照顾、扶持,"新移民"往往按照各自的民族聚居在一起,形成诸如"唐人街"、"小意大利区"、"犹太人区"的民族聚居区。各个民族聚居区之间常常"鸡犬相闻,老死不相往来"。"新移民"与土生美国人的接触也比较少。此外,大多数"新移民"的职业通常较为卑贱,只能从事诸如洗衣、挖矿、屠宰等土生美国人和"老移民"不屑于干的脏活、累活。一些贪婪的政治家乘机用蝇头小利收买他们的选票,并藉此成为把持城市大权的"城市老板"。这些老板利用职权大肆受贿,将市政搞得一团糟。尽管如此,新移民的孩子却能在街道上、学校里与土生美国孩子玩耍,学会英语,掌握在美国谋生的技巧。通常繁衍两三代之后,"新移民"的民族特点就开始消失,此后他们会搬出本民族聚居区,融入美国主流社会。在这个过程中,移民文化也逐渐融入美国文化。意大利的比萨、通心粉,德国的香肠、汉堡包都成为广受美国人欢迎的食品。一些移民还成为美国政界、文坛中的重要角色。例如美国著名的新闻奖项普利策奖的开创者、著名新闻工作者约瑟夫·普利策来自匈牙利;谱写《来自新大陆》交响曲的作曲家安东尼·德沃夏克来自捷克;一些犹太商人甚至控制了美国的新闻业。正如历史学家托马斯·索厄尔的评论:各民族集团在美国这个"熔炉"中或许并未消失,但它们和美国这个国家都不是原来的老样子了。

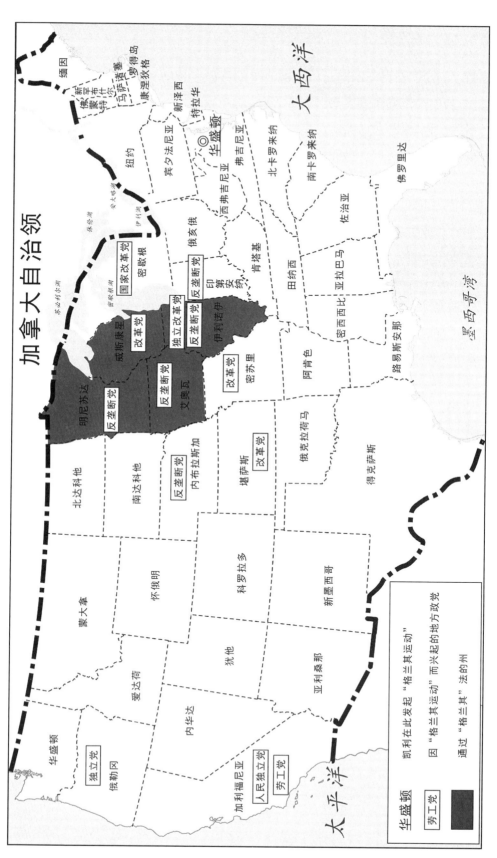

图 23 - 1 19 世纪 60 年代的"格兰其运动"

23. 此起彼伏的工农运动

19世纪末20世纪初的美国确实是一个"遍地黄金",到处都是致富机会的国度。然而,内战后从联邦到地方政府,各级政府机构大都腐败不堪。资本家们肆无忌惮地勾结贪官污吏,通过投机、欺诈、贩卖假冒伪劣商品而大赚其钱。著名讽刺小说家马克·吐温就曾抨击说,当时的美国看似是个经济繁荣"黄金时代",实则只不过是个内里虚空,矛盾重重的"镀金时代"。在这样一个镀金时代里,资本家、贪官污吏们过着穷奢极侈的生活,而广大的工人和农民却遭受着沉重的压榨,过着贫苦不堪,朝不保夕的日子。

农民的生活尤其贫苦。他们曾是开发西部的先锋。很多人过着风餐露宿的生活。由于国家的政策偏向工业,农民被迫在竞争市场上销售农产品,而在受保护、被控制的市场上购买工业品,其经济利益得不到保障。此外,他们还深受垄断剥削。例如,1869年,西部出产的小麦在东部沿海地区一蒲式耳的售价为100美分,玉米则更低,只有41.1美分,但铁路运费却高达52.5美分之多。一遇天灾人祸,农民就会破产沦为佃农。1880年,佃农在美国农户中的比例已达到25.5%,1900年则增加到35.5%。为了争取更好的生活,农民组织起来,与不公的体制进行艰苦的抗争,其主要形式为"三大运动"。

1867年,美国农业部官员奥列夫·凯利在华盛顿建立了"农业协进会",从而发起了"格兰其运动"。"格兰其"(Grange)的原意是指古代寺院的谷仓,后演变为庄园的农场,此时成为"农业协进会"的代名词。该运动试图通过宣传教育、合作运动和社会改革来帮助农民摆脱困境。"农业协进会"在各地成立合作商店、信用社、粮仓货栈、农产品加工厂,为农民解决各种实际问题。在基层会员的推动下,1876年,农业协进会

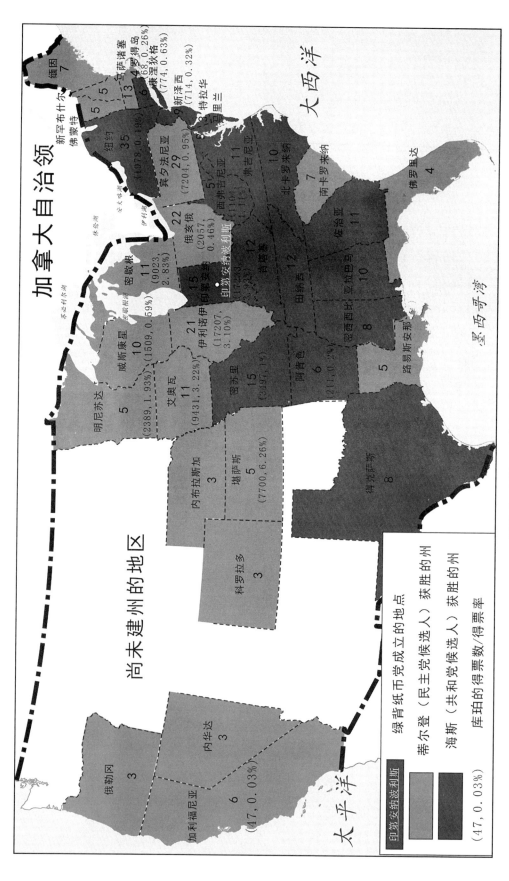

图 23-2 19 世纪 70 年代的"绿背纸币运动"

在华盛顿组成一个试图影响国会立法的院外活动集团。有些地方的协进会还组建了诸如反垄断党、改革党等小党(如图23-1所示),和协进会一道,在州与地方政府中积极活动,促使威斯康星、明尼苏达、伊利诺伊和艾奥瓦四个州颁布了旨在限定、调控铁路运输价格的"格兰其法"。该法案的颁布沉重打击了滥收运费的铁路公司,有效地降低了农民的负担。此后,由于农业经济好转,农民对运动的兴趣开始淡漠。协进会成立的商店、信用社等机构也大多因为经营不善而倒闭。

正当"格兰其运动"将要退出历史舞台之际,后来美国又兴起了"绿背纸币运动"。所谓"绿背纸币"是内战时期联邦发行的一种纸币,发行后就出现大幅贬值现象。1875年初,联邦决定从1879年1月1日起用金币汇兑纸币,减少并最终停止印发纸币,以提高货币的价值。农民认为币值的提高降低了农产品的价格,减少了自己的收入。不仅如此,农民曾以纸币借债,而现在却以价值更高的金币偿债,从而变相地提高了他们的债务。于是,广大农民纷纷起来反对货币改革,要求联邦政府继续发行纸币,"绿背纸币运动"由此轰轰烈烈地开展起来。1874年11月,纽约、新泽西、康涅狄格等七个州的农场主及社会各界人士在印第安纳波利斯集会,决定成立新的政党,经过一番紧张的筹备,代表农民利益的独立党,终于在克利夫兰正式成立。该党的主要政治目标是增发"绿背纸币",因此又被称为"绿背纸币党"。1876年,独立党推举纽约慈善家彼得·库珀参加总统选举。然而,由于该党把注意力过度集中在货币问题上,其竞选纲领没有为大众所接受。加之,该党筹措的竞选经费极为不足。最终,库珀仅获得8万余张选票。1879年,联邦进行了货币改革。此后,农产品价格上升,美国农业经济出现好转。于是,绿背纸币运动失去了吸引力,渐渐沉寂下去。

1881至1882年,美国出现了罕见的大旱,农民生活异常窘迫。为了改变自己的处境,他们再次掀起声势浩大的农民运动。1892年2月,各地的农民组织在圣路易召开大会,成立人民党。1892年7月,人民党在奥马哈召开大会,制定了"奥马哈纲领",系统地提出了包括实施铁路、电报、电话、邮政国有化,提高货币发行量,减少农业税收等在内的改革主张,成为这一时期农民运动的主要纲领。在当年的总统选举中,人民

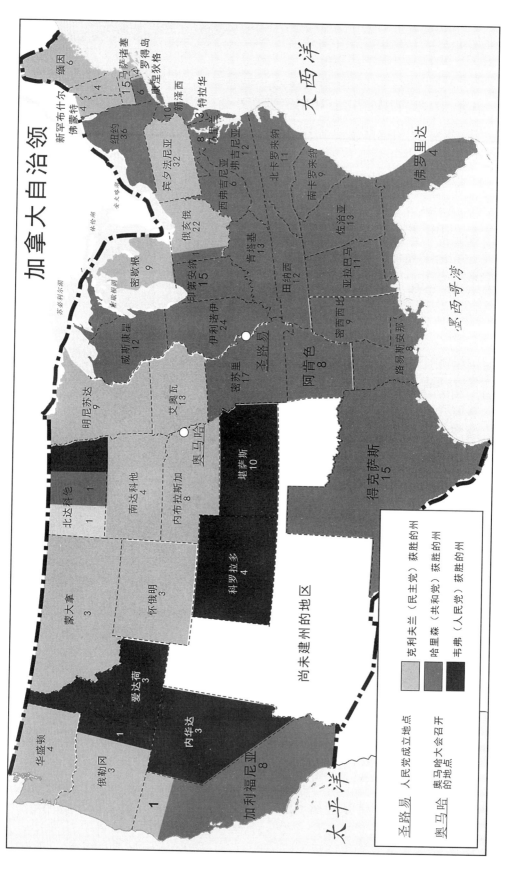

图 23-3 19 世纪 80 年代的"人民党运动"

党的总统候选人詹姆斯·韦弗赢得104万张选民票。然而,其支持者分散在各州,在很多州的选民票选举中未能获得优势。按照当时各州在选民票选举中"赢者全得"选举人票的惯例,韦弗仅获得22张选举人票,结果输掉了选举。不过,人民党在国会选举中有所斩获。它的5名代表当选为参议员,10名当选为众议员,成为国会第三大党。面对人民党的挑战,传统的两个大党民主党和共和党被迫修改选举纲领。民主党的政治纲领中大量吸收人民党的改革主张,以至于到1896年人民党合并到民主党里,人民党退出了历史舞台,历时近30年的农民运动画上了句号。

在农民运动开展的同时,工人们也通过成立工会、举行罢工、示威等方式表达自己的不满。1866年8月20日,美国工人在巴尔的摩召开全国工人代表大会,成立美国全国劳工同盟,提出包括组织合作社、实施八小时工作制等明确主张,1870年,全国劳工同盟成立了全国劳工党。此后,美国工人组织如雨后春笋苗壮成长,美国的工人运动也由此走向了高潮。1886年5月1日,为了争取八小时工作制,纽约、芝加哥、巴尔的摩、华盛顿、匹兹堡等城市两万多家企业的35万工人停工上街,举行了声势浩大的示威游行,美国的主要工业部门处于瘫痪状态,这就是著名的"五一大罢工"。在芝加哥市,216 816名工人参加罢工,工人表现的巨大力量使政府当局极为恐慌。5月3日,芝加哥政府当局派出大批武装警察镇压罢工,先后打死5名工人,还有4人被判刑。五一劳动节就是为纪念这次工人运动而设立的。在"五一大罢工"影响下,美国各地工人运动此起彼伏,大规模的罢工活动有1892年霍姆斯特德钢铁工人罢工、1894年普尔曼罢工、科达伦银矿罢工等等。

由于自身组织的弱点和统治阶级的镇压,19世纪末的美国工农运动最后都以失败告终,但是他们反抗垄断资本剥削、争取平等权利的斗争却取得了一定的胜利,对后来进步主义思潮与进步主义改革产生了深远的影响。

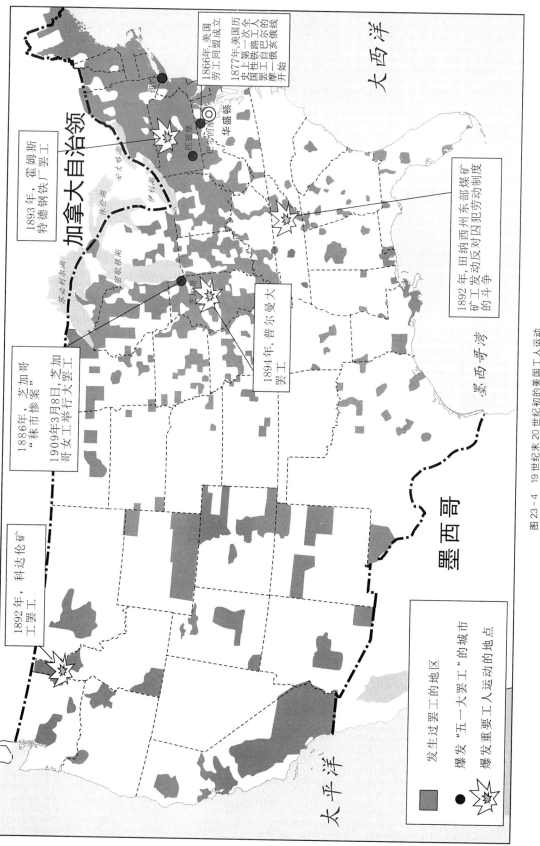

大西洋

大西洋

加拿大自治领

太平洋

墨西哥湾

墨西哥

太平洋

1866年，美国同盟劳工成立
1877年，美国历史上第一次全国性铁路工人大罢工巴尔的摩、俄亥俄州摩擦线开始

1893年，霍姆斯特德钢铁厂罢工

1892年，田纳西州东部煤矿矿工发动反对囚犯劳动制度的斗争

1886年，芝加哥"秣市惨案"
1909年3月8日，芝加哥女工举行大罢工

1894年，普尔曼大罢工

1892年，科达伦矿工罢工

发生过罢工的地区

爆发"五一大罢工"的城市

爆发重要罢工人运动的地点

图23－4　19世纪末20世纪初的美国工人运动

24. 进步主义改革运动

伟大的时代通常孕育着伟大的心灵。一大批作家、学者敏锐地把握了时代的脉搏,留下众多传世经典,而他们的思想不仅反映了这个时代的风貌,也为后来的改革奠定了理论基础。表 24-2 就显示了这一时期影响美国的主要思想家。

当时,美国的主流思潮是个人主义。这种思想强调个人利益至上,主张通过个人奋斗来获得属于个人的幸福生活。1859 年,英国学者查尔斯·达尔文出版《物种起源》,提出了进化论。随后,英国著名哲学家、社会学家斯宾塞将进化论运用到人类社会之中,提出了"社会达尔文主义",宣扬人与人之间也应当和自然界一样,弱肉强食,适者生存。这种思想迎合了 19 世纪后期美国经济中冒险投机和无情竞争的精神。耶鲁大学威廉·萨姆纳教授将社会达尔文主义引入美国,认为资源和人口之间的矛盾必然导致"生存斗争",其结果就是"适者生存","不适者"被淘汰掉,这是社会进化的根本法则。美国的资产阶级得意洋洋地将自己看作进化竞争中的胜利者和优等人,而下层民众的贫困与苦难纯粹是咎由自取。

一些良知未泯的知识分子认为,要实现社会的进步和改革就必须打破这种桎梏人心的陈腐观念。1883 年,社会学家沃斯特·沃德发表《动力社会学》,否定了社会达尔文主义。他认为:人类社会与自然界有着根本性的区别,"如果自然借着弱者的灭亡而进步,人类就应该是借着保护弱者而得到发展"。1899 年,芝加哥大学的经济学家、制度学派创始人之一的索尔斯坦·凡勃伦发表《有闲阶级论》一书,反对将消费视作实现人类幸福的一种手段的传统观点,驳斥了认为个体通过内省来决定他们消费不同商品而获取幸福的观点,大大发展了消费的文化理论,同时

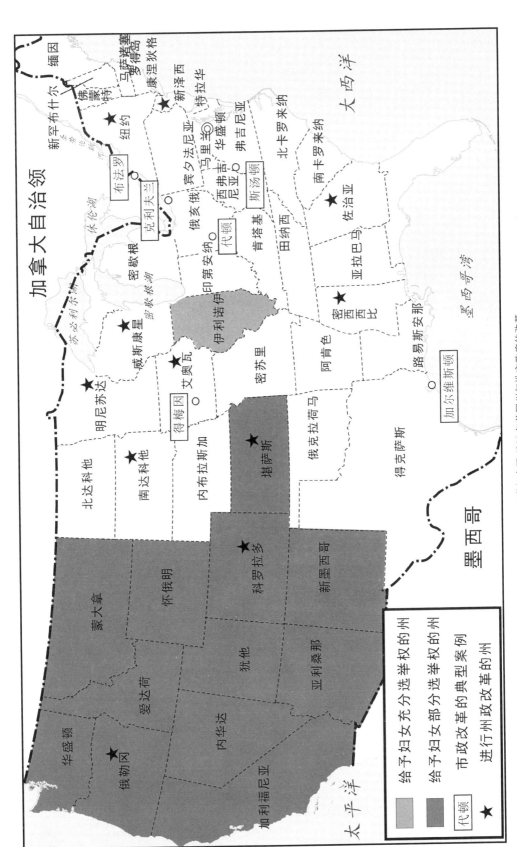

图 24-1 19 世纪末至 1914 年美国州与地方政府的改革

也揭露了资产阶级的寄生性和掠夺性。除了专业学者之外,社会上的有识之士也挺身而出,揭露资产阶级罪恶的一面。从19世纪80、90年代开始,美国新闻工作者相继创办了《麦克卢尔》《芒西》《世界主义者》等杂志,勇敢地揭露资产阶级及其政治代言人的丑恶嘴脸,无情地鞭挞社会阴暗面,从而掀起了黑幕揭发运动。小说家们则从不同的侧面和视角,描写、揭露美国政治、经济、社会生活各个方面的阴暗、丑恶现象,抒发对贫苦大众的同情和支持。其中,西奥多·德莱塞的《嘉莉妹妹》、杰克·伦敦的《铁蹄》等都是誉满天下的名著。

有破亦有立。早在1879年,在旧金山工作的亨利·乔治自费出版《进步与贫困》一书,强调土地国有,征收地价税归公共所有,废除一切其他税收,使社会财富趋于均衡。只要现代进步所带来的全部增加的财富只是为个人积累巨大财产,增加奢侈,使富裕之家和贫困之家的差距更加悬殊,进步就不是真正的进步,它也难以持久。他倡导人类应当通过集体的政治行动来改造社会,创造一个美好的未来。此后,一大批杰出思想家从各自的专业角度出发,针对社会痼疾,提出了系统的解决方案。1885年,理查德·伊利、约翰·康蒙斯、亨利·亚当斯等经济学家在纽约州的萨拉托加成立美国经济学会,强烈反对自由放任的理念,主张由国家监督企业的发展。凡勃伦再次站在浪尖,他是传统经济学理论最尖锐、最诙谐的批判者之一。他对传统理论的批判及其对经济学的积极贡献,都强调了社会制度对个体行为的影响。从20世纪初开始,赫伯特·克罗利、沃尔特·韦尔、沃尔特·李普曼等政治学家也在各自的著作中倡导国家干预经济,呼吁美国政府进行政治改革。普林斯顿大学教授、后来担任美国总统的伍德罗·威尔逊更是在其《国会政体》一书中提出了较为完整的、改革政府的方案,完善了政治科学。他指出,美国复杂的政治制衡系统是美国式政治的问题之源,分散的权力导致选举失当,政府举措失当时责任不清。他抨击众议院委员会制度本质上是非民主的,这种决定国策的体制易于滋生腐败。最高法院大法官路易斯·布兰代斯等一批法学家则提出了法律应当适应社会不断变化的情况,成为实现社会公正、造福绝大多数民众的工具。他们的理论和思想在很大程度上发展了实用主义法学。

姓　　名	代　表　作	主　要　观　点
约翰·杜威	实用主义	"有用即真理"
莱斯特·沃德	社会动力学	"如果自然借着弱者的灭亡而进步，人类就应该借着保护弱者而得到发展"
亨利·乔治	进步与贫困	"地租存盛了全部的利益，因此贫困随着进步"
雅各布·里斯	与贫民窟的斗争 另一半人如何生活	"我们的国家已经繁荣富强，源源不断地通过我们港口的是够儿百万欧洲人享用的食物。然而，在劳动街陋巷里一堆堆目不识丁，缺吃少穿的人挤在一块"
爱德·贝拉米	回顾：公元2000—1877年	"只有更有效地获得财富，并在一个更高的道德基础上重新整顿工业体系和社会体系，所有阶级的利益，不论贫富，老幼，强弱男女，受过教育与否，才同样地得以实现"
索尔斯坦·维布伦（凡勃伦）	有闲阶级论	"工业体制要求勤劳，合作，不断改进技术，而统治企业界人士却只追求利益和炫耀财富，这两者的矛盾限制了生产力的发展和技术的进步。但随着技术发展，技术人员的地位也日益重要，一旦这两者结合，取得管理社会经济的权力，那么追求利润的企业主制度就会被摧毁"
亨利·亚当斯	自由放任的限度	"应当保证社会能够抑制那些用于个人私利的独断特权，而同时也应当保护集中的组织所带来的好处"
赫伯特·克罗利	美国生活的希望	"一个民主的理想使社会问题的出现最终无可避免，而社会问题的解决也是责无旁贷的"
沃尔特·李普曼	政治学序言 放任与控制	"清静无为和软弱的政府，那是对自由主义的曲解。能干的自由主义者一向关心法律的制定，关心权利和义务的明确规定"
伍德罗·威尔逊	政府的作用 新自由	"我们政治的弊端在很大程度上在于那些被人民无法理解的私人间的默契控制了公共事务"
沃尔特·劳申布施	基督教和社会危机	"将那稣的教导和基督拯救的全部启示应用于社会、经济生活和社会的根本症结所在"
夏洛特·吉尔曼	妇女与经济	"经济地位不平等是男女不平等的根本症结所在"
玛格丽特·桑格	妇女与新人类	"节育问题直接产生于妇女争取自由的努力"
杜波伊斯	黑人的灵魂	"只是由于种族或肤色不同而加以歧视，这是野蛮行径，无论习俗，权势和偏见如何使之神圣化，我们全然不管"
查尔斯·比尔德	美国宪法的经济观	"宪法的制定决定于经济利益，具体体现为各种债券持有者维护自己财产利益的斗争，而不是由于抽象的自由民主的原则"

经过工人、农民的不懈抗争以及学者、记者、作家的长期宣传，从 19 世纪末开始到一战前，美国掀起了一股声势浩大的、全国性的改革浪潮。其中既有由下而上，由群众直接推动的社会正义运动，也有开明政治家在群众支持下发起的市政、州政改革运动。当时先后就任美国总统的西奥多·罗斯福、伍德罗·威尔逊更是成为改革事业"充满活力的全国性的代言人"。经过这样一场改革浪潮，美国的政治、经济、文化都发生了深刻的变化。后来的历史学家们将这样一个改革的时代称为"进步主义时代"。

最先揭开改革序幕的，是由神父、牧师、慈善家和社会工作者发起的"社会正义运动"。运动的主要对象是处于都市社会最底层的贫困居民，目的是尽可能地为社会中的弱势群体提供帮助，减轻他们的痛苦。开始时，改革者们通过建立模范公寓、号召禁酒、开办培训机构、图书馆和阅览室等方式开展救济活动。著名改革家简·亚当斯 1889 年在芝加哥建立的赫尔会所就是其中的典型。在这个会所中有托儿所、幼儿园、体育馆、图书馆、剧院、就业咨询中心、各种培训班与俱乐部。在其鼎盛时期，每周约有 1 000 名贫苦民众在这里参加职业培训、语言训练班、讲座和各种展览活动。尽管早期的"社会正义运动"取得了很大成绩，但是改革者们很快就意识到自己势单力孤，不可能改变大多数下层民众的悲惨处境。于是，改革者们将目光转向政府，要求政府颁布法律，援助、保护社会弱势群体。经过他们的努力，从 20 世纪初开始，美国大多数州政府先后通过了确定从事工作的最低年龄限制，限制童工、女工劳动强度，保障女工最低工资，建立工伤事故保险体制的法律。"社会正义运动"初见成效。

在"社会正义运动"兴起的同时，市政、州政改革运动也火热开展了起来。从 19 世纪 90 年代开始，一些城市陆续开始了以消灭市政中贪污腐化现象、驱逐"城市老板"、增强市政民主、改善民生为主要目标的市政改革运动。克利夫兰市的改革就是其中的一个典型。1901 年著名市政改革家汤姆·约翰逊以平等收税和"3 分钱电车费"为竞选纲领，赢得了市民的广泛支持，成功当选市长。就任后，约翰逊大胆地罗致年轻有为的市政管理人才，大刀阔斧地驱除腐败现象。不仅如此，他还推行"煤气

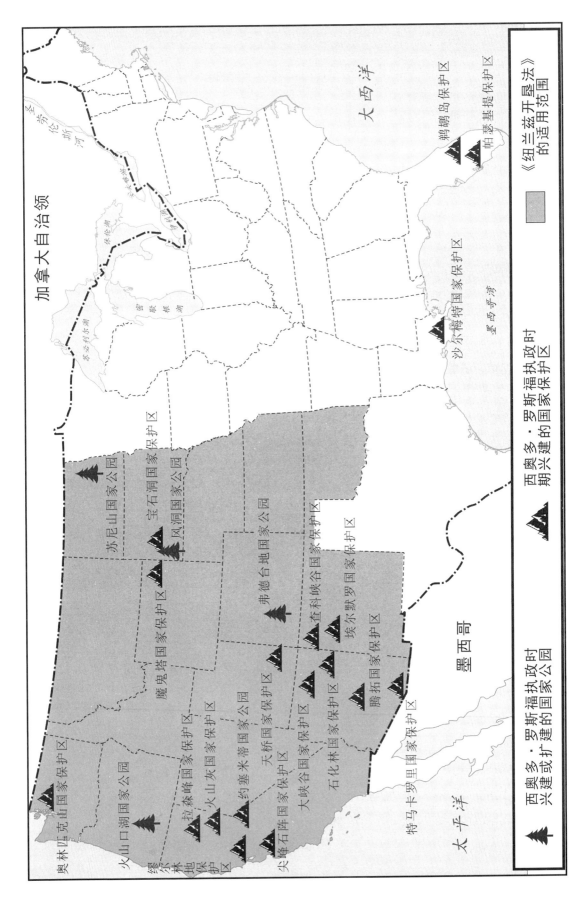

加拿大自治领

大西洋

圣劳伦斯河

苏必利尔湖

休伦湖

密歇根湖

伊利湖

奥林匹克山国家保护区

火山口湖国家公园

缪尔森林地保护区

苏尼山国家公园

宝石洞国家保护区

风洞国家公园

拉森峰国家保护区

魔鬼塔国家保护区

火山灰国家保护区

约塞米蒂国家公园

弗德台地国家公园

天桥国家保护区

大峡谷国家保护区

查科峡谷国家保护区

石化林国家保护区

尖峰石阵国家保护区

埃尔默罗国家保护区

腾拓国家保护区

鹈鹕岛保护区

帕蜜基堤保护区

沙尔椿特国家护区

墨西哥湾

特马卡罗里国家保护区

墨西哥

太平洋

大西洋

《纽兰兹开垦法》的适用范围

西奥多·罗斯福执政时期兴建或扩建的国家保护区

西奥多·罗斯福执政时期兴建的国家公园

和自来水的社会主义",积极提倡将公共事业和公共运输收归国有。经过一番治理,克利夫兰市成为"美国治理得最好的城市"。除此之外,为了彻底消灭"城市老板",改革家们还创造了新的市政管理模式。1900年,得克萨斯州加尔维斯顿市首创委员会制,即用一个由专家组成的五人委员会取代市政府,全权负责城市管理工作。1908年,弗吉尼亚州的斯汤顿市又创制城市经理制。其办法是先由选举产生一个委员会,然后由这个委员会任命一个总经理来管理市政。这些新制度显著地提高了市政效率,让"城市老板"再无容身之地。一些"城市老板"不甘失败,他们利用自己在州政府中的同伙破坏市政改革。于是,改革家们又掀起了以"还政于民"为口号的州政改革,并取得显著的成功。

民间与地方的改革震撼了美国的政治体制。时势造英雄。以西奥多·罗斯福、伍德罗·威尔逊为代表的一批杰出的国务活动家在众多的从政者中脱颖而出,成为进步主义改革的旗帜。1901年,西奥多·罗斯福就任美国总统。他一上任就锐意改革,将反对大垄断集团作为政府工作的突破口。在其任内,政府对40余家大托拉斯提起诉讼。即便是像美孚石油公司这样的庞然大物也在政府的起诉下被迫解散,而罗斯福则赢得了"托拉斯轰炸机"的称号。罗斯福还响应工人的要求,提出了"公平施政"的主张,积极协调工人与资本家的矛盾。

1905年,西奥多·罗斯福再次就任美国总统之后,开始了一场更加大刀阔斧的改革。改革内容包括打击铁路运输方面的价格歧视,规范食品、药品产业,推动废除童工、保障工人利益的立法等等。尤其值得称道的是,罗斯福是一位自然资源保护运动的热情支持者。在其任内,他建立了包括普拉特国家公园在内的五个新的国家公园,划定51处野生生物保留地,增加4 300万国有森林,还多次召开自然资源保护大会,使环保思想深入人心。

在西奥多·罗斯福之后继任美国总统的威廉·塔夫脱谨小慎微。在其任内,进步主义改革一度陷入停滞。然而,1912年,伍德罗·威尔逊就任总统之后,进步主义改革又掀起了新的高潮。在竞选总统的过程中,威尔逊提出了"新自由"的口号,主张反对垄断,保护中小企业。就任后,威尔逊积极推进关税改革,大力降低关税,同时改革银行体系,加强

表24-4　20世纪初美国联邦政府的进步主义改革

	法案名称	颁布时间	主要内容
西奥多·罗斯福	纽兰兹开垦法	1902年	组建土地开发署，具体负责西部灌溉工程的修建和管理；西部农民每年向政府缴纳20至30美元的灌溉费用，政府利用该费用兴建新的水利设施
	赫伯恩法	1906年	加强对州际贸易的管理，控制火车运费，打击铁路公司在财务活动中的舞弊行为
	雇主责任法	1906年	从事州际贸易的铁路公司间运输的雇员必须为因工伤亡的雇员及其家属提供补偿
	纯净食品和药品法	1906年	禁止在州际贸易中运输、掺杂非法添加剂、填充其他及其他有害人体健康的食品和药品
	联邦肉类检验法	1906年	要求肉制品必须在卫生的条件下生产、运输、出售，禁止贩卖有害人体健康的肉类
威廉·塔夫脱	曼恩-埃尔金斯法	1910年	政府有权中止铁路公司的提价，设立贸易法庭，将电话、电报、电缆无线电公司纳入运输业，政府有权对其加以管制
	维克斯法	1911年	允许联邦购买和保护林地，以保护环境；向联邦拨款900万美元以购买600万英亩（约243万公顷）的林地
	安德伍德-西蒙斯法	1913年	降低900余种货物的关税，钢、铁、农业机器、服装、食品、工业原材料等免税，开征个人所得税
伍德罗·威尔逊	联邦储备法	1913年	建立联邦资金储备体制，建立联邦储备委员会；建立联邦储备银行，由其负责纸币的发行
	克莱顿反托拉斯法	1914年	禁止压制竞争、导致垄断的价格歧视；禁止束缚性契约和排他性交易；除铁路公司以外，禁止股份公司恶意购买竞争对手的股份；限制一部分可能会导致垄断的企业管理制度
	联邦贸易管理委员会法	1914年	建立联邦贸易委员会，打击不公平和欺骗性的竞争方式，保护消费者利益
	联邦农场贷款条例	1916年	在美国乡村地区建立12家由政府资助的农场贷款银行
	童工立法		禁止在州际贸易中运输由14岁以下儿童，或者每天工作8小时以上的16岁以下儿童生产的产品

对金融活动的管理。他还继承了西奥多·罗斯福的反托拉斯政策,建立联邦贸易委员会等经济管理机构。在其执政后期,威尔逊努力保障农民、工人及其他社会下层民众的利益,推动了一系列进步法案的颁布。一战爆发之后,进步主义改革才渐渐停息。

经过改革浪潮的洗礼,美国消除了一部分镀金时代形成的社会痼疾,提高了政府效率,促进了社会和谐,而美国民主制度也由此进入了一个新的历史阶段。这场运动还深刻地影响了其后美国历史的发展,为罗斯福新政等重大改革提供了社会基础和理论准备。

富甲天下：美国工商业家小传

(1) 约翰·汉考克

在美国，当人们需要填写单据或者合同的时候，美国人常常会说："请写下你的'约翰·汉考克'。"外国人听了，常常觉得莫名其妙。其实，这里有一个典故。约翰·汉考克是《独立宣言》的签字者。对于当时的人来说，《独立宣言》就是一份公开宣布要造反的声明。在这份文件上签字，是要承担很大风险的，因为，如果独立失败，所有的签字者都会被送上绞刑台。然而，汉考克不仅第一个签下自己的名字，而且签得特别大，几乎是其他代表的两倍。历史记住了约翰·汉考克和他的签名。在美式英语中，"约翰·汉考克"便成为"亲笔签名"的代名词。

汉考克之所以得此殊荣，和他的经历和职业有着很大的关系。

约翰·汉考克于 1737 年出生于马萨诸塞的一个牧师家庭。七岁时，由于父亲亡故，汉考克被叔叔托马斯·汉考克收养。托马斯·汉考克是在波士顿从事海外贸易的大商人，与英国殖民当局有非常好的合作关系。由于没有子嗣，他对约翰·汉考克疼爱有加。在叔叔的资助下，约翰·汉考克获得了良好的教育，写得一手好字。1754 年，在获得哈佛大学的学士学位以后，约翰·汉考克便借助叔叔的财富和人脉，开创了自己的经商事业，简单地说，就是组织船队，将殖民地的资源运往英国，然后再将英国的工业产品买回殖民地销售。这样的买卖，对于殖民地来说，多少有些吃亏，但对于约翰·汉考克来说，却是一项日进斗金的事业。后来，约翰·汉考克还继承了叔叔的全部遗产，成为英属北美殖民地最富有的商人之一。

与古往今来大多数商人一样，约翰·汉考克对于税收一向深恶痛绝。为了逃税，他的公司时而从事走私的勾当，例如，在船只进港前，瞒着海关,偷偷用小船把一半左右的货物运进波士顿。自1764年起,英国相继颁布《糖税法》《印花税法》等一系列法案,不仅增加殖民地的税负,特别是进出口关税,而且严厉打击走私。汉考克旗下的船只就曾因涉嫌走私而被查扣。可以说,这一系列法案对于汉考克造成的损害和威胁要比对于其他殖民地居民大得多,而约翰·汉考克自然会与很多殖民者一样,参加抗税、反英运动。其间,他与激进的革命家塞缪尔·亚当斯结成搭档。亚当斯帮助汉考克获得政治地位,而汉考克则大力资助亚当斯的革命活动。随着英国与殖民地之间关系的日渐紧张,汉考克在革命者阵营内的地位水涨船高,而他的身家性命也与北美的独立运动牢牢地绑在了一起。1775年,汉考克就任第一届大陆会议的主席。由他第一个在《独立宣言》上签名,可谓实至名归。

美国建国后,汉考克长期担任马萨诸塞州州长一职,直至1793年因病逝世,享年56岁。

(2) 亨利·福特

在工业革命开始前,美国的富翁大多来源于从事海外贸易的商人以及经营大规模奴隶种植园的奴隶主,而在工业革命开始后,工业家和金融家逐渐成为这个国家最富有的人,其中又以亨利·福特最有代表性。

亨利·福特于1863年出生于密歇根州格林菲尔镇的一个农民家庭。他的父亲是个成功而且骄傲的农民,一心想让福特子承父业,过清净的农庄生活。然而,福特却自幼对机械情有独钟,尤其喜欢拆、装钟表。1876年,13岁的福特在底特律见到了一台"会走"的蒸汽机。由于设计精妙,这台蒸汽机可以驱动马车在大路上前进。这令福特大开眼界。从那一刻起,一个未来的农民消失了,取而代之的,是一个伟大的发明家和工业家亨利·福特。

16岁那年,福特毅然离家出走,只身前往底特律,成了一名技工。他边工作边学习,竟然通过自学掌握了机械设计的技术。1891年,他在底特律见到德国人尼科拉斯·奥托和格特力博·戴姆勒发明的汽油发动机。这项技术再一次令福特大开眼界。此后,他将大部分的精力都投入到了汽车设计之中。1896 年,福特在自家的小工棚里制成了他的第一辆汽车"四轮车"。一些独具慧眼的商人也向福特投入巨资,帮助他创业。经过反复的摸索,1908 年 3 月,福特推出了他卓越的发明——福特 T 型车。这款车型结构简单,可靠耐用,便于驾驶,而且特别的便宜。它的售价只有 825 美元,仅仅相当于同类型汽车的三分之一!因此,一经推出,福特 T 型车便受到市场的狂热追捧。截至 1909 年 9 月,福特的公司出售了一万多辆 T 型车,在当时,创下了一个不小的商业奇迹。

福特 T 型车之所以能够获得空前的成功,除了产品设计卓越、亲民之外,还有一个"秘密武器"。那就是流水线作业。当时,要购买福特 T 型车的订单汹涌而来,为了满足市场的需要,福特采用了工程师威廉·克莱恩的建议,于 1913 年建立了世界上第一个生产流水线。这种新的生产方式显著地提高了生产效率,降低了生产成本。到 1916 年,福特公司将 T 型车的售价进一步下调为 360 美元,而它的销量更是惊人。到 1927 年,福特的公司共生产、销售了 1 500 万辆福特 T 型车,几乎占到全世界汽车总产量的一半!不过,流水线生产有一个弊端,那就是工人们不得不日复一日、年复一年地从事单调、大强度的劳动。其身心受到了很大的摧残。为了安抚工人,福特提出了"利润共享原则",大幅提高工人待遇,率先实施八小时工作制。这项原则看起来让福特吃了亏,但实际上却极大地调动了工人们的生产积极性,进一步降低了生产成本,反而让福特挣了更多的钱。

保证品质、批量生产、廉价销售和利润共享就是福特发家的秘笈,而他本人也成为"20 世纪最伟大的企业家"之首。不过,福特也有自己的不足。首先,在 1941 年福特和工会达成谅解之前,他的工厂就像小号的苏联。福特雇用了大批密探,无孔不入地监视着工人的一举一动。工人稍有反抗就会遭到严厉的惩罚。因此工人们的福利待遇虽高,但没有自由,生活非常苦闷。其次,福特晚年刚愎自用,辞退了很多杰出人才。结果,到他去世前,福特公司已经不复往日的辉煌,被其他公司超过了。

1947 年,福特在底特律去世,享年 83 岁。他葬礼的那一天,美国所有的汽车生产线停工一分钟,以纪念这位"汽车界的哥白尼"。

(3) 约翰·洛克菲勒

虽然亨利·福特是一位成功的工业家,但是他的财富和约翰·洛克菲勒相比,简直就是小巫见大巫。

约翰·洛克菲勒于 1839 年 7 月 8 日出生在纽约州里奇福德的一个商人家庭。虽然他的父亲到处招摇撞骗,有时甚至客串江湖郎中,但一家的生活仍十分贫苦。为了挣钱补贴家用,洛克菲勒很小就开始售卖糖果、火鸡,出借贷款。而他的父亲也把自己的心得,例如如何拟定合同、如何讨价还价、如何以不正当的手段战胜竞争对手等,慢慢地教给了洛克菲勒。

1853 年,洛克菲勒一家搬到克利夫兰定居。那时,克利夫兰虽然只是个拥有 3 万人口的小城市,但是商业非常的发达。每天放学后,洛克菲勒都会去码头、市场那里闲逛,看商人们是怎么做生意的。1855 年,16 岁的洛克菲勒找到了他的第一份工作——簿记员。虽然这份工作很不起眼,收入也不高,但洛克菲勒仍以最大的热情投入到工作中去,不仅帮老板挣了很多钱,而且学到了很多经商的技巧。1858 年,在父亲的资助下,洛克菲勒建立了自己的第一个公司:经营农产品的"克拉克—洛克菲勒公司"。1861 年,南北战争爆发。所谓炮声一响,黄金万两。他的公司大量囤积食盐、食品等物资,然后等物价飞涨的时候出售给联邦政府。洛克菲勒从中挣到了人生的第一桶金。

战后,美国出现了一股石油热潮。大大小小的油井如雨后春笋般冒了出来。洛克菲勒对石油也很感兴趣,但他没有急着投资。经过慎重分析,洛克菲勒发现,由于原油产量暴增,远远超出社会需求,其价格必然大幅跌落。开采原油不挣钱。不过,将原油提炼成照明用煤油的石油精炼却是一项低成本、高回报的产业。等到原油价格从每桶 20 美元跌到每桶 10 美分的时候,他果断投入巨资,建起了克利夫兰最大的炼油厂。由于原料便宜、商品质量好、销路广,他的投资获得了巨额回报。

然而,好景不长,其他商人也开始关注炼油业,并不加节制地投资建厂。结果,炼油业也像原油生产业一样慢慢地陷入了供大于求的困境。到 60 年代末,煤油价格暴跌,整个石油行业陷入了全面衰退之中。当其他商人乱作一团的时候,洛克菲勒却在仔细分析市场。他的结论是:想要挣钱,就要建立一家超大规模的公司,垄断整个石油市场,从而优化产业结构,稳定产品价格。1870年1月,洛克菲勒将自己的公司改名为"标准石油公司",并拟定了新的公司章程,从此开始了统一石油产业的"战争"。除了尽可能保证产品质量、降低产品成本之外,洛克菲勒还大肆利用不正当竞争的方式来击垮对手。有时,他在合同上做文章,用高价收购原油的幌子,诱使原油生产商扩大生产。当石油产量严重过剩时,他又利用合同中的漏洞,单方面终止合同,逼迫对方低价出售原油。有时,他的公司掀起价格战,用低于成本的价格倾销产品,让竞争对手什么也卖不出去。等到所有对手都被淘汰出局以后,他又抬高价格。消费者没有别的选择,只能买他的产品。至于商业贿赂、商业间谍之类的"小手段"简直就是标准石油公司的"标准武器"了。

1886年,洛克菲勒旗下的公司已掌握了美国80%的炼油企业、90%的油管生意。美国市场上出售的石油产品中,90%都是标准石油公司生产的。此后,虽然政府一再肢解标准石油公司,但洛克菲勒的财富仍以惊人的速度不断增加。到1937年5月23日,洛克菲勒去世以前,他已蝉联美国首富的桂冠很多年了。至今,洛克菲勒仍是美国历史上最有钱的人。

(4) 沃伦·巴菲特

在美国,19世纪是一个盛产大富翁的世纪。美国历史上最富有的20个人中,大半是在19世纪出生或发家的。在这个世纪里诞生的亿万富翁们大多从事银行业、航运业、铁路、资源加工、制造业等传统产业。进入20世纪以后,随着美国经济结构的转型,美国又诞生了一批新的亿万富翁。

沃伦·巴菲特就是新一代美国亿万富翁的杰出代表。他于1930年8月出生于内布拉斯加的奥马哈。他的先祖来自法国。经过几代人的奋斗,巴菲特家族已经成为在奥马哈颇有名望的商业世家,在政界也有一定的影响力。自小,巴菲特就展现了惊人的数学天赋。让大人都头大的复利利息计算,对于小巴菲特来说,仅仅是一种消遣娱乐方式。不过,巴菲特不想当数学家。在他年幼的心里,当"一个非常非常有钱的人"比单纯算数要有意思得多。在其他五六岁小孩还在拖着鼻涕到处疯玩的时候,巴菲特已经开始了他的第一桩买卖——摆摊卖口香糖。此后,他还卖过可乐、二手高尔夫球、报纸以及出租弹子机。11 岁时,他还买到了生平第一手股票,并成功盈利 5 美元。靠着这些零零碎碎的生意,还是孩童的巴菲特每月就可以挣到 175 美元,已经和当时一般的上班族不相上下了。从哥伦比亚大学商学院毕业后,20 岁出头的巴菲特不顾父亲和导师的劝阻,毅然开始了自己的投资生涯,而他的第一份工作就是在父亲的公司里当一名股票分析师。

股票是股份证书的简称,是股份公司为筹集资金而发行给股东作为持股并借以取得利益和红利的一种有价证券。美国建国后,由于汉密尔顿等政治家的支持和推动,费城、纽约等地先后建立了证券交易所。当时,这些交易所主要买卖国债之类的债券。内战后,在科尼利尔斯·范德比尔特、约翰·洛克菲勒、安德鲁·卡内基等人的推动下,大规模垄断公司逐渐成为美国经济的支配力量,而大多数垄断企业都采用了股份有限公司的组织形式,并且向证券交易市场销售股票,以此筹集资金。股票交易因此逐渐成为美国经济中最炙手可热的组成部分。

与传统投资方式相比,股票交易的一个最大特点就是风险巨大。有时,股票的价值会被炒得很高,让投资者一夜暴富;有时,股票的价值又会暴跌,让投资者血本无归。而沃伦·巴菲特就是把握股市风险的高手。在他的投资生涯中,巴菲特几乎从来不买"热门股票",而是认真分析股票的实际价值和发行这些股票的公司的增长潜力。对丁被自己认可的公司,巴菲特也不吝于一掷千金。1963 年,美国捷运公司因为遭遇欺诈承受了严重的损失。它的股票应声暴跌。当其他投资者抛售捷运公司的股票时,巴菲特却仔细考察公司的实际运营状况,甚至偷偷观察人们是不是还在使用该公司的产品。他发现,捷运公司的领导层勤俭、负责,产品广受欢迎,整个企业朝气蓬勃。于是,他大量购买该公司的股票,帮助它摆脱困境。捷运公司也不负所望,等到巴菲特出售该公司的股票时,该股的价格已经超过了巴菲特购买时的五倍以上!

1956 年巴菲特建立了自己的公司"巴菲特合伙公司"时,公司的资本大多来自他的亲戚和朋友,巴菲特自己只投资了 100 美元 49 美分。然而,在他的精心运作下,到 1959 年公司的资产就由成立时的 10 万美元增长到 40 万美元! 在投资华盛顿邮报公司的案例中,巴菲特的投资仅为 1 100 万美元,但最终获益却达到了 16.87 亿美元。收益是投资的 153 倍! 惊人的业绩吸引了更多的投资者,巴菲特的财富也如同雪球般越滚越大。

在美国的富豪界,有着一个惯例:有了钱,就要为社会做点什么。约翰·汉考克曾资助美国革命。此后的富翁们则把大把的钞票投入了社会慈善事业,例如,亨利·福特就创办了福特基金会,以此扶助科学研究、援助教育事业、推进社会改良。而巴菲特则可能是第一个近乎"裸捐"的顶级富翁。2006 年,他宣布:将自己近 99% 的财富捐给几个慈善基金会。即便如此,由于所持股票股价大涨,2008 年,巴菲特仍以 580 亿美元的个人净资产成为全球首富。2012 年,82 岁高龄的巴菲特被查出患有前列腺疾病,不过并未危及生命。

(5) 比尔·盖茨

比尔·盖茨于 1955 年 10 月 28 日出生在西雅图。他的父亲是一个成功的律师。母亲则是一家银行的董事。外祖父则是前国家银行行长。与巴菲特一样,年幼的比尔·盖茨早早地展现了数学方面的天赋。不同的是,盖茨对于计算机编程情有独钟。1973 年,盖茨考入哈佛大学。在那里,他结识了一生的挚友和重要合作伙伴史蒂夫·鲍尔默,同时系统地学习了计算机编程知识。大学三年级时,一股计算机热潮正席卷美国。盖茨敏锐地觉察到了商机,并因此毅然放弃哈佛学位,开始了创业生涯。

1975 年,比尔·盖茨和保罗·艾伦在阿尔伯克基的一家旅馆里创办了微软公司。公司的最初业务是设计、出售一种面向计算机初学者的程序设计语言。1980 年,公司以 5 万美元的价格从程序员提姆·帕特森那里买下了操作系统 QDOS 的使用权,并在此基础上设计出了著名的 MS‑DOS。今天,大多数个人电脑上都安装着这个软件。1985 年,微软又推出了第一款 Windows 操作系统 Windows 1.0。经过不断的改进，1995 年，微软推出了革命性的 Windows 95 操作系统，从此 Windows 系列软件开始称霸全球的个人电脑市场。此后，Windows 98、Windows XP、Windows 7 等产品也大获成功。除了操作系统以外，微软的产品还包括 OFFICE 系列办公软件、IE 网络浏览器等软件以及手机、游戏机等硬件产品。

随着微软的成功，盖茨的腰包也以惊人的速度鼓了起来。从 1995 至 2007 年，在《福布斯》杂志的排行榜中，比尔·盖茨连续 13 年蝉联世界首富桂冠。2009 年，他超过巴菲特再次成为世界首富，此后，不敌墨西哥富豪卡洛斯·埃卢，连续三年屈居第二。

2008 年，盖茨退休时，他宣布将个人资产的 98% 捐给以他和妻子名字命名的"比尔和美琳达基金会"。与福特基金会不同，该基金会的主要目标是研究艾滋病和疟疾疫苗，并向世界贫穷国家提供援助。

大事记

1619 年	荷兰商人将首批黑人奴隶卖给弗吉尼亚居民。
1789 年 11 月	"美国制造业之父"塞缪尔·斯莱特抵达纽约。
1790 年 1 月 14 日	汉密尔顿向国会提交《充分支持公共信用的报告》。
1793 年 4 月 16 日	伊莱·惠特尼发明轧棉机。
1850 年 9 月 12—17 日	国会通过"1850 年妥协案"。
1854 年 5 月 25 日	国会通过"堪萨斯—内布拉斯加法案"。
1856 年 5 月 21—25 日	堪萨斯内战爆发。
1858 年 8—10 月	林肯和道格拉斯在伊利诺伊州举行七次大辩论。
1859 年 10 月 16 日	约翰·布朗发动反对奴隶制的武装起义。
1861 年 2 月 8 日	"美利坚诸州联盟"成立,又称"南部邦联"。
4 月 12 日	南部邦联军占领萨姆特要塞,南北战争爆发。
1862 年 5 月 20 日	林肯政府颁布《宅地法》。
7 月 1 日	国会通过建立"联合太平洋铁路公司"、"中央太平洋铁路公司"法案。
1863 年 1 月 1 日	林肯政府发表《解放黑人奴隶宣言》。
1865 年 4 月 9 日	南部邦联军主力在阿波马托克斯投降,南北战争结束。
1867 年 3 月 2 日	国会通过重建法案,对南部各州实行军事管制和政治改革。
12 月 4 日	"农业协进会"成立。
1882 年 1 月 2 日	美孚石油公司建立了美国历史上第一个托

拉斯。

5月6日	美国颁布"排斥华工法"。
1886年5月1—4日	美国约3 000万工人为实现八小时工作制而举行罢工和示威游行。
1890年	美国人口普查局宣布：西部拓居的边疆线已经消失，西进运动告一段落。美国工业生产总值跃居世界首位。
1892年7月2—5日	人民党通过《奥马哈纲领》。
1893年	杜里埃研制成功美国第一辆单缸汽车。
1894年5—8月	普尔曼工人大罢工。
1901年9月14日	美国总统麦金莱遇刺身亡，副总统西奥多·罗斯福继任总统职位。
1908年6月8日	国家资源保护委员会成立。
1912年11月5日	伍德罗·威尔逊当选美国第28任总统。

第三章

走向世界

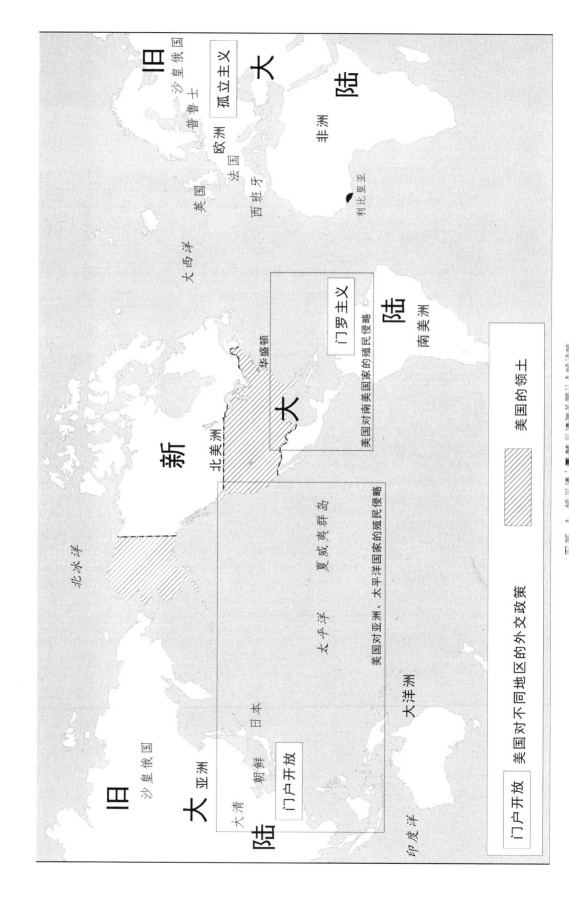

美国在19世纪末20世纪初的外交政策

图中文字：

北冰洋

旧 大陆

沙皇俄国

大亚洲

大清　朝鲜　日本

门户开放

太平洋

夏威夷群岛

美国对亚洲、太平洋国家的殖民侵略

大洋洲

印度洋

新 大陆

北美洲 华盛顿

大

门罗主义

美国对南美国家的殖民侵略

陆

南美洲

旧 大陆

沙皇俄国

孤立主义 大陆

普鲁士

欧洲

英国　法国　西班牙

大西洋

非洲

利比里亚

门户开放　美国对不同地区的外交政策

美国的领土

25．孤立主义与扩张主义

在美国文化中，有两种看似矛盾的信条。一种被称为"山巅之城"。它起源于清教徒们的梦想。在清教徒们看来，古老的欧洲已经沉沦堕落、不可救药，而他们，作为上帝的选民，清白无罪、乐善好施，背负着"天定命运"，注定要到北美这块新大陆上建立一个高洁、神圣的社会，一个让全世界人民仰望的楷模，一座照亮世界的"山巅之城"。另一个则是"实用主义"。如果说"山巅之城"看起来是"阳春白雪"、"不食人间烟火"，"实用主义"就无比功利和现实了。它所重视的是私利，是够得到、摸得着、切实存在并且能用金钱估价的东西。它鼓励每个美国人凡事都想一想"这个能行吗？这个划得来吗？"行、有好处就大胆去做；反之就躲得远远的。这两种看似矛盾的信条却在美国文化中和谐共存，并深植于美国人的心灵。当美国人开始向北美以外的世界眺望时，这两种信条就成为指导他们下一步行动的指针。

美国在建国之初，国力贫弱，而欧洲则是世界的中心。美国的领导者们经过反复权衡后认为：想要通过介入欧洲列强间的事务来谋取好处，简直是与虎谋皮；反之，美国介入它们的纷争和政治愈小，对自己就愈有利。1796年，美国首任总统乔治·华盛顿在退出政坛时发表了致全国人民的《告别词》。在这份相当于"政治遗嘱"的文件中，他告诫美国人：要发展与欧洲的经贸关系，同时"避开与外界任何部分的永久联盟"。他说："欧洲有一套基本利益，我们则没有，或关系甚疏远。因此欧洲必定经常忙于争执，其起因实际上与我们的利害无关。因此，在我们这方面通过人为的纽带把自己卷入欧洲政治的诡谲风雨，与欧洲进行友谊的结合或敌对的冲突，都是不明

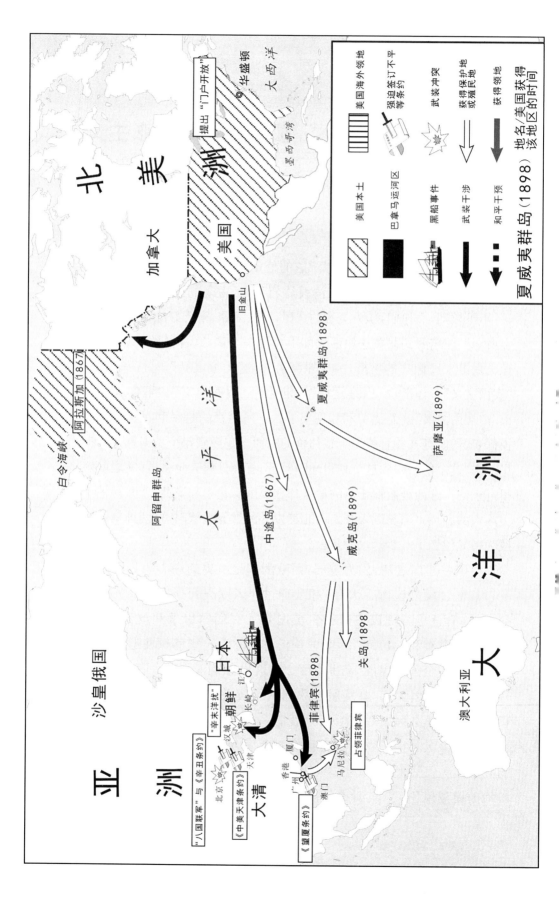

智的。"①"孤立主义"由此发端。

"山巅之城"的信条常常被政治家们拿来诠释孤立主义。有时,他们宣称:美国人是建设"山巅之城"的好人,欧洲人则是堕落的坏人。好人不能和坏人为伍。例如,在 19 世纪 20 年代,土耳其帝国统治下的希腊人开始了争取民族独立的起义。当起义者们恳求美国人伸出援手时,美国人的态度是:"美国不去国外推翻妖魔,她对所有国家的自由和独立表示衷心祝愿。她只是自己的斗士和维护者……她深知,一旦云集于其他国家麾下,她将无法解脱地卷入那些充满利益与欺诈以及个人的贪欲、妒忌和野心的战争之中,而这些战争欺世盗名、滥用自由的标准。"②而在另一些时候,他们则用"山巅之城"的重要性来答复前来求援的自由斗士们,说:美国理解你们的痛苦,但你们自求多福吧。

不过,孤立主义仅适用于对欧洲。对于国力不如己的拉丁美洲、亚洲和大洋洲国家,美国又是另一种做法和另一套说辞了。

对于亚洲、太平洋国家,美国的外交政策是赤裸裸的扩张主义。美国是最早向中国倾销鸦片的国家之一。1820 至 1830 年,美国商人输往中国的鸦片达 1.7 万箱,仅次于英国。不过,以当时美国的国力要侵略中国实在是力有不逮。为了掠夺中国的财富,美国人便顾不上"孤立主义"了。美国的外交官们跟在强大的英国舰队后面,狐假虎威,于 1844 年 7 月 3 日,趁清政府惨败之机,诱骗清政府签订《望厦条约》。该条约使美国享有英国在《南京条约》及其附件中取得的除割地、赔款外的一切特权。1858 年,第二次鸦片战争期间,美国再次趁火打劫,强迫清政府签订《中美天津条约》,获得了远比《望厦条约》更广泛的侵略权益。1900 年,美国还派兵加入入侵中国的"八国联军",战后,还与其他列强一道,强迫中国签订了丧权辱国的《辛丑条约》。

尽管美国人在衰败的清政府面前耀武扬威,但是论及瓜分势力范

---

① George Washington, *Washington's farewell address to the People of the United states*, Trenton: George Sherman, 1812, p. 30.

② John Quicy Adams, "Warning Against the Search for 'Monsters to Destroy'", 转引自 George F. Kennan, On American Principles, *Foreign Affairs*, Vol. 74, No. 2(March. -Apr., 1995), p. 118。

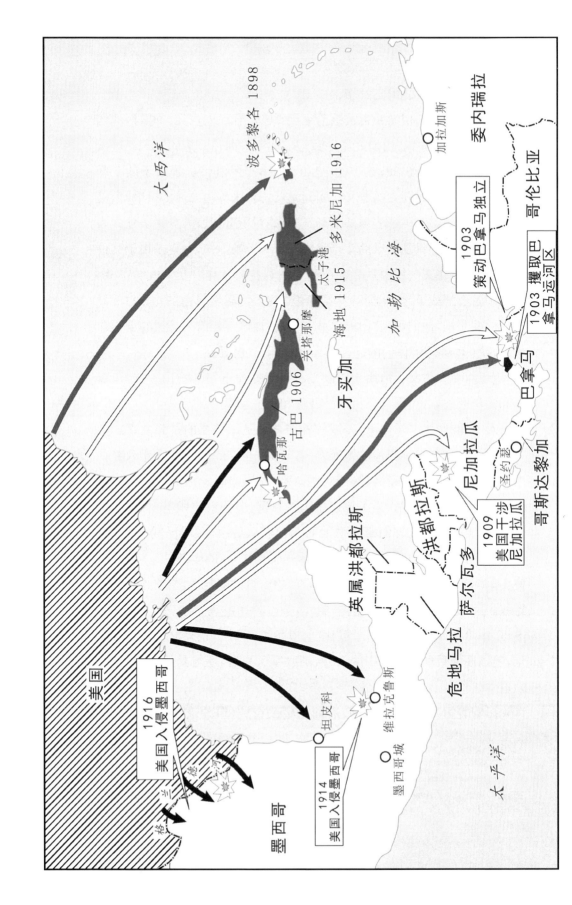

大西洋

波多黎各 1898

委内瑞拉

加拉加斯

哥伦比亚

1903
策动巴拿马独立

1903
攫取巴拿马运河区

多米尼加 1916

太子港 多米尼加

海地 1915

加勒比海

巴拿马

古巴 1906

关塔那摩

哈瓦那

牙买加

尼加拉瓜

圣约瑟

哥斯达黎加

1909
美国干涉
尼加拉瓜

英属洪都拉斯

洪都拉斯

美国

萨尔瓦多

危地马拉

坦皮科

1916
美国入侵墨西哥

维拉克鲁斯

墨西哥城

1914
美国入侵墨西哥

墨西哥

格兰德河

太平洋

围、占据殖民地,与欧洲列强相比,它还是心有余而力不足。为此,美国政府"另辟蹊径",于1899年提出了所谓的"门户开放"政策。该政策的内容是,美国在承认列强在华"势力范围"和已经获得的特权前提下,要求"利益均沾"。该政策确实对中国有一定的好处,但更重要的是,它以最小的代价最大限度地为美国争取了殖民利益,为美国对华经济渗透大开方便之门。不过,由于英、法等列强的抵制,"门户开放"政策仅适用于中国的部分地区。

1853年和1854年,美国海军将领马修·佩里两次率领舰队入侵日本,胁迫当时的日本德川幕府打开国门。由于佩里舰队的军舰一律涂成黑色,这两次入侵又被合称为"黑船事件"。从1866年起,美国海盗和军人还相继入侵朝鲜。1871年,美国舰队闯入汉江,企图偷袭汉城,虽遭驻守汉江的朝鲜军民反击而退,但仍迫使朝鲜订立不平等条约。史称"辛未洋扰"。

19世纪初,拉美各国爆发反对西班牙的民族解放斗争。西班牙在拉美的殖民统治土崩瓦解。面对这一天赐良机,1823年,时任总统的詹姆斯·门罗公开提出了"门罗主义"。其内容是,"美洲是美洲人的",欧美大陆相互隔绝,互不干涉,除现有的欧洲殖民地外,欧洲各国不得再将美洲大陆视为殖民对象。[①] 美好的说辞背后隐藏着见不得人的利益算计。当拉美国家确实面临欧洲列强侵略的危险时,美国便祭出"孤立主义"这一法宝,拒绝予以援助;而当拉美国家,例如墨西哥,遭到美国入侵时,这些国家的人民便惊恐地发现,自己找不到外国盟友,只能任美国欺凌。

南北战争后,美国的国力迅速增强。为了抢夺国外的原料产地和商品市场,越来越多的美国人开始谈论扩张主义,声称,一个真正自豪、勇敢的伟大民族,将敢于承担一切战争的灾难,而不愿以国家荣誉为代价去购买那种卑鄙的繁荣。"海盗精神"也成了美利坚民族的主导精神。

1898年,美国一举击败老牌强国西班牙,夺得菲律宾、古巴、波多黎

---

① James Monroe, "Monroe Doctrine", http://www.ourdocuments.gov/doc.php? flash=true&doc=23(下载时间: 2014年7月1日)

各等殖民地。(参见图 25 - 2)此后,为了修建连接大西洋、太平洋的运河,1903 年,美国政府在哥伦比亚煽动叛乱,在巴拿马地区建立傀儡政府,并与该政府签订不平等条约。根据这一条约,美国攫取了在巴拿马永久占领、统治、驻防一块 10 英里宽地峡的权益。1904 年,时任总统的西奥多·罗斯福更是提出了门罗主义的"罗斯福推论",公然宣称要在拉美"行使国际警察力量"。邻近美国的墨西哥、尼加拉瓜等国便首当其冲,挨了这个"国际警察"的"大棒",而美国也逐渐确立起在加勒比海沿岸国家中的霸权地位(参见图 25 - 3)。

26. 美西战争

　　美国的孤立主义之所以能够长期得以贯彻,除了美国刻意与欧洲保持距离之外,欧洲各国对美国的轻视也是一个重要的原因。到 19 世纪 80 年代,美国陆军只有官兵 2.8 万多人,相当于法国或德国的十二分之一。美国的海军也很孱弱,其规模只相当于英国的六分之一和西班牙的一半。在欧洲列强眼中,美国充其量是个身处遥远国度的暴发户,根本不是一流强国,在国际政治中也不是一个有影响力的角色。因此,英、法、德等强国也不愿刻意拉拢美国或迫使它加入自己的阵营。然而,到了 1900 年,整个世界突然惊讶地发现,美国已经成为国际政治中举足轻重的帝国主义列强。

　　美国的列强地位是靠着铁和血打出来的。1898 年,为了夺取西班牙在亚洲、太平洋和美洲的殖民地,美西两国之间打响了人类历史上第一次帝国主义战争。

　　战争的导火索是古巴。古巴是美国的近邻,早在地理大发现时代就沦为西班牙的殖民地。由于盛产甘蔗、靛蓝等极具商业价值的作物,古巴在南北战争后就成为美国觊觎的目标。截至 1897 年,美国已在古巴投资 2 700 万美元,并借此赚取了丰厚的利润。1895 年,由于不堪西班牙的暴虐统治和残酷压榨,古巴人民发动了大规模的武装起义(参见图 26-1)。为了维护殖民统治,西班牙军队将大批可能支持起义军的古巴民众赶进集中营,以此孤立起义军。集中营中缺衣少食、环境恶劣,致使大量古巴民众死于非命。

　　古巴人的悲惨遭遇引起美国民众的深切同情。然而,在美国商人、政客、军人和媒体看来,美国人民善良的心肠却是可资利用的工具。商人们渴望完全控制古巴的市场和资源,政客想多捞些名望,军人谋求

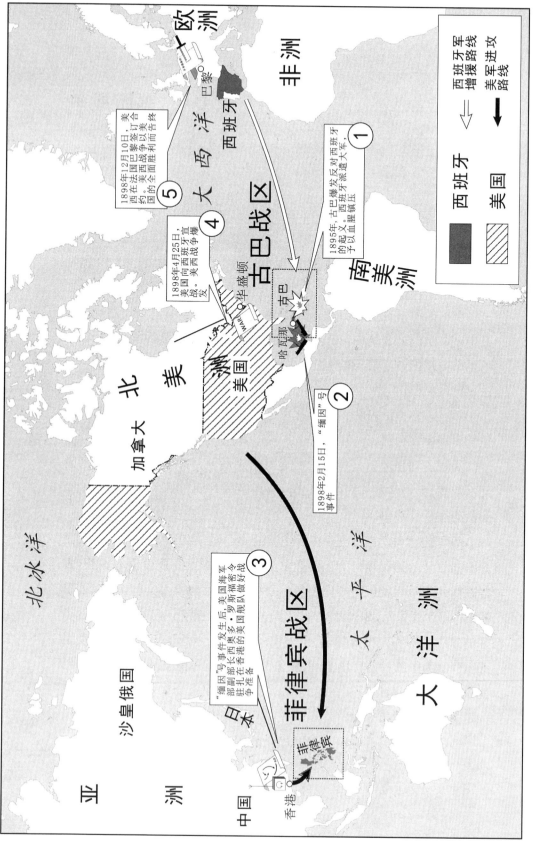

图 26-1　1895 至 1899 年美西战争形势地图

① 1895 年，古巴爆发反对西班牙的起义，唐班牙派遣大军予以血腥镇压

② 1898 年 2 月 15 日，"缅因"号事件

③ "缅因"号事件发生后，美国海军部副部长西奥多·罗斯福密令驻扎在香港的美国舰队做好战争准备

④ 1898 年 4 月 25 日，西班牙对美宣战，美西战争爆发。

⑤ 1898 年 12 月 10 日，西法法国巴黎签订美西合约，美西战争以美国的全面胜利而告终

西班牙军增援路线
美军进攻路线

西班牙
美国

更多的国防开支,拥有更多的战舰,获得更多的将军职位。而媒体则渴望着源源不断的、耸人听闻的报刊头条。他们都决心用战争满足自己的私欲。从 1895 年开始,美国政府实施了一项庞大的造舰计划,使美国的海军实力迅速超过了西班牙。

1898 年初,美国政府以保护侨民为名,派遣"缅因"号战舰开赴古巴首府哈瓦那。2 月 15 日晚,"缅因"号战舰因不明原因爆炸沉没,200 多名官兵遇难。战后,人们几经调查,都找不到西班牙人轰炸这艘战舰的证据。然而,政客和报刊一口咬定这是西班牙所为。他们高呼"记住'缅因'号,诅咒西班牙",借此煽动起战争狂热。4 月 25 日,美国政府以维护古巴人人权、帮助古巴实现独立为借口向西班牙宣战。

然而,美西战争的第一枪却在遥远的菲律宾打响。美国早就在当时的英国殖民地香港部署了强大的海军力量。"缅因"号事件发生后,美国海军副部长西奥多·罗斯福便密令该舰队以夺取菲律宾为目标整军备战。一经宣战,严阵以待的美国舰队便从香港出发,突袭停泊于菲律宾马尼拉港口的西班牙海军。美方有 4 艘巡洋舰、2 艘炮艇和 3 艘辅助船只,而与之对阵的西班牙舰队则有 2 艘巡洋舰和 6 艘炮艇以及一些辅助船只。双方数量虽然差不多,但美国的大部分船只是 1890 年以后用最新技术建造的,而西班牙军舰则全是年久失修的"老爷舰",有的甚至因为漏水根本动不了。经过短暂的交火,西班牙舰队全军覆没,而美方除了一名工程师因为心脏病发作丧命之外,无人阵亡。菲律宾人趁机发动起义,西班牙在菲律宾的统治全面崩溃。

此后,战争主要在古巴战场进行。美军还没出动,西班牙军队已在古巴起义军面前节节败退。为了挽回败局,5 月 19 日,西班牙从本土派出一支舰队前往古巴重镇圣地亚哥,增援当地的西班牙陆军。美国海军闻讯后,迅速出动,将西班牙舰队堵在圣地亚哥港港口之中。6 月,美国陆军在古巴登陆,开始围攻圣地亚哥。7 月 3 日,不愿束手就擒的西班牙舰队趁美国人不备,发起了突围。尽管美国舰队被打了个措手不及,但是新型战列舰"俄勒冈"号却凭借自身优异的性能追上并拖住了西班牙舰队。经过一番交火,西班牙方面损失巡洋舰 4 艘、驱逐舰和鱼雷艇各 1 艘,同时战死 350 人,伤 160 人,而美国方面只阵亡 1 人,另有 2 人

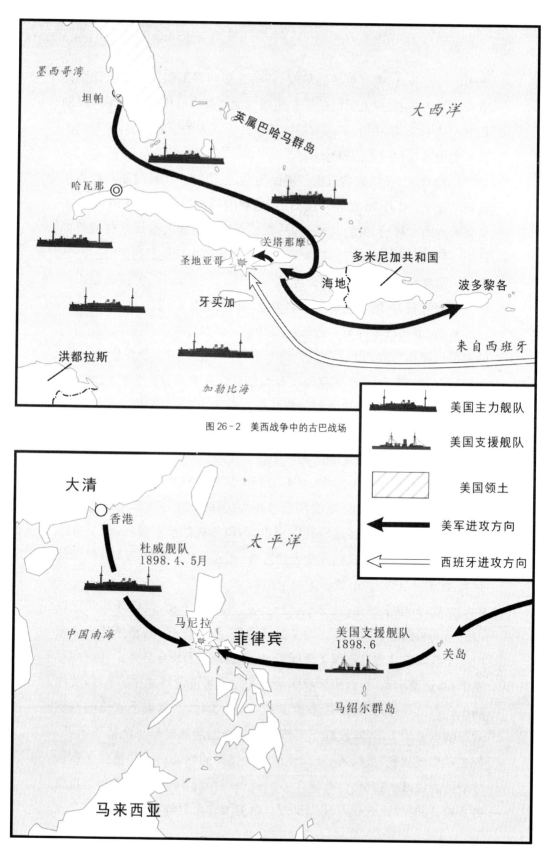

图 26-2　美西战争中的古巴战场

图 26-3　美西战争中的菲律宾战场

负伤。当时，很多美国记者冒着枪林弹雨，在战场附近搜集第一手新闻资料。幸存的西班牙水兵游到岸上以后，发现自己居然被大群的记者包围了。然后，记者们挥舞着自卫用的左轮枪，俘虏了这些残兵败将。

海军失败后，驻古巴的西班牙 22 万大军彻底丧失了战斗意志，于 7 月 17 日向美军投降。古巴全境落入美国的手中。战争期间，美国陆、海军还占领了关岛、波多黎各等西班牙属地。到 8 月 12 日，西班牙政府被迫求和，将关岛、波多黎各割让给美国，还以 2 000 万美元的价格出让菲律宾，同时放弃古巴并承认古巴独立。1898 年 12 月 10 日，美西两国在法国巴黎正式签订和平协议。至此，美西战争以美国的全面胜利告终。美国人欢欣鼓舞，共庆胜利。

然而，美国人没有高兴太久。1898 年 6 月 12 日，菲律宾人宣布独立，建立临时共和国。这个新生的政权很快便因美国的镇压而夭折。然而，菲律宾不愿屈服于美国的统治。1899 年 1 月，菲律宾共和国正式成立。从 2 月 4 日开始，菲律宾各地爆发反美起义。起义者们组织起游击队，为民族解放和独立而战。美国调派重兵，围剿起义军。经过长达三年的残酷战争，美国在付出 4 000 余名官兵的生命和巨额军费支出之后才勉强把起义者们镇压下去。古巴也并不安宁。美西战争结束后，美国人打着"援助古巴"的幌子，在古巴建立起傀儡政权。1901 年 3 月，美国国会正式通过允许美国干预古巴内政和在关塔那摩建立军事基地的《普拉特修正案》。6 月，在美国刺刀的逼迫和金元的收买下，古巴政府将《普拉特修正案》列入自己的宪法之中。而后，美国商人蜂拥而至，控制了古巴的经济命脉。1906 年 8 月，古巴人民发动了反对傀儡政权，争取民族独立的起义，遭到美国的残酷镇压。此后，美国屡屡入侵古巴，欠下了笔笔血债。

殖民地人民的顽强抵抗，使得美国的殖民侵略政策显得劳民伤财、不得人心。美国国内也出现了反对帝国主义侵略扩张的政治运动。面对巨大的经济、政治压力，美国政府不得已放弃了直接侵占殖民地的政策。

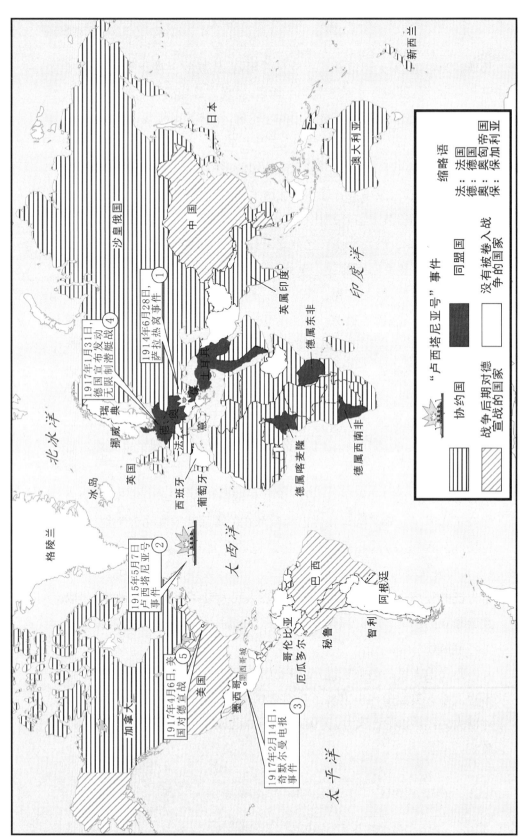

图 27-1 第一次世界大战的总体形势

27. 美国与第一次世界大战

美西战争打响了帝国主义列强武力瓜分世界的第一枪。此后，列强为争夺殖民地展开了激烈的竞争。他们还呼朋引伴，分别组建了英、法、俄三国协约和德、奥、意三国同盟这两个强大的政治、军事集团。1914年6月，奥匈帝国王储阿奇杜克·弗朗茨·费迪南在塞尔维亚境内的萨拉热窝被极端分子枪杀。这次暗杀产生了剧烈的连锁反应（参见图27－1），国际局势日益紧张，最终，第一次世界大战爆发。

对于美国来说，这场战争不啻天赐良机。为了打赢战争，参战国的工厂都被政府征用去为战争服务，农民们则拿起枪上了战场。结果，战争没打多久，欧洲各国就不同程度地出现了物资短缺。它们不仅无力维持对世界市场的控制权，而且还要去美国购买军需和民用物资。因此，展现在美国商人面前的，是一次前所未有的商业机遇。从1913至1916年，美国的出口总额从25亿增加到55亿美元，其中，对欧洲的出口总额从15亿美元暴增至38亿美元。出口的增加带动了整个经济的良性发展，美国经济出现了供需两旺的繁荣景象。美国的政治家们也没有闲着。他们密切注视着战局。在他们看来，无论是哪一方赢得完全的胜利，都"将大大损害美国的利益"。理想的状况是，欧洲的列强们自相残杀、流尽最后一滴血，最后，让美国人渔翁得利。因此，战争爆发不久，美国政府就发表《中立宣言》，宣布美国不加入战争中的任何一方。而后，美国总统威尔逊又宣称要调停各国的争端，实现世界和平。他的真实意图则是利用列强间的矛盾，让美国获取领导世界的霸权。

到1917年，美国参战的时机已经成熟了。一方面，各主要参战国都已经蒙受了惨重的损失。1917年2月，俄国爆发革命，沙皇政府被推翻。与德国对峙的百万俄军树倒猢狲散，几乎丧失了战斗力。协约国与

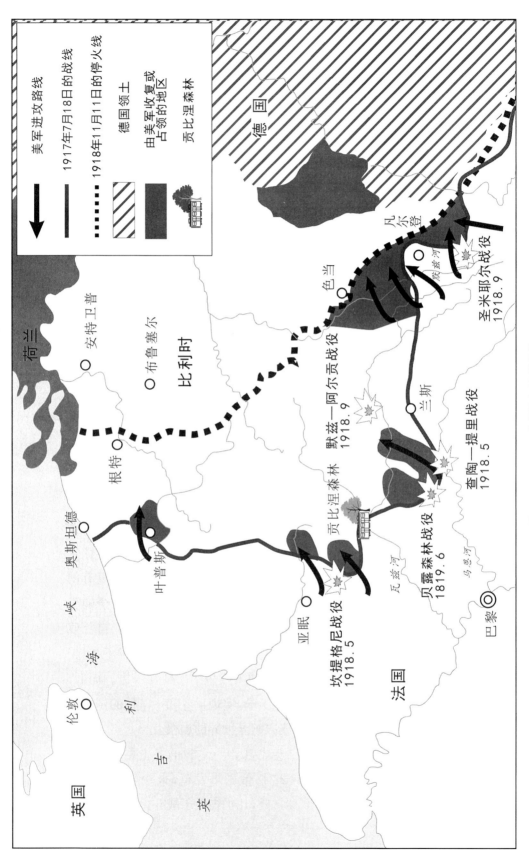

图 27-2　1917、1918 年美军在欧洲的作战

同盟国之间的实力对比发生了根本性的变化,战争已经发展到了最后阶段,此时再不参战,战后就没有资格参与瓜分战利品了。另一方面,德国人愚蠢的军事、外交政策也给了美国人参战的理由。战争爆发时,受孤立主义影响,大部分美国人虽然关注战争,但并不希望卷入其中。战争爆发不久,在海军方面占优势的英国人就控制了大西洋,切断了美国与德国之前的贸易。德国的回应则是愈演愈烈的潜艇袭击。1915 年 5 月 7 日,德国潜艇在爱尔兰海面击沉英国客轮"卢西坦尼亚"号,船上 128 名美国公民遇难。在英国情报部门的巧妙操纵下,美国媒体开始强烈地反对德国。1917 年 1 月 31 日,德国宣布发动"无限制潜艇战"。它的潜艇将不加警告地袭击包括美国船只在内的所有船只。此举严重损害了美国的经济利益。美国政府宣布与德国断交。2 月,德国外交官员阿瑟·齐默尔曼曾致电驻墨西哥大使,要求促成德墨结盟,并承诺帮助墨西哥夺取新墨西哥等美国领土。英国情报部门破译了这份电报,并将之寄给了美国政府。美、德关系破裂后,威尔逊公开了电报全文。美国舆论大哗,反德浪潮席卷美国。1917 年 4 月 6 日,美国正式对德宣战。

为了动员美国人民支持战争,威尔逊总统不遗余力地向他们灌输"应当由美国来领导世界"的理念。他告诉美国人:美国是唯一有资格担当领袖角色的国家,"因为它从世界每一个文明民族中吸收血液,并且因同情和理解而能够明白世界各国人民的利益、权利、渴望和命运。美国是世界上唯一有此禀赋的国家"。威尔逊还重新诠释了"山巅之城"的理念。在他看来,世界分为善恶两大对立的阵营。"善"和正义的一方是美国代表和领导的民主国家。专制和独裁国家则代表着"恶"的一方。当美国弱小的时候,它这座"山巅之城"只能蛰伏在大西洋西岸,充当一个"榜样"。然而,现在美国已经强大了。那么,当世界在德意志帝国的铁蹄下颤抖的时候,美国人应该挺身而出,捍卫人类的和平与自由。威尔逊的这套说辞,不仅令当时的美国人心潮澎湃、拿出十足的干劲为战争效力,而且奠定了第二次世界大战以后美国外交政策的基调。

在威尔逊的领导和鼓舞下,美国凭借强大的经济实力,迅速成为一个高效的战争机器。它的陆军从战前的 13 万,急速扩充到近 500 万。1917 年 6 月,第一支美军到达法国。1917 年底,法国境内已有 20 万美军。战争期间,驻扎欧洲的美军已超过 200 万。为了运送这支庞大的陆军,并担负护航、反潜、布雷与登陆任务,美国政府也投入巨资扩充海军。到战争结束时,美国海军共有 2 000 多艘船只,53.3 万名官兵。

1917 年 11 月 7 日,俄国爆发十月革命。1918 年 3 月,新生的苏维埃俄国与德国及其同盟国签订《布列斯特和约》,正式退出了战争。下半年,德国将部署在东线的军队调往西线,发起了最后的决战。1918 年初,德国军队推进到距离法国首都巴黎只有 50 英里的马恩河。然而,美军的到来填补了已是千疮百孔的协约国战线,彻底改变了战争的局势(参见图 27 - 2)。5 月下旬,美国在坎提格尼附近重创正面德军。从 6 月开始,美军相继在马恩河附近发动贝露森林战役、在默兹河附近发动圣米耶尔战役和默兹—阿尔贡战役,同时在叶普斯地区也展开大规模进攻。美军一路攻城略地,对德军造成了巨大压力。在美军发动进攻的同时,英、法等国也相继在各条战线上发动战略反攻。德国的进攻遭到了挫败。1918 年 9 月,奥匈帝国各地爆发大规模抗议风潮。其境内的匈牙利、捷克等民族纷纷独立。11 月 3 日,奥匈帝国与协约国签订停火协议。奥匈帝国投降的同一天,德国爆发十一月革命,德意志帝国被推翻。11 月 11 日,德国代表在法国的贡比涅森林签订了停战协定。战争以美国和协约国的胜利而告终。

在战争期间,欧洲各国有 7 000 多万人被动员参战。其中近 2 000 万人死于非命。相当于 3 000 亿美元的财富被战火吞噬。欧洲的政治版图也发生了重大的变化。老牌的帝国开始分崩离析,而新生的苏维埃俄国,则成为各资本主义国家最现实和最急迫的威胁。相比之下,由于参战较晚,美军只损失了十余万人,而受益却多得惊人。1914 年,美国欠欧洲各国的债务大约有 40 亿美元。然而,到 1919 年时,它不仅还清了欠债,还向欧洲各国借出 37 亿美元,从债务国一下子变成了债权国,并掌握了世界 40%的黄金。战争期间旺盛的商品需求还刺激了工业的发展。1914 年,美国采矿业和制造业总产值为 249.2 亿美元,到 1919 年猛增至 639.7 亿美元。经过战争的历练,美国也一举成为世界顶尖的军事强国。通过这一番此消彼长,美国的综合国力已经远远凌驾于欧洲列强之上。

28．凡尔赛与华盛顿会议

自哥伦布发现美洲后，欧洲人逐渐掌握了世界霸权。自第一次工业革命以来，世界上大多数重要的发现、发明和创造都是由欧洲人贡献的。欧洲人的舰队纵横四海。他们的殖民地遍布全球。世界上几乎没有哪个地区能够逃离欧洲势力的影响。然而，经过四年多的惨烈战争，曾经称霸世界的三大帝国沙皇俄国、奥匈帝国、德意志帝国先后毁于战争后期的革命。幸存的国家也疲惫不堪。伤痕累累的欧洲人发现，他们那沾满鲜血的手，再也握不紧世界霸主的权杖了。一旁的美国人则跃跃欲试，想要品尝领导世界的滋味。

1918年12月4日，美国总统伍德罗·威尔逊乘坐"乔治·华盛顿"号战列舰前往欧洲，去参加在法国巴黎凡尔赛宫召开的和平会议。与威尔逊同行的，不仅有一大群官员、学者、军事专家，还有美国政治精英们最新的思想成果——"十四点计划"。这项计划的第1至5点是战后国际关系中应当遵循的原则，包括"公开外交，不得有任何秘密国际谅解"；"无论和平与战争时期，公海航行绝对自由"；"尽可能排除一切经济上的壁垒，国际贸易机会均等"；限制军备规模；公正解决殖民地纠纷并"在决定一切有关主权问题时，应兼顾当地居民的利益与殖民政府之正当要求"。第6点涉及苏俄问题。第7至13点阐述了战后欧洲十几个国家的领土安排（参见图28-1）。威尔逊公开宣称，要尊重战败国的利益，订立一个宽待战败国的和平协定。第14点则要求建立国际联盟，订立"根据旨在就部分大小国家的政治独立和领土完整提供相互保证的专门盟约"①。

---

① President Woodrow Wilson, President Woodrow Wilson's Fourteen Points, http://avalon. law. yale. edu/20th_century/wilson 14. asp(下载时间：2014年7月1日)

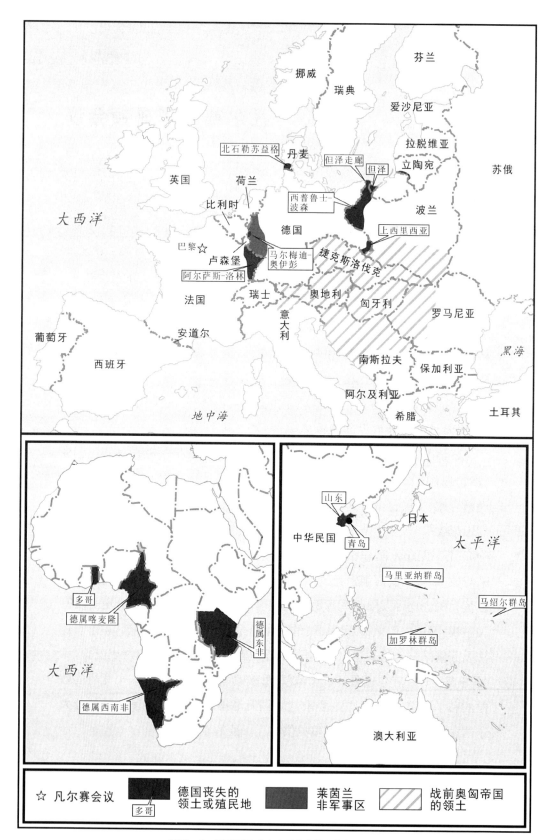

图 28-1　战后德国、奥匈帝国失去的土地与殖民地

这个"十四点计划"是"威尔逊政府在外交辞令的掩饰下要求充当世界领袖的宣言,它把美国自战争以来着力追求的目标以具体的纲领形式表现出来,勾画了一幅以美国为领袖的战后国际新秩序蓝图"。其中,"公海航行自由"和"打破贸易壁垒"为美国商人在世界范围内倾销商品、掠夺原材料大开方便之门。而"反对秘密外交"和建立"国际联盟"则是建立新秩序的必要步骤。当时,英法等战胜国希望延续协约国之间的结盟关系,按照战前和战时签订的一系列秘密条约瓜分世界,进而维持以欧洲为中心的世界秩序,甚至将美国排除在外。这样的世界蓝图显然是不利于美国的。因此,威尔逊主张建立一个将大国、小国、战胜国、战败国整合在一起的全球性联盟。美国既可以凭借自身强大的经济实力和独特的地理位置、利用各国间的历史矛盾和现实冲突来掌握这个联盟,又可以通过联盟成员们的集体行动,避免承担太多的政治、军事义务。

不过,至少从原则上来讲,威尔逊主张的新秩序比欧洲列强所坚持的旧秩序要好得多。威尔逊还激烈谴责欧洲列强的自私和无情,呼吁在国际关系中用道德与合作来解决争端,开创了外交理论中的理想主义流派。他的主张对于饱经战争摧残的世界人民,特别是战败国和殖民地半殖民地的人民来说,有很强的吸引力。因此,1918 年 12 月,当威尔逊踏上欧洲血染的土地时,他受到了民众热烈的欢迎。

1919 年 1 月 18 日,巴黎和会正式开幕。包括亚洲的日本和一些美洲国家在内,与会国家共有 32 个。虽然威尔逊雄心勃勃地想要大干一场,但他却不知不觉地被老辣的欧洲政治家们玩弄于股掌之上。英、法、意三国的代表首先利用威尔逊急于建立国际联盟的心态,迫使他放弃了宽待战败国的打算。经过一番讨价还价,德国 13.5% 的领土被法国、波兰、捷克斯洛伐克等国瓜分,并背上了价值 316.8 亿美元的战争赔款。它的军队遭到了严格限制,还被禁止在境内的战略要地莱茵兰地区驻防。奥匈帝国则被彻底肢解,一部分领土还被意大利占据(参见图 28 - 1)。"十四点计划"中有关尊重殖民地人民利益的内容同样遭到了无情的摒弃。会议期间,为了争取日本对于国际联盟的支持,美国牺牲中国的利益,支持日本继承德国在山东的权益。德国在非洲(参见图 28 - 1)、太平洋地区的殖民地,以及从土耳其帝国脱离出来的一些新兴

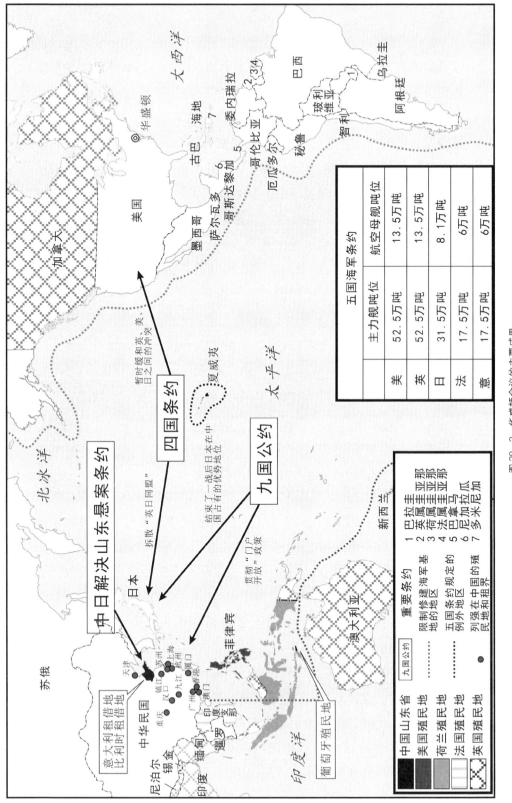

图28-2 华盛顿会议的主要成果

国家则被英、法、日打着"委任统治"的幌子所瓜分。美国自己也分到了几个小岛。"公海航行自由"、"国际贸易机会均等"等主张更遭到了英法等国的抵制，最终不了了之。更有讽刺意味的是，满口反对秘密外交的威尔逊自食其言。在整场巴黎和会期间，大多数会议都是在美、英、法三国领导人之间秘密召开的。

在威尔逊做出重大让步后，4月28日，各国在巴黎和会上通过了《国际联盟盟约》，并将其作为《凡尔赛和约》的组成部分。根据盟约，对德奥集团宣战的国家和战后新成立的国家都是国际联盟的创始会员国。联盟的主要机构包括由全体会员国组成的国联大会、由美、英、法、意、日五个常任理事国及另外四个非常任理事国组成的行政院，以及秘书处和国际法院。其职能包括和平解决国际争端、促进国际合作等等。它是联合国的前身，对于维护世界和平与稳定有非常重要的意义。1919年6月，与会各国正式签署《凡尔赛和约》，由此奠定了战后欧洲的国际秩序。次年1月，国际联盟宣告成立。

凡尔赛和会是威尔逊一生事业的顶峰，但也注定了他的不幸。《凡尔赛和约》的内容被媒体披露之后，德国人和中国人都认为，自己遭到了威尔逊的欺骗和背叛。在美国，威尔逊的声誉也大受影响。西部地区的议员，例如乔治·诺里斯、拉特福德等人认为，威尔逊出卖中国的做法背叛了美国人的良心和理想，而且和约也不可能真正保证世界和平。东部地区的议员则一致拥护马萨诸塞州的参议员亨利·洛奇。后者声称：《国际联盟盟约》让美国承担了过多的义务，并因此过深地卷入了欧洲事务，从而违背了乔治·华盛顿的训诫。随着更多谈判细节被披露出来，美国民众也觉得脸上无光。1919年11月，美国国会经投票表决、拒绝批准《国际联盟盟约》。1920年，威尔逊在总统竞选中失败，从此退出政坛。新当选的总统哈定则宣布：他的"政府肯定而坚决地放弃加入国际联盟的一切思想"。美国首次争取世界霸权的努力就这样草草收场了。

然而，美国的经济、军事实力注定要使它在世界上扮演更重要的角色。1921年11月12日，美国发起、召开了华盛顿会议，主要讨论限制海军军备和太平洋远东问题。美、英、日、中、法、意、比、荷、葡9个国家参加了这次会议。会议上，美国政治家们摒弃了领导世界的思想，而是斤斤计较地为美国争取利益。其中，通过签订英、美、日、法《关于太平洋区域岛屿属地和领地的条约》(简称《四国条约》)，美国协调了美英关系、拆散了英国与日本的联盟，扫除了称霸远东的一个重要障碍；通过签订《美英法意日五国关于限制海军军备条约》(简称《五国海军条约》)，美国以不在太平洋西部新建海军基地的代价，限制了日本的海军规模，并确立起自身海军世界首强的地位。会上，中国代表提出了收回山东主权，承认中国与世界其他国家的平等地位等要求。美国人乘机兜售"门户开放"政策，促使与会各国签订了《九国关于中国事件应适用各原则及政策之条约》(简称九国公约)。条约的核心内容是，列强同意把"门户开放"政策作为它们共同侵略中国的基本原则，同时要求日本将从德国手中攫取的殖民权益交还给中国。经过这一会议，列强们确立起了战后亚洲、太平洋地区的国际秩序(参见图28-2)。

华盛顿会议结束后，美国政治家们在处理国际问题时总喜欢沽名钓誉，但绝不愿承担任何实质性的国际责任。孤立主义再一次成为美国外交政策中的主导思想。

29. 从大繁荣到大危机

1921年3月,威尔逊离开了白宫。和他一起退出美国政坛的,还有领导世界的追求和进步主义改革的梦想。新总统沃伦·哈定认为:"美国当前需要的不是豪情壮志,而是疗养生息;不是济世妙策,而是正常状态;不是革命,而是复原;不是激烈震荡,而是轻微调整;不是手术,而是静养;不是激情,而是冷静;不是试验,而是均势;不是沉湎于国际理想,而是维持国家的优势地位。"①美国政治从此进入了"自由放任"时代。

"自由放任"所针对的,是进步主义时期政府采取的一系列限制企业垄断、争取社会公平的政策。其核心是把国家利益和企业集团的利益等同,让代表大企业的特权集团参与国家管理,而政府听之任之、无所作为。具体政策包括大幅度减税、大幅度提高关税、停止对垄断行为的限制和打击、将富翁任命为政府官员等。

"自由放任"政策顺应了在战争时期发了大财的资本家们的愿望,调动了他们投资的积极性。为适应市场竞争的需要,企业纷纷采用新技术、新设备,降低生产成本和价格。为尽可能多地推销商品,资本家们大作广告,还推出了"分期付款"的营销手段,顾客只需要交一些定金就可以把商品带回家,然后每月支付一部分货款,直至结清。战争期间被压抑的购买力也宣泄出来,人们争相购置房产和汽车。到1929年,美国汽车的数量达到2300万辆,平均每5个人就拥有1辆。汽车的普及带动了郊区的发展。由于可以开车上班,在城里工作的人们便纷纷逃离人声嘈杂、空气污浊的市中心,到环境优美的郊区定居。建筑商们则趁机推

---

① Warren G. Harding, "Return to Normalcy Speech", 转引自 Allan Metcalf, *Presidential Voices: Speaking Styles from George Washington to George W. Bush*, Boston: Houghton Mifflin Company, 2004, p. 35。

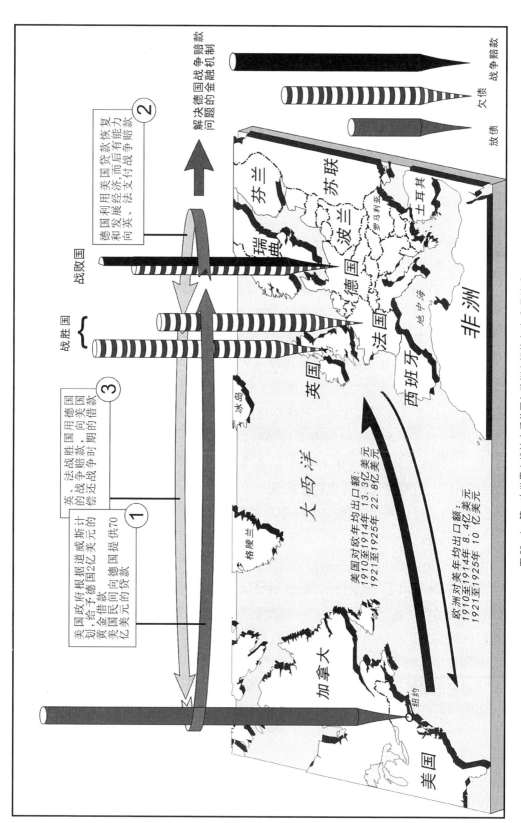

图 29-1 第一次世界大战结束后美国与欧洲之间的金融、贸易关系

出价廉物美的新式郊区住宅,大赚一笔。以电灯、电话、洗衣机和吸尘器为代表的新型电器也走入寻常百姓家。从 1924 年继任总统的卡尔文·柯立芝执政开始,美国经济进入了高速发展的"柯立芝繁荣"时期。到 1929 年,美国在资本主义世界工业生产中的比重已达 48.5%。

繁荣的美国成为世界经济的中心。用美国历史学家的话来讲,"在 20 年代,美国用商品、分厂和投资资本淹没了世界,使这十年成为这个国家历史上经济扩张最厉害的时期之一"。[①] 以美国—欧洲贸易为例,在 1910 至 1914 年,美国对欧洲的年均出口额为 13.3 亿美元,而到 1921 至 1925 年间,则翻了近一番,达到 22.8 亿美元。除了商业之外,美国的金融家们也加紧了对欧洲金融的渗透。一战期间,英、法等协约国成员欠下美国 70 多亿美元的债务。战争结束后,他们指望通过《凡尔赛和约》从德国索取战争赔偿来还债。从心理上讲,德国人对于《和约》是非常憎恶的。战后最初的几年中,德国经济又一直不景气,政府很难筹到足够的资金。因此,德国虽然接受了战胜国的赔款要求,但一直消极对待,拒绝按时交付足额赔款。围绕着赔款问题,欧洲各国间争执不断。为了打破僵局,1924 年,以美国银行家查尔斯·道威斯为主导的赔款委员会拟定了"道威斯计划",其核心是向德国提供价值 2 亿美元的黄金贷款,帮助它发展经济,从而使之具备偿付赔款的能力。此后,美国银行家们还向德国提供了约 70 亿美元的商业贷款。滚滚而来的美元刺激了德国经济,从 1924 年开始,德国经济开始回升,到 1927 年已略微超过战前。到 1931 年,德国向英、法等国偿付了 45 亿美元的赔款。这笔钱最后又以偿还债务的形式回到美国。

繁荣的背后隐藏着严重的社会、经济问题。其中,最严重的,是购买力不足。在 20 年代畅销的房屋、汽车和电子设备都属于大件耐用商品。一户家庭不会买很多。买了以后,若干年以内也不会再买新的。因此,美国的国内市场其实很有限,而"自由放任"的政策在造就繁荣景象的同时,也使得美国的国内市场愈加萎缩。一方面,由于政府不抑制垄断,中

---

① Emily S. Rosenberg, Spreading the American Dream: American economic and Cultural expansion, 1890—1945. New York: Hill and Wang, 1986, p. 122.

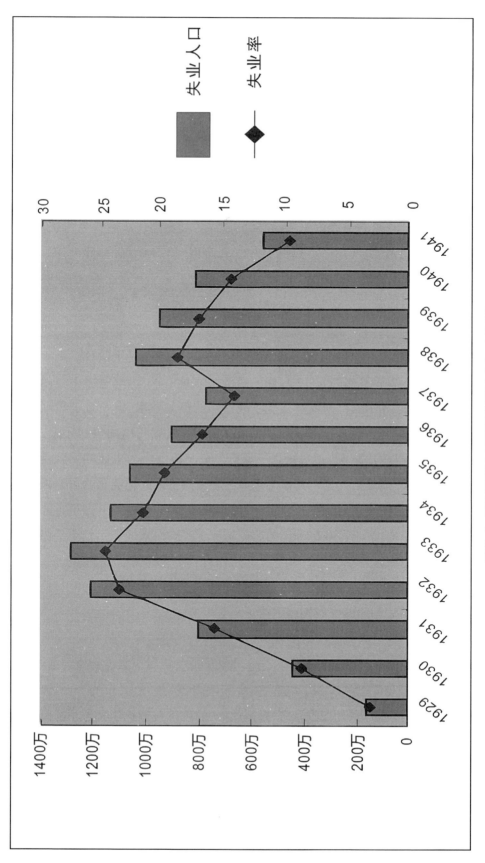

图 29 - 2　1929 年经济大危机期间美国的失业人口与失业率

小企业大批破产,全国的财富迅速向少数资本家集中。到 1929 年,占全国总人口 2% 的富人占据了全国五分之三的财富。富者越富,贫者越贫。很多人由于经营失败或因为企业采用了新式机器而失去工作。在20 年代,平均每年都有 220 万人失业。有工作的平民,收入也不高。到1929 年,60% 的美国家庭全年收入为 2 000 美元上下。他们有购买商品的欲望,但是囊中羞涩,买不起已经足够便宜的商品。国外的市场也在萎缩。到 20 年代末,美国的国内外市场只能吸纳美国工厂生产出的70% 到 80% 的商品。由于市场愈加窄小,各大企业间的竞争日益惨烈,利润越来越低。

美国文化和世界其他地方的文化有一个很大的区别。在很多国家,富人赚了钱就会把钱藏起来做一个守财奴,或者买田置地当个田园翁。而在美国人看来,有钱还不够,还要更有钱。他们一有钱就去投资,让钱生钱,从来不愿意让自己越来越多的财富在地下室发霉。在平时,美国文化的这个特性对于经济发展是非常有利的。南北战争后,美国经济的迅猛增长便在很大程度上得益于此。然而,在 20 年代末,对于美国的富人来说,投资工农业,乃至投资房地产,都已经赚不到什么钱了。他们便把目光投向股票市场。从 1927 年开始,大量资金涌入股票市场,股价被越炒越高,出现了前所未有的"大牛市"。

1928 年,原商务部长赫伯特·胡佛当选为美国历史上第 31 任总统。他在就任之后并没有对股市予以足够的关注。此后,股票投机愈演愈烈。1928 年 8 月,股市中各只股票的平均价格达到了五年前的四倍。面对此情此景,胡佛欣然地宣布,他缔造了空前的繁荣。然而,物极必反,疯狂的股票投机引发了一场经济灾难。1929 年 10 月 24 日,纽约证券交易所股票价格一落千丈,股票持有者歇斯底里地抛售股票,100 多亿美元的资产顷刻间化为乌有,无数股民倾家荡产。股票市场崩溃之后,首先垮掉的是美国的银行业。银行业曾向股票市场投入大批贷款,此时再也收不回来了。储户们为减少损失,争相到银行兑现,导致大批银行破产。从 1929 至 1932 年,破产银行达 5 791 家。银行业的崩溃不仅断绝了工商企业的融资渠道,而且严重挫伤了消费者的信心,反过来又使生产锐减。在恶劣的经营环境中,从 1929 至 1932 年,工商企业破产的达到 10 万余家。还有几百万小农因欠债失去土地。伴随着公司的倒闭，失业人口急剧上升。1929 年，美国失业率仅为 2.5%，到 1933 年达到创纪录的 25%，总失业人口达一千多万。美国从大繁荣坠入大危机的深渊。

30. 从赫伯特·胡佛到富兰克林·罗斯福

在大危机期间，经常会发生这样一件事：当普通美国人缺衣少食之际，农民却用小麦和玉米代替煤炭作燃料，把牛奶倒进河海，大量屠杀牲畜，铲除青苗。为什么呢？因为当时农产品的价格已经跌到极致，但消费者依然买不起。农民们把产品拿到市场上去卖，不仅亏本，反而会因为运费和储藏费赔上更多，还不如就地销毁。这个事例充分说明，在大危机期间，美国经济已经走进死胡同，单靠市场本身已经不可能解决危机。然而，胡佛政府拒绝采取果断行动，挽救美国经济。对于在失业和贫困中挣扎的平民，胡佛不仅不同情，反而觉得他们没有头脑，不会想办法，有钱就乱花乱用，现在倒了霉，纯属活该。他一再否决资助失业民众的国会立法，直到1932年底才勉强批出3亿美元，用于失业救济和农业贷款。由于政府的不作为，经济危机愈演愈烈。

经济危机很快就转变为政治危机。因为生活水平骤降，乃至难以糊口，劳苦大众只有站出来反抗。为了维持生计，美国各地都爆发了工、农罢工和抗议运动。全国失业理事会、农民假日协会等工、农组织先后建立。东部和中西部工业区在经济危机中的损失尤其惨重，如图30-1所示，成为工人运动的核心地带。芝加哥、底特律、费城等工业中心都曾爆发大规模的工人抗议运动。农民们也站了出来。他们有的封锁交通，强迫商人提高农产品收购价格；有的把前来讨债的警察和银行代理人打倒在地。

面对群众的愤怒，胡佛政府坚持武力镇压的政策。抗议运动的领导人被逮捕。许多工人、农民被当街击毙，而政府对"退伍金远征军"的镇压则把武力镇压推上了最高峰。一战结束后，美国政府曾许诺向退伍军人发放退伍金，但到1944年才能够全额领取。1932年初，在大危机中

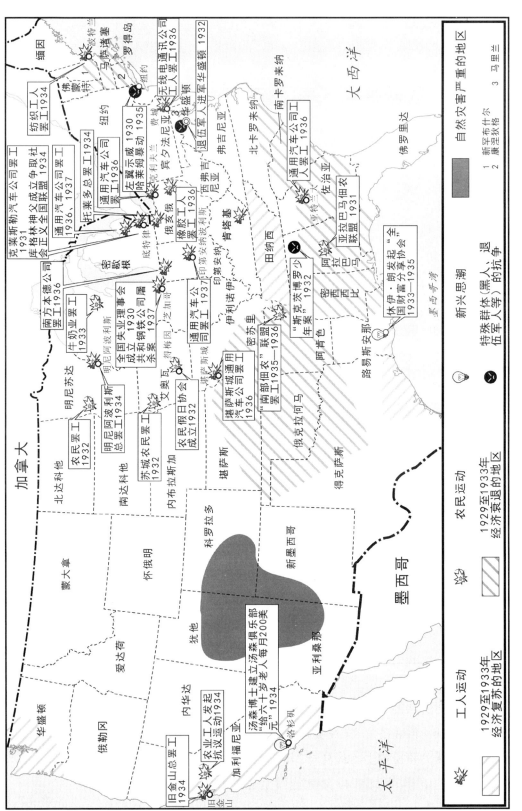

图 30-1 1929 年经济大危机造成的社会问题

走投无路的退伍军人们，为了养家糊口，乞求政府提前发放退伍金。他们自称为"退伍金远征军"，自发地从全国涌向华盛顿。在那里，老兵们既不行乞，也不闹事，除了偶尔示威以外，只是暂居在一些破败的街区。但是，胡佛政府一分钱也不想付。7 月 28 日，当老兵发起和平示威时，胡佛下令进行武力镇压。当天，美军不仅出动了大批的步兵和骑兵，还在华盛顿街头飘起了坦克。稍有常识的人都知道，当美军的铁骑继续前进，曾经为美国的利益抛头颅洒热血的老兵们，难道能够阻挡得了吗？和美国媒体一向吹嘘的自由、人权恰恰相反，面对曾经的同袍，美国军警没有保持丝毫的克制。他们从一开始就向人群开枪，然后发起了坦克和骑兵冲锋。"退伍金远征军"被驱散，幸存的退伍兵们狼狈逃走。入夜，一部分退伍兵躲进了先前残破的居所。跟踪而来的美军包围了老兵们所在的街区，悍然纵火，火焰一度高达十余米。丧心病狂的美国兵还使用了瓦斯催泪弹。虽然这种毒气弹毒性不高，不会马上置成年人于死地，但街区里还有孩子！一些婴儿当即便被毒死，或因窒息而憋死。一时间，华盛顿浓烟滚滚、血流成河。

惨淡的经济、动荡的社会和双手沾满鲜血的政府削弱了美国人对于美国制度的信心。工人和农民开始仰慕苏联的社会主义，而大资本家的代言人则兜售意大利和德国的法西斯制度。一些奇谈怪论也流行起来。鼓吹给老年人发钱的汤森博士、声称要限制富人最多拥有 400 万资产的休伊·朗都成为享有巨大声望的政治新秀。而美国，将何去何从呢？

1932 年底，美国举行总统选举。一位总带着自信笑容的政治家走上了美国的政治舞台。他就是富兰克林·罗斯福。6 月，罗斯福在获得民主党的总统候选人提名之后，在芝加哥发表公开演讲，宣告："我向你们保证，我决心要为美国人民实行新政。"在接下来的几个月里，罗斯福走遍美国各地，宣传他的政治主张，包括援助穷人、使用计划调节经济、兴建公共工程等(参见图 30 - 2)。胡佛也参加了竞选，但还是主张那一套政府不应大力干预经济的说辞。另一位著名的候选人诺曼·托马斯则主张在美国搞社会主义。面对政见不同的候选人，美国人民做出了自己的选择。最终，罗斯福以 57% 的普选票、42 个州 472 张选举人票的绝对优势，当选为美国第 32 任总统。1933 年 3 月，罗斯福就任总统，立即

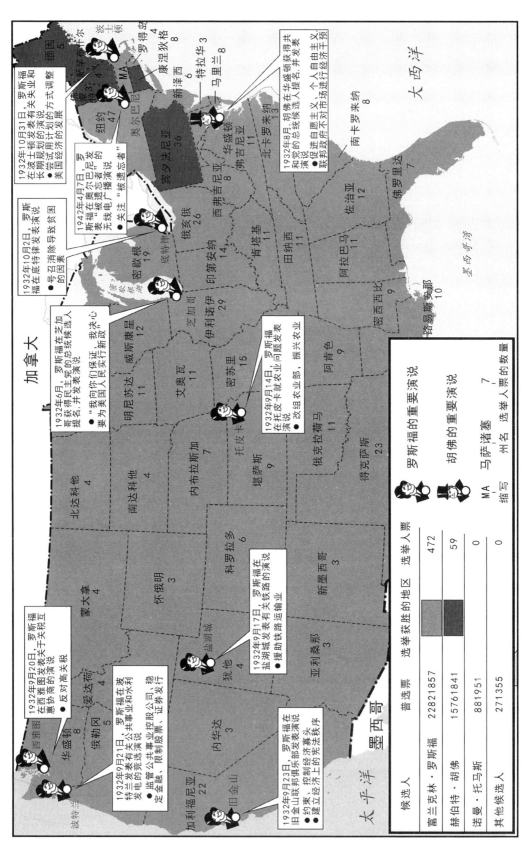

图 30-2 1932 年美国总统大选

大刀阔斧地推行改革。他采取的一系列政策被人们称作"罗斯福新政"
（参见表30-3）。

罗斯福就任总统时，正值美国信贷危机达到顶点，美国的金融系统
全面瘫痪。因此，新政的第一步是整顿金融业。1933年3月6日，罗斯
福命令全国银行休假。华尔街的证券交易所和芝加哥的商品交易所也
都停业。银行停业期间，罗斯福政府先后颁布《紧急银行法》、《1933年
银行法》等法律，授权财政部审查银行的资产负债状况和支付能力，集中
力量支持有支付能力的大银行开业，淘汰已实际破产的银行。接着，政
府颁布《存款保险法》，设立联邦储蓄保险公司，保证存款安全，以恢复银
行信用，同时，实行新的货币政策，以刺激生产和出口。经过这些紧急措
施，证券业、银行业的经营相继回到正轨。

在解决银行危机的同时，罗斯福政府还积极开展失业救济、兴办公
共工程、实施"以工代赈"。政府组建了民间自然资源保护队、民政工程
局、公共工程署等机构，先后吸收150万名青年从事造林、筑路、森林防
火、水土保持等建设。政府还兴办大规模的公共工程。其中最著名的当
属田纳西河流域工程。1933年，罗斯福政府成立田纳西河流域管理局，
负责开发田纳西河流域综合治理工程。在短短几年间，管理局便修建起
八座大坝，"驯服"了常有洪水泛滥的田纳西河，带动了周边经济的发展。
大量的贫民也得到了救济。通过这一系列卓有成效的政策，美国社会渐
趋稳定。

振兴工业和农业也是新政的重要举措。1933年5月，罗斯福批准
《农业经济调整法》，通过向农场主提供补贴的方式，缩减农业生产，以消
除农产品过剩现象、提高农产品价格。6月，国会通过《农业信贷法》，以
解决当时农业信贷困难和小农无力还贷而大量破产的问题。同月，罗斯
福政府颁布《全国产业复兴法》，同时成立国家工业复兴局负责实施该法
令。该法规定将全国的工业划分成17个部门，确定各企业的生产规模、
价格水平、市场分配、工资水平和工作日时数，以避免盲目竞争而导致生
产过剩。

在1933年3至6月间大致100天的时间里，罗斯福政府颁布了15
项立法，基本扭转了美国经济、政治体制濒于崩溃的局面。此后，罗斯福

	新政举措	主要内容
1933	紧急银行法	整顿、监督银行，限制货币的发行，为银行提供流动资金
	1933年银行法	限制银行的投机行为，成立联邦储蓄保险公司保证群众存款安全
	联邦紧急救济法	组建紧急救济署，为贫苦群众提供救济，同时组织"以工代赈"
	田纳西河流域管理局法	在田纳西河流域建立一个从事区域开发的公共公司
	1933年农业调整法	政府鼓励农户削减生产规模并予以资金补偿
	国家工业复兴法	组织国家工业复兴局，减少企业间的盲目竞争，同时组织公共工程局发展生产
1934	紧急救济拨款法	建立工程振兴局，向贫苦民众提供救济，组织"以工代赈"
1935	1935年税收法	提高馈赠税、财产税、所得税，向成功企业和富人征收额外税款
	社会保障法	通过向雇主和雇佣征税来负担失业补偿金、老人和灾难生还者的保险金
	国家劳资关系法	承认工人拥有组建工会和集体谈判的权利，保障工人合法权益
	公共事业控股公司法	规范、限制天然气和电力公司的经营
1937	瓦格纳-斯特高尔国有住宅法	发放低息住房贷款，为城市贫民提供适当住宅
1938	农业调整法	继承1933年法案的内容，继续对削减产量的农场主给予价格支持与补偿，同时又用联邦补偿的方式取代了加工税

金融立法　　　社会保障与社会福利立法　　　工商立法

表 30-3　罗斯福新政的主要内容

政府将改革深入到社会保障与福利领域。为了限制过于悬殊的贫富差距，缓和社会矛盾，罗斯福政府于 1934 年颁布新的法规，在全国实行累进所得税制度。接着又颁布《1935 年税收法》，向有钱人征收重税。1935 年 5 月，政府颁布《国家劳资关系法》，规定工人有罢工、组织工会、选择自己的代表与资方进行集体谈判等方面的权利，并禁止雇主歧视工会会员、干预劳工组织、拒绝与工人集体谈判。这一法律在一定程度上保护了工人的合法权益。8 月，政府颁布《社会保障法》，在全国范围内建立了失业与养老保险体系。1937 年 9 月，政府颁布《瓦格纳—斯特高尔国有住宅法》，成立美国住宅管理局，负责向低收入者提供廉价住房。

　　罗斯福新政挽救了美国。到 1936 年底，美国工业总产量超过危机前的年平均数，农业生产也有较大恢复。虽然经济并不能说是很繁荣，"新政"的一些措施也因为饱受争议而失败，但是美国人恢复了信心和活力，而胡佛镇压退伍老兵的暴行则被轻轻揭过，被人们所遗忘。对于整个世界来说，罗斯福完善了民主体制和资本主义制度。他的"新政"后来成为各资本主义国家广泛效仿的对象。

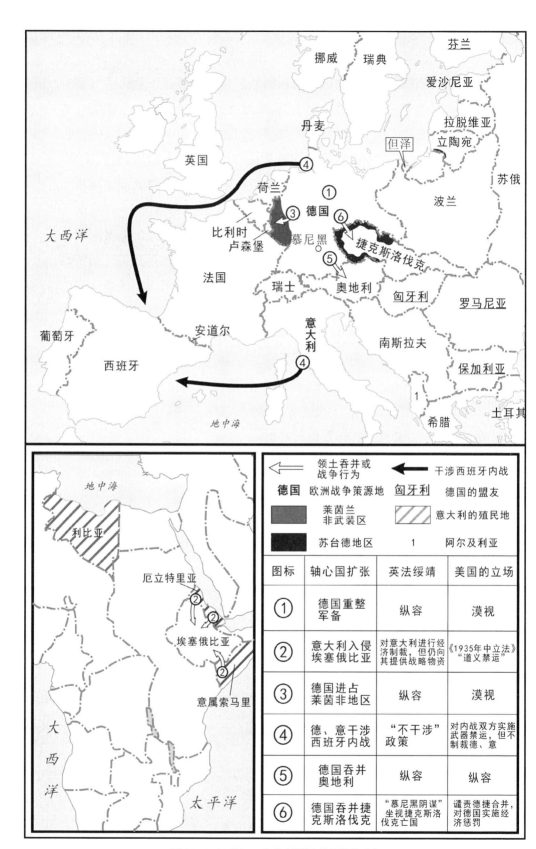

图 31-1 20 世纪 30 年代欧洲战争策源地的形成

31. 走向第二次世界大战

前面提到过，美国是当时世界经济的中心。平时，美国经济"打个喷嚏"，其他国家都要"感冒"许久。1929年经济危机爆发后，在20年代稍有起色的世界经济便如同建筑在沙滩上的城堡一样，迅速崩溃了。面对严峻的经济局势，美国丝毫没有做"负责任的大国"的打算。1930年5月，为了转嫁危机，美国颁布法令，进一步提高890种商品的关税，挑起了关税战，结果作茧自缚。1931年年底，包括英、法在内的25个国家采取报复政策，对美国商品征收重税，到1932年，这样做的国家增加到76个。各国还争相调整货币政策，建立起具有排外性质的经济集团。整个世界市场分崩离析。

在经济危机的冲击中，德国是损失最大的国家之一。1924年，道威斯计划实施后，随着美国资本的涌入，德国经济大有起色。经济危机爆发后，美国资本家不仅停止了对德国的贷款和投资，而且开始逼债。不仅如此，由于世界市场的分裂，德国对外贸易也难以为继。德国的金融业随之崩溃，继之而来的是农业、工业、商业的破产风潮。失业人数猛增。广大中下层民众迫切要求改变现状，而政府无能为力。阿道夫·希特勒领导的纳粹党趁机骗取了人民的支持，夺取了国家政权。1934年8月，希特勒就任"总理兼国家元首"，开始执行大规模的扩军计划。希特勒还有一个盟友，意大利。一战结束后，意大利经济一直不景气。1922年，由贝尼托·墨索里尼领导的"国家法西斯党"夺取了政权，随后建立了专制独裁的法西斯体制。希特勒在执政前，曾对墨索里尼非常仰慕，建立独裁政权时又参照了意大利的制度。法西斯后来便成为德国、意大利及其盟国的统称。

1935年10月，意大利兵分三路、悍然入侵位于非洲东北角的埃塞

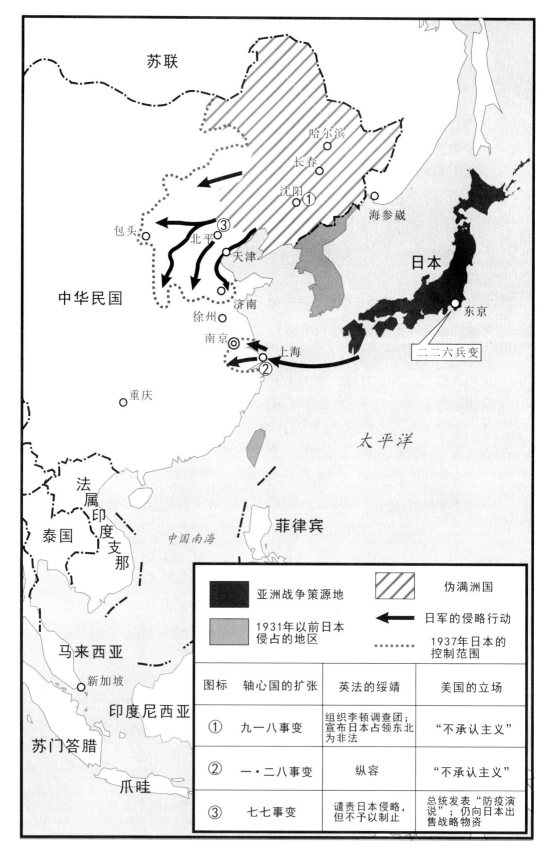

图 31-2 20 世纪 30 年代亚洲战争策源地的形成

俄比亚,迈开了法西斯国家侵略扩张的第一步。当时,控制欧洲政局的英国和法国各怀鬼胎,采取了以牺牲别国为代价,与侵略者勾结和妥协的"绥靖主义"。它们在名义上对意大利进行了经济制裁,实际上仍允许意大利进口石油等重要战略物资,从而纵容了意大利的侵略。1936年5月,埃塞俄比亚被意大利吞并。英法政府的软弱态度由此暴露无遗,而法西斯国家的气焰愈加嚣张。11月,德国和意大利结为联盟,成立罗马—柏林轴心。1936年3月,德军开进莱茵非武装区。7月,德意联合干涉西班牙内战,帮助亲法西斯的佛朗哥叛军推翻了民选的共和国政府。1938年3月,德国吞并奥地利。9月,英法的妥协退让达到了登峰造极的程度。29日,英国和法国领导人与希特勒政府签订了《慕尼黑协定》,允许德国吞并捷克斯洛伐克的部分领土。希特勒则进寸进尺,于1939年3月吞并了捷克斯洛伐克全境(参见图31-1)。

当欧洲渐渐被战争的阴云笼罩时,东亚已是烽火连天。日本是新兴的资本主义国家。与欧美各国相比,它的经济实力还比较薄弱。1929年经济危机爆发后,日本经济遭受沉重打击。为了转嫁危机,1931年9月18日,日军在中国东北的沈阳附近制造事端,随即发动大规模进攻,迅速占领东北全境,史称"九一八事变"。1932年1月,日军又入侵上海,发动"一·二八事变"。由于中国军队的坚决抵抗,日本不得不暂时退却,与中国签订《淞沪停战协定》。有限的扩张并不能解决经济危机。1936年2月,一群激进的少壮派军人在东京发动叛乱,杀害、杀伤十余名政府要员,要求建立法西斯政权,全面扩军备战。这次政变虽然被镇压,但是较为保守的法西斯派别"统制派"却利用人们对政变的恐惧夺取了政权,建立了以军队为中心的法西斯制度。11月,德日签订《反共产国际协定》,结为联盟。1937年7月7日,日军在北平附近挑起"七七事变",发起了全面的侵华战争。中国军队节节败退,北平、南京、武汉等地相继陷落(参见图31-2)。

随着德、意、日法西斯势力的壮大,国际局势愈加险恶。法西斯势力甚至深入被称为"美国后院"的拉丁美洲(参见图31-3)。1938年,巴西发生法西斯党徒刺杀总统的案件。同年,阿根廷建立了具有法西斯性质的独裁政权。

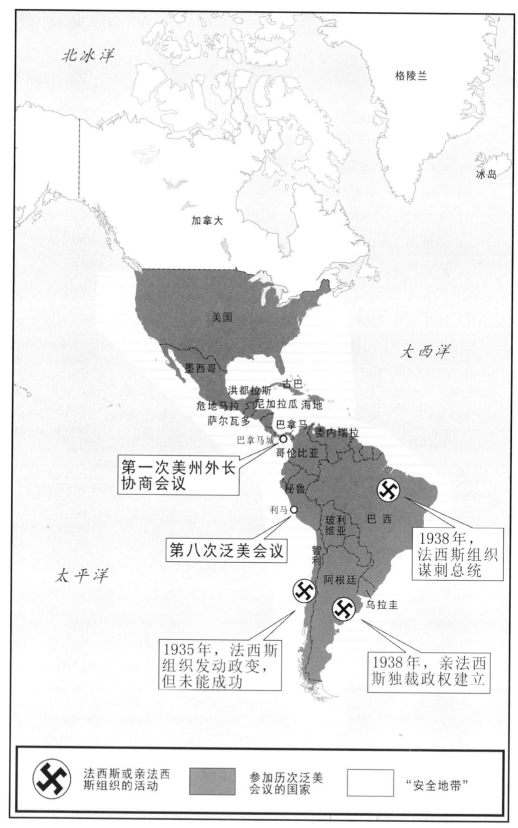

图 31-3 20 世纪 30 年代法西斯势力对拉美的渗透与美国的应对措施

当世界局势趋于动荡的时候,美国人在想什么、在做什么呢? 第一次世界大战后,美国人开始反思这场战争。美国作家沃尔特·米利斯在1935 年出版的《通向战争之路:1914—1917 年的美国》一书中,指出,战争不过是帝国主义列强之间的利益之争,美国 40 万人却为此付出了生命。战争既没有伸张正义,也没有给美国带来益处,但资本家却大发其财。该书在纽约出版之后,随即成为风行全国的畅销书。对一战的反思促成了和平主义思潮的兴起。从 20 世纪 20 年代开始,美国出现了一股以妇女、牧师、大学生为主力的和平运动潮流,各地和平组织层出不穷。经济危机蔓延到全世界以后,德国宣布拒绝支付战争赔款,英法等国便以此为借口停止偿还一战期间欠美国的债务。结果,英法在美国的形象一落千丈。法西斯主义兴起后也对美国政局产生了很大的影响。一些德裔和意大利裔美国人竭力反对政府干涉自己母国的扩张活动。"永不重演美国卷入第一次世界大战的历史",成为美国人民的共同心声。就这样,当世界需要美国承担国际责任的时候,美国人民却决心孤立于世界之外。

由于受到国内孤立主义势力的影响,胡佛和罗斯福的外交政策显得矛盾而软弱。一方面,美国政府反对法西斯国家侵略扩张政策的立场是很明确的。九一八事变后,胡佛政府的国务卿亨利·史汀生就曾发表过"不承认日本用武力造成的任何事态或签订的任何条约或协定"的声明。这种"不承认"的做法后来被称为"史汀生主义",反复出现在 1931 至1939 年美国的外交活动之中。罗斯福在就任总统后,则不断谴责法西斯国家的侵略行径、呼吁世界各国联合起来维护世界和平。他尤其注重美洲各国的团结。1939 年 9 月,美洲 21 国外长在巴拿马举行会议,决定将美洲大陆周围 300 海里海域划为非战安全区。美洲以外的各交战国不得在此海域内进行军事活动。12 月,经过美国的斡旋,美洲各国在利马举行的第八次泛美会议上宣布,"共同关心"可能危及美洲安全的战争威胁。

另一方面,美国确实纵容了法西斯国家的侵略。1935 年 8 月,美国国会颁布了《中立法》,规定美国对交战国实行武器禁运,但既不禁止石油、钢铁等战略物资的出口,也不限制交战国通过第三国进口美国物资。

意大利入侵埃塞俄比亚时,美国政府便根据该法案,宣布对交战双方同时实施武器禁运。然而,意大利是工业国,还能得到德国的支援。埃塞俄比亚却是没有像样工业的弱国。武器禁运只对意大利有利。罗斯福政府曾用道德和正义来规劝本国商人不要向意大利出口石油、煤炭等战略物资。然而,"道义禁运"毫无成效。到1935年末,美国运往意大利的石油比平时多三倍。这些石油满足了意大利机械化部队的需求,大大加快了埃塞俄比亚沦陷的进程。西班牙内战和七七事变爆发后,美国也坚持了这种中立政策。结果,美国成为佛朗哥叛军的最大的物资供应商之一。叛军使用的石油中,有75%以上是从美国买的。日本也从美国获得了包括石油、机器、废钢铁等重要物资。被侵略的国家却切切实实地遭到了美国的禁运,在战争中处于不利的地位。

总的来讲,作为一个新兴的强国,美国虽然有领导世界的理想,却没有承担大国责任的心胸。结果,和平主义没有带来和平,孤立主义也没有让美国独善其身。而孤立时代的外交也给美国人留下了一个疑问:当世界看起来不那么和平、美好的时候,美国有没有权利和义务前去干涉?

32. 民主国家的兵工厂

  1938 年 9 月,英国首相阿瑟·张伯伦在与德国签订了《慕尼黑协定》后,曾公开吹嘘说,他为英国和世界争取到了"我们时代的和平"。然而,事与愿违。1939 年 8 月,意大利外交家齐亚诺曾问希特勒的重要助手、德国的外交部长里宾特洛甫,"里宾特洛甫,你需要的是什么?"里宾特洛甫毫不犹豫地回答:"我们需要战争。"①9 月 1 日,德军大举入侵东部邻国波兰。3 日,英国和法国向德国宣战。第二次世界大战爆发。1939 年 10 月 2 日,格丁尼亚停止抵抗,波兰全境陷落。1940 年 4 月,德军攻占丹麦、挪威。5 月,战火蔓延至法国国境。

  战争的消息传到美国后,舆论大哗。5 月下半月,美国政府增拨国防经费 17 亿美元,用于发展空军和海军。同时,美国陆军也开始了一项大规模扩军计划。6 月 17 日,法国战败投降。7 月,德国发动了旨在入侵英国的海狮计划。为了援助英国,1941 年 3 月,美国政府颁布《租借法案》,向英国提供经济援助。国会拨款 70 亿美元,作为生产和输出租借物资之用。12 月 7 日,日本偷袭珍珠港。美国太平洋舰队遭到重创。

  出于爱好自由的天性,美国人平时动辄批评政府,相互问也经常争执个不停。然而,一旦美国的尊严或利益受到公然侵害,美国人立刻毫不含糊地拥护政府、支持战争政策。日本的袭击触动了美国人的逆鳞。孤立主义的言论几乎在一夜之间就消失殆尽。8 日,美国向日本宣战。11 日上午,德国、意大利向美国宣战。下午,美国向德、意宣战。

  1941 年 12 月、1942 年 3 月,美国国会先后通过了两部《战时权力

---

  ① [德]克劳斯·费舍尔著,余江涛译:《纳粹德国:一部新的历史》(下),江苏人民出版社 2005 年版,第 471 页。

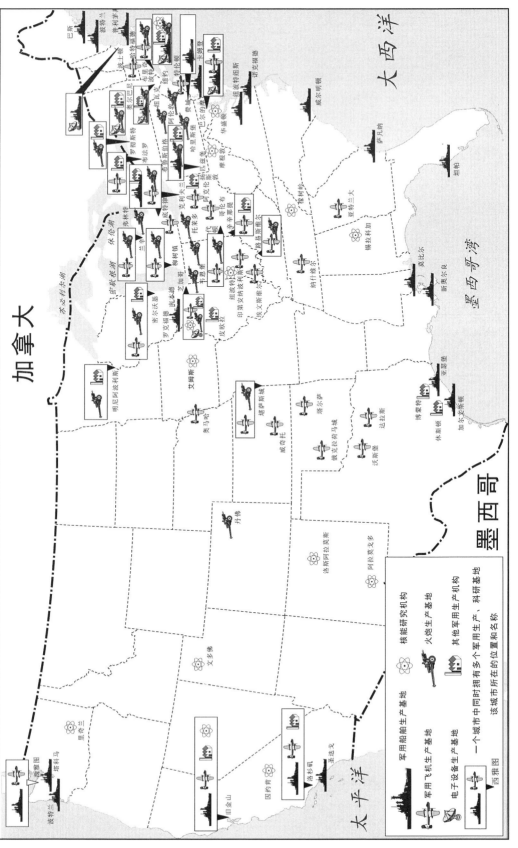

图 32 - 1 第二次世界大战期间美国的军工生产

法》，授权总统根据国防需要支配美国的经济资源。根据国会授权，罗斯福政府先后成立战时生产局、经济稳定局、战时动员局等机构，将国民经济全面纳入联邦政府的控制之下。

1941 至 1945 年间，美国政府对于工业、基础设施的投资达到 282 亿美元，其中纯军事工业投资总额为 160 亿美元。政府还投入巨资采购大量军需物资。受益于源源不断的政府开支，舰船、火炮、航空、电子、核能等产业有了显著的发展。美国参战时，它的军工生产总值不过 84 亿美元，远远赶不上德国、苏联，甚至不如英国、日本。然而，到 1942 年，美国的军工生产总值便猛增至 302 亿美元，等于德意日三国军事生产的总和。1944 年，军工生产总值达到 640 亿美元以上，几乎相当于其他所有参战国军工生产的总和。如图 32‑1 所示，东部、中西部，特别是五大湖区，吸纳了大部分国家投资，成为美国最重要的军工生产中心。老牌重工业城市芝加哥、底特律、匹兹堡、克利夫兰、纽约、巴尔的摩等城市成为重要的军需生产基地。此外，太平洋沿岸的西雅图、旧金山、洛杉矶，南部的休斯敦、新奥尔良、亚特兰大等城市也因此愈加繁荣。

在众多的军需生产基地之中，弗吉尼亚的纽波特是最耀眼的明星。在这座城市里，有着美国乃至全世界最大的造船厂纽波特纽斯造船及船坞公司。该厂成立于 1886 年，建立不久便与美国军方展开了紧密的合作。20 世纪初，该厂为美军制造了六艘战列舰以及一定数量的驱逐舰。一战后，该厂开始研制、生产航空母舰。后来在战争中大放异彩的"约克城"号、"企业"号及"大黄蜂"号航空母舰便是它的杰作。第二次世界大战期间，该厂又建造了九艘主力航空母舰。在当代，它是美国唯一能够建造核动力航空母舰的造船厂。

除了进一步增强国防实力之外，罗斯福政府还尽可能地援助反法西斯国家。1939 年末，经过罗斯福的艰苦努力，美国国会修改了《中立法》，撤销武器军火禁运条款，实行现购自运原则。1940 年 6 月，德国入侵法国后，美国秘密向法国政府提供了一批军用飞机。9 月，英国在纳粹海空军沉重打击下苦苦挣扎时，罗斯福又顶住孤立主义者的压力，向英国有偿提供了 50 艘驱逐舰。《租借法案》颁布后，罗斯福政府更是放开手脚，去支援每一个遭到法西斯势力入侵的国家（参见图 32‑2）。

在执行《租借法案》的过程中，有一种装备大放异彩。那就是自由

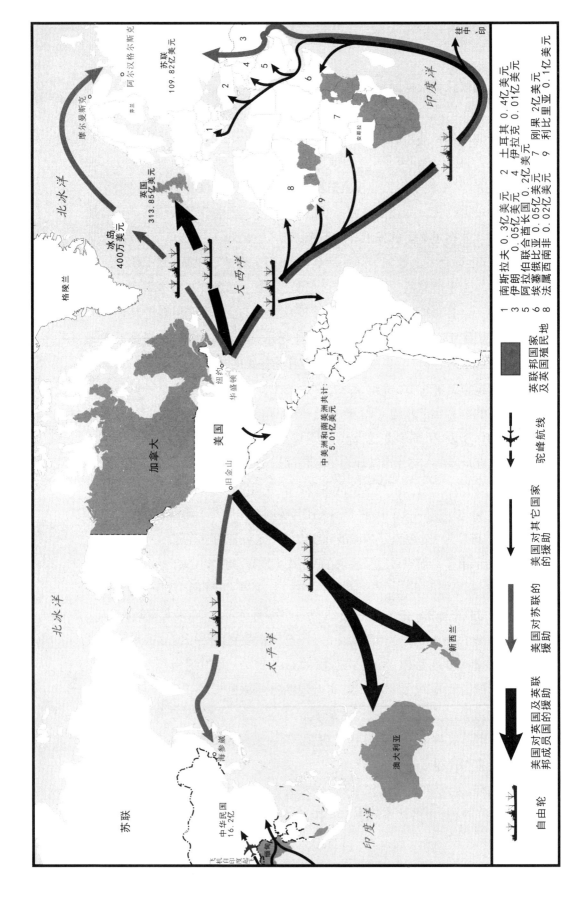

轮,一种便于建造、能够装载 9 300 吨到 10 500 吨的货物的远洋船舶。它的最大特点是采用流水线生产模式。每艘自由轮都由 120 个预制件组成。预制件由不同的工厂生产出来后,统一运到船坞组装,从而大幅提高生产效率。1942 年 11 月,里士满船厂建造的"罗伯特·皮尔里"号自由轮,从开始建造到建成下水,全部建造时间只用了 4 天 15 小时零 29 秒。第一艘自由轮建成时,罗斯福总统曾说道:这些船只将给欧洲带来自由。自由轮便因此得名。战争期间,18 个美国造船厂共计建造了 2 751 艘自由轮。它们成为运输援助物资的主力军。

运输物资的旅途充满了危险。无数德国潜艇如饿狼般巡弋于大洋之上,大肆袭击美国船只。当时,美国援助苏联的主要航线有两条,一条是经由大西洋、北冰洋到达苏联港口阿尔汉格尔斯克或摩尔曼斯克的"北极航线",另一条则穿越太平洋到达海参崴。从战局来看,海参崴远离前线,不利于苏联使用援助物资。美日开战后,这条航线也被封闭了。"北极航线"便成为最重要的援苏物资运输通道。由于北冰洋气候恶劣,航线上危机重重。不仅如此,德国也派出战列舰、潜艇和轰炸机,极力封锁航线。1942 年 7 月,航线上发生了其历史上最悲壮的一幕。当时,指挥护航舰队的英国指挥官接到情报说,几艘强大的德国战列舰将会袭击舰队,而护航舰队中没有能够与之对抗的船只。4 日晚 9 时,护航舰队逃走了,但运输船仍毅然驶向目的地。途中,每艘运输船都遭遇了难以言表的危险,有的被击沉,有的在荒岛搁浅。最终,36 艘运输船中只有 11 艘到达苏联。惨重的损失没有吓到美国人。他们又组织了起新的船队。在战争期间,"北极航线"从未中断。

经过美国工人、船员、水兵们的不懈努力,大量的物资被源源不断地输往各个反对法西斯的国家。其中,英国是最大的受援国,在战争期间享受到了价值 313.85 亿美元的贷款和物资援助。1941 年 6 月,德国入侵苏联后,苏联很快成为第二大受援国。据统计,美国共向苏联提供了 1.5 万余架飞机、7 000 辆坦克、5 万多辆摩托车、近 40 万辆卡车、3 万多辆摩托车,数百艘军用船只,包括 42 万多部军用电话在内的通讯、医疗、运输、工业生产设备以及大量的食品、燃料、工业原料和半成品。其他的国家,例如中国、土耳其等,也得到了大量的资金或物资援助。

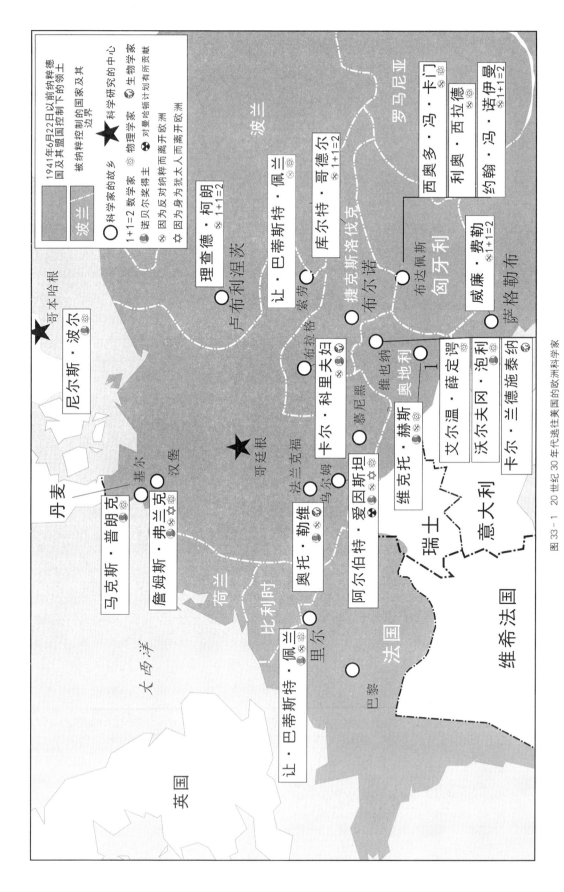

图 33-1 20 世纪 30 年代逃往美国的欧洲科学家

33. 美国成为世界科学研究中心

法西斯的兴起导致了世界局势的动荡。德、意、日法西斯国家对外侵略扩张，对内血腥镇压进步力量，肆意欺压弱小民族。在德国，希特勒政府发起了大规模的排犹运动。1935年9月，德国政府颁布《纽伦堡法令》，剥夺犹太人的一切权利。1938年11月9日晚间，有约1574间犹太会堂、超过7 000家犹太商店、29间百货商店遭暴徒焚毁，史称"水晶之夜"。此后，德国政府公开剥夺犹太人的财产，并强迫犹太人佩戴有侮辱性的身份标志。法西斯国家发动全面战争后，无数和平居民在纳粹的铁蹄下呻吟、挣扎。人们期待的眼光投向大洋彼岸，希望能够前往美国避难。然而，对于普通民众，美国非但没有敞开怀抱，反而关起了大门。1939年，大批犹太难民乘坐"圣路易"号客轮，从欧洲逃往美国。然而，就在纽约自由女神像下面，政府官员拒绝了他们的入境申请，而且强迫客轮返航。在返航途中，船只遭到德国潜艇袭击。难民们无一生还。

不过，欧洲难民之中还有一类特殊的人群——科学家。当时，欧洲是世界科学研究的中心，聚集了世界上最优秀的科学家。然而，面对纳粹的铁蹄，这些本该在象牙塔里探究真理的精英们也不得不做出自己的选择。有的人选择为虎作伥，为纳粹研究杀人武器，但更多的人决心告别故土。美国政府对于普通欧洲难民摆出一副铁石心肠，但对于这些科技人才却是求贤若渴。政府不仅为科学家迁居美国、在美国就业、定居提供种种便利，而且在战争中还派出特种部队，从事绑架、护送欧洲科学家的特殊任务。美国的首富们也慷慨解囊。1933至1939年间，洛克菲勒基金会就为前往美国定居的科学家们提供了50万美元的定期生活补贴，帮助他们适应美国生活。经过这一番努力，到第二次世界大战前，已有12名诺贝尔奖获得者以及"数百名几乎享有同等声誉的学者"前往美

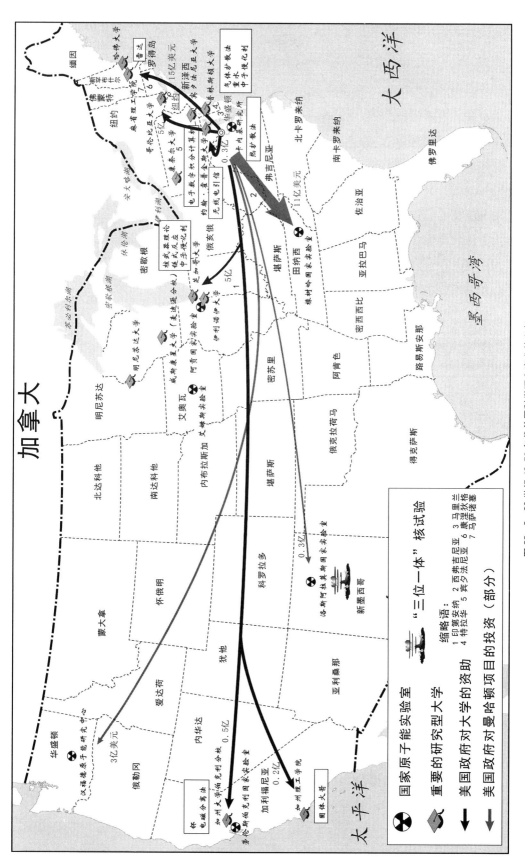

图 33-2 20 世纪 40、50 年代美国科学研究事业的兴起

国定居。图 33 - 1 反映了其中最重要的一部分物理学家、生物学家、化学家和数学家。

欧洲科学家们一到美国就立即发挥了重大的作用。以物理学为例，在希特勒上台前，德国曾是尖端核物理研究的中心。1907 至 1916 年，犹太裔科学家阿尔伯特·爱因斯坦在德国乌尔姆提出了狭义相对论，总结出著名的质能转换公式，为原子核物理学的发展和应用提供了理论基础。由于纳粹的迫害以及对专制独裁政权的厌恶，爱因斯坦于 1933 年逃出德国，辗转来到美国，在普林斯顿大学任教。1939 年，爱因斯坦受一群同样流亡美国的欧洲科学家所托，说服罗斯福支持研制原子弹的工作。他的建言取得了历史性的成功。1940 年，罗斯福政府成立国防研究委员会，大力倡导原子能研究。于是，美国在原子能研究领域的成就渐渐超过了德国。1942 年 8 月 11 日，美国政府正式制订研制原子弹的"曼哈顿计划"，在田纳西州的橡树岭、新墨西哥州的洛斯阿拉莫斯等地建立了原子能研究中心。经过科学家们的不懈攻关，1942 年 12 月 2 日，意大利籍物理学家恩里科·费米指导芝加哥大学的师生建成人类历史上第一个实验性原子能反应堆。1945 年 7 月 16 日，世界上第一颗原子弹在新墨西哥州阿拉莫戈多试爆成功。人类由此进入了原子能时代。

在空间和火箭技术上，美国科技的进步也得益于欧洲科学家。在这项科技上，德国原本也走在美国的前面。1944 年 6 月 13 日，德军发射了现代火箭的鼻祖 V - 1 导弹。9 月 6 日，德军又发射了人类历史上第一种弹道导弹 V - 2 导弹。这种导弹达到了当时世界火箭技术的最高水平。不仅如此，1942 年，德国试飞了人类历史上第一架用于实战的喷气式战机 Me - 262。美国到 1945 年才拥有类似的技术。不过，德国战败后，美国抢先占领德国的火箭研究中心，成功地抓捕了以布劳恩为代表的一大批火箭专家和工程技术人员，使美国一跃而成为世界顶尖的火箭技术强国。此外，欧洲科学家还在理论物理、电子计算机、空间雷达、无线电、医药、合成橡胶等领域为美国作出了重大贡献。

大批欧洲科学家的到来充实了美国的高等院校，使其教育、科研能力有了显著的提高。二战全面爆发后，为了研究新式武器，1941 年，罗斯福总统下令成立科学研究和发展局，负责协调、组织、资助全国的国防科学研究。其中，为了研发雷达，麻省理工学院得到了 15 亿美元的研究经费，而哥伦比亚大学、加利福尼亚大学伯克利分校、芝加哥大学、明尼苏达大学等学校分享了 20 亿美元的核武器研发投资。加州理工学院和约翰·霍普金斯大学则分别成为美国固体燃料火箭和无线电引信雷达的研究中心。包括田纳西州的橡树岭国家实验室、汉福德原子能研究中心、洛斯阿拉莫斯国家实验室在内，政府直属的一些研究机构也获得大笔的资助。

在受援助的大学中，最成功者莫过于麻省理工学院。该校成立于 1861 年，坐落在马萨诸塞州剑桥市，是一所综合性私立大学。在 20 世纪初，麻省理工学院曾以北美第一座物理化学实验室和《控制论》的作者诺伯特·维纳而闻名于世，但与欧洲的老牌名校，例如英国的牛津大学、剑桥大学相比，还有很大的差距。20 世纪 30 年代，卡尔·康普顿在担任校长期间与政府展开了全面合作，使得学校的科研实力迅速增强。1940 年，该校与美国军方合作，成立了美国第一个位于大学内部的军事实验室——辐射实验室，从此赢得了巨额的政府资助，并奠定了它在雷达、辐射领域的领先地位。时至今日，麻省理工学院已成为美国及世界最优秀的理工大学，有"世界理工大学之最"的美名。由于不断为美国军方研发先进武器，该校又获得了"战争学府"的绰号。

创办于 1891 年的加州理工学院则是另一个成功的典范。它坐落于加利福尼亚州的帕萨蒂纳。在 20 世纪 20 年代，该校就培养了两位诺贝尔奖获得者：物理学家罗伯特·密立肯和生物学家托马斯·摩根。该校自建校以来就以善于筹款和"挖角"闻名。1929 至 1945 年，密立肯在担任院长期间从洛克菲勒基金以及当地富商那里筹到数以千万计的资金援助，从国家那里也得到了数亿的拨款。充裕的资金使得该校能够购买最先进的科研设备。密立肯也大胆招募欧洲科学家。著名的航空航天专家匈牙利籍科学家冯·卡门、物理学家爱因斯坦等都曾于该校任教。我国著名科学家钱学森也曾任该校副教授。当今，加州理工学院已经在物理、行星科学、地理学领域成为公认的全美第一，世界第一。

哈佛大学、宾夕法尼亚大学等老牌名校也绽放出新的光彩。1942 年 8 月，为了满足为陆军研究火炮弹道、计算火力表的需求，宾夕法尼亚大学莫尔电工学院的青年物理学家约翰·莫克利提出了人类历史上第一条电子计算机的设计方案"高速电子计算机装置的使用"。他的方案得到了军方的大力支持。1945年底,莫克利带领的技术小组成功制造出人类历史上第一台电子计算机。尽管这台计算机足有30多吨重,是一个占地170平方米的大家伙,但它的出现预示着信息化时代的到来。

总的来讲,在第二次世界大战期间,美国已经获得了问鼎世界科研中心的实力。战后,美国政府进一步加强了对科学研究的支持。到50年代,美国已经成为无可争议的世界科研中心。科技的进步为美国军队源源不断地提供先进武器,为战胜法西斯创造了有利条件。不仅如此,科学技术是第一生产力。美国科技的跨越式发展为战后美国经济的繁荣奠定了坚实的基础。不过,核武器的发明和火箭技术的进步也深刻地影响了战后国际关系格局,一度将整个世界笼罩在核战争的阴影之中。

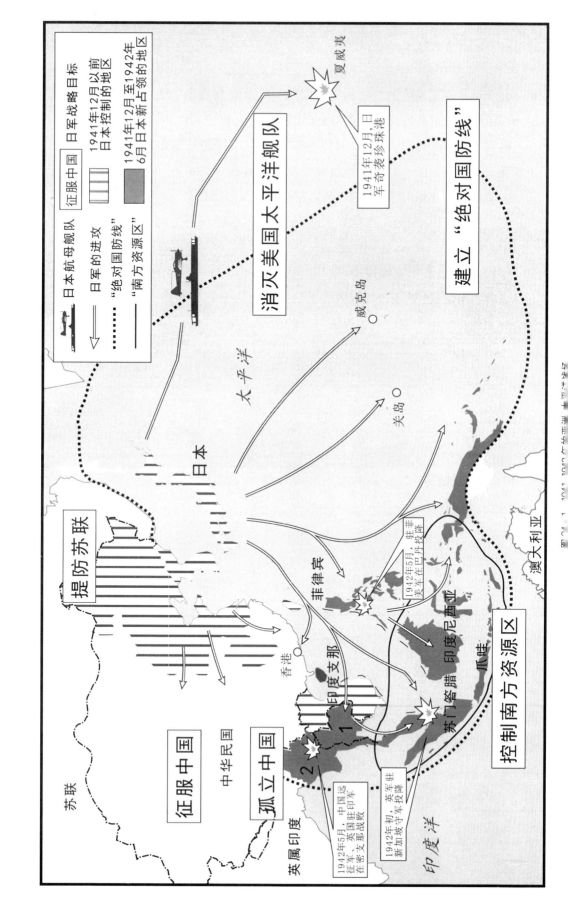

图 24-1　1941—1942 年的亚洲、太平洋战场

图例

日本航母舰队

日军的进攻

"绝对国防线"

"南方资源区"

日军战略目标　征服中国

1941年12月以前日军控制的地区

1941年12月至1942年6月日本新占领的地区

苏联

提防苏联

中华民国

征服中国

孤立中国

英属印度

印度洋

1942年5月，中国远征军、英国驻印军在缅甸战败

1942年初，英军驻新加坡守军投降

香港

印度支那

1

2

苏门答腊

印度尼西亚

爪哇

控制南方资源区

菲律宾

1942年5月，驻菲美军在巴丹投降

日本

关岛

威克岛

太平洋

日本航母舰队

消灭美国太平洋舰队

1941年12月，日军奇袭珍珠港

夏威夷

建立"绝对国防线"

澳大利亚

34. 美军在亚洲、太平洋地区的作战

　　1941年12月7日凌晨，对于很多日本人来说，这是一个不眠之夜。因为，在大洋上，一支由6艘航空母舰、2艘战列舰、23艘其他舰船和近400架飞机组成的庞大舰队正在秘密驶往珍珠港。东京时间12月8日3时23分，日本联合舰队司令部和战时大本营同时收到电报："虎、虎、虎"，意为"我奇袭成功"。在接下来的不到两个小时的时间里，日军的飞机在珍珠港上空肆虐，取得了击毁美国飞机188架、击伤159架、击沉和重创19艘美国军舰的惊人战果。美国太平洋舰队的主力战列舰几乎全军覆没。随后，日军向资源丰富的东南亚发起了全面进攻。1942年5月6日，经过6个多月的激战，美国在亚洲最大的殖民地菲律宾陷落。

　　战前，日本政府曾定下征服中国、消灭美国太平洋舰队等战略目标。经过不到半年的作战，其中控制南方资源区和孤立中国的目标已经完成了（参见图34-1）。尽管日本的攻势咄咄逼人，罗斯福政府仍清醒地认识到：美国的主要敌人是德国。一旦德国征服了整个欧洲，美国就会输掉战争。1941年12月至次年1月，经过反复磋商，英美两国共同制定了"欧洲第一"的战略方针，决心"首先打败德国，同时遏制日本"。

　　为了贯彻该方针，美国取道印度、缅甸向中国提供了大量援助，让中国来牵制日军主力。美国第14航空队在陈纳德将军的带领下来到中国。他们屡立奇功，被国人亲切地称作"飞虎队"。1942年3月，日军攻占缅甸，切断了当时中国唯一能够接受外援的通道。为了继续向中国输送物资，美国开辟了一条从印度出发、飞越喜马拉雅山脉、最终到达昆明的"驼峰"航线。

　　美国部署在亚洲、太平洋地区的军事力量也想尽办法打击日军。1942年5月，美军对途经珊瑚海的日本舰队发起了突袭。经过两天的

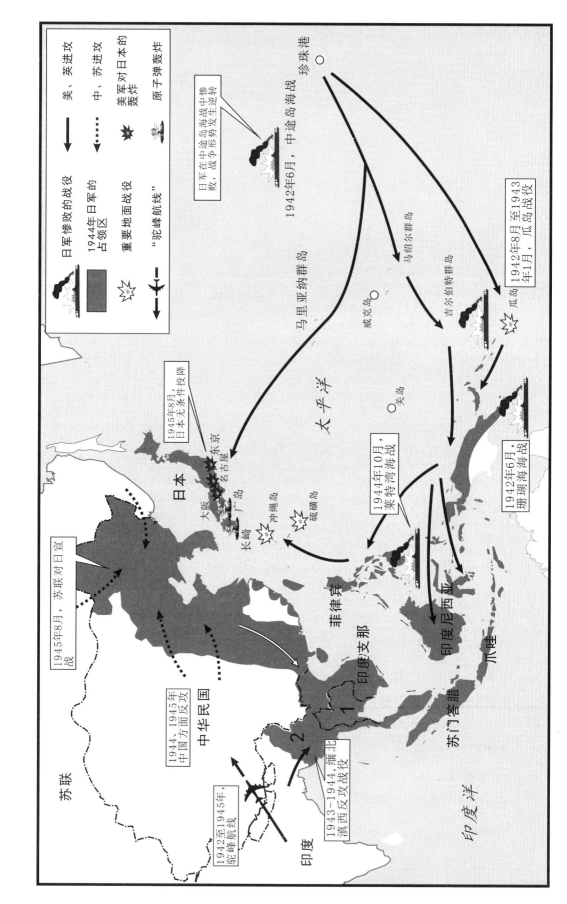

激烈战斗,美军击沉日本军舰5艘、飞机100架,取得了战争以来的第一场胜利。日本人并不甘心自己的失败。6月,日军纠集近200余艘军舰,扑向美国重要的海军基地中途岛,而美军只有76艘各类舰船可供迎敌。不过,美国情报人员破译了日军的通讯密码,对日本人的计划了若指掌。4日,美国的侦察机发现了日军的主力航母编队的确切位置。美国海军将领尼米兹当机立断,出动航母舰载机袭击日本舰队。骄横的日本人浑然不知大祸将至。当美国飞机飞临日本航母的上空时,日军正忙着给飞机装弹。甲板上堆积的大量弹药既让日本战斗机难以起飞迎敌,又让航空母舰变成了一个"弱不禁风的移动火药库"。经过一番激战,美军以损失1艘航空母舰的代价,击沉4艘日军主力航空母舰。日本海军的刀锋——航空母舰部队从此一蹶不振。8月,美国海军陆战队对日军驻守的瓜尔格纳岛发起进攻,由此引发了长达半年的瓜岛争夺战。在瓜岛外围的海域,美日两国的海军也进行了惨烈的搏杀。日军最终遭到惨败,付出伤亡2.5万人、损失舰艇24艘、飞机600架的沉重代价。

经过这一系列战役,日军的军事实力遭到了大幅的削弱。相反,美国越战越强,完全占据了战争的主动权。从1943年起,美军相继占领塞班岛、关岛、莱特岛、硫磺岛和冲绳岛等战略要地,逼近日本本土。从1944年开始,美国空军还以新式轰炸机B-29式超级空中堡垒为主力,对日本本土展开大规模轰炸。1945年8月,美国轰炸机相继在广岛、长崎投下原子弹。这两座城市瞬间被炸成废墟。同月,苏军发起远东战役,闪电般占领了长期为日军所盘踞的中国东北。15日,四面楚歌的日本政府宣告投降。

日本是一个尊奉强者的国家。美军的英勇战斗不仅打败了日本的军队,而且征服了日本人的心灵。二战结束后,日本全心全意地学习美国的政治制度、经济模式和思想文化,成为美国在亚洲的重要盟友。

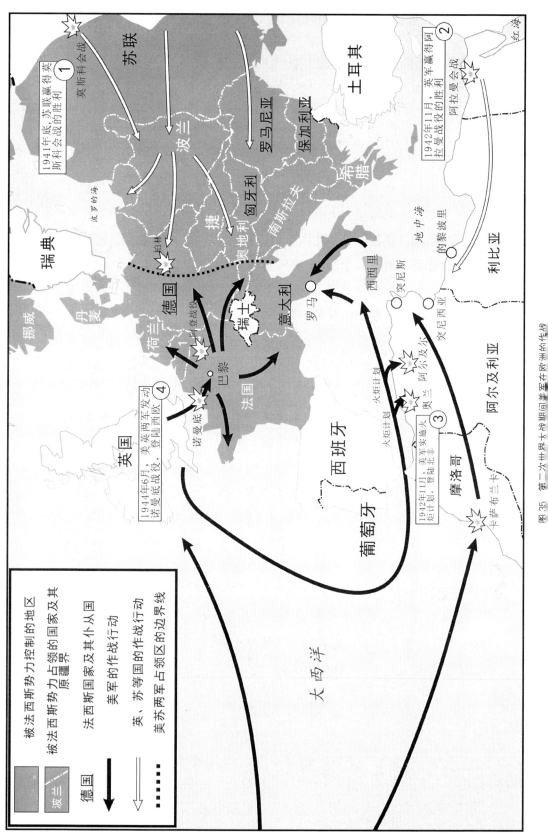

图 35　第二次世界大战期间美军在欧洲的作战

35. 美英两国在北非、欧洲的作战

美国参战后,"首先击败德国"一直是它最重要的战略目标。围绕着这个目标,美国大力援助英国和苏联,出动轰炸机轰炸德国的军工设施,最终出兵北非和欧洲。图35反映了美军在北非和欧洲战场的战斗。

1941年底,苏联军队取得了莫斯科会战的胜利。德军的"闪击战"遭到挫败。面对苏军的顽强抵抗,精锐的德军主力被牵制在苏联境内。德国统帅部只能在北非和西欧部署一支不太强的武装力量。其中,北非地区的德军主力被英国人牵制在埃及、利比亚一带。大西洋沿岸的兵力空虚。

1942年,美英军事专家在伦敦会晤,决定于1942年秋在北非实行代号为"火炬"的登陆计划,以清除德、意在非洲的侵略据点。11月3日,英军在埃及的阿拉曼地区决定性地击败了德军主力,为盟军的进攻开了一个好头。11月8日凌晨,美英集结了由13个师、450艘战斗舰艇和运输船只组成的庞大军队。全军共计10.7万人,编为西部、中部、东部三个特混舰队。在美国将领德怀特·艾森豪威尔的指挥下,三支舰队分别在阿尔及尔、奥兰、卡萨布兰卡一带登陆。"火炬"行动展开。经过一番的激战,11月底美英联军彻底占领了整个摩洛哥和阿尔及利亚,并深入突尼斯境内。1943年4月,伯纳德·蒙哥马利率领的英军和艾森豪威尔率领的美英联军分别从西、南两个方向夹击退守突尼斯的德意军队。5月13日,25万德意侵略军走投无路,举手投降,北非全境解放。

北非登陆战役为尔后的西西里和诺曼底登陆战役提供了经验。1943年7月10日,巴顿和蒙哥马利指挥的16万美英登陆大军分乘3200艘军舰和运输船,在1000架飞机掩护下,登陆意大利西西里岛。战役历时38天,歼灭德意军队16.5万人,占领全岛。美英军队的胜利震撼了意大利政坛。7 月 25 日，以意大利国王为首的军政官员发动政变。墨索里尼政府被推翻。9 月，意大利向盟军投降，法西斯轴心国开始瓦解。10 月 13 日，意大利新政府向德国宣战。与此同时，美国空军还和英国空军一道，对德国展开了大规模的战略轰炸，不仅重创了德国铁路、工厂、仓库、城市和石油供应基地，而且摧毁了德国在西欧的空军力量，夺取了制空权。

1943 年 11 月底，英、美、苏三国首脑在伊朗召开了历史性的德黑兰会议，决定在 1944 年 5 月底实施欧洲登陆计划，开辟欧洲第二战场。后来，由于登陆规模扩大，实际登陆日期推迟到 1944 年 6 月 6 日。当日，美、英军队在法国北部诺曼底地区发起了第二次世界大战期间规模最大的登陆战役。参战盟军共计 36 个师，总兵力 288 万人。全军在万余架各类飞机、9 000 艘海军舰艇的掩护下，以摧枯拉朽之势向德军发动猛烈进攻。战前英美两国巧妙地愚弄了希特勒，使他将德军主力调往了别处。因此，当美国人和英国人打上门时，防守诺曼底地区的德军只有 9 万余人。经过 43 天的战斗，英美联军彻底击败了德国守军，在法国沿海牢牢地站稳了脚跟。随后，联军开始向法国内地突进。8 月 15 日，法国首都巴黎光复。1944 年秋，美英联军逼近德国西部边境。12 月，德军集中了最后的机动兵力，企图在阿登地区发动一场"闪击战"，围歼美军主力，从而迫使美英联军与德国单独媾和。然而，在美、英两军的顽强抵抗下，德军的攻势遭到了挫败。它在西欧的精锐部队损失殆尽。美英联军乘胜追击，迅速攻入德国本土，一直打到易北河畔，并在这里与苏联红军胜利会师。1945 年 4 月底，苏军攻占柏林，希特勒畏罪自杀。5 月 7 日，希特勒的继承人卡尔·邓尼茨向盟军投降。德国法西斯政权彻底覆灭。

美、英两国在北非、西欧地区的进攻沉重地打击了德军的有生力量，有力地支持了东线苏军的抗战，大大地加速了德国法西斯的灭亡，为世界反法西斯战争的胜利作出了重要贡献。战争结束后，美军就留在了西欧，将它变成了美国的势力范围。

36. 勾勒战后的世界蓝图

在珍珠港事变以前,美国的老百姓常常有一种优越感。他们觉得大西洋和太平洋就像两道牢不可破的城墙,将美国隔离于邪恶、肮脏、混乱的旧世界之外。就算外界战火滔天,美国人也可以自由自在地过自己的生活。第一次世界大战结束后,他们一看到自己的国家没在巴黎和会上捞到什么像样的好处,就心甘情愿地放弃了领导世界的打算。然而,血淋淋的事实告诉美国人:随着科学技术的进步,大洋已不再是天堑。今天,日本人的航母和飞机可以在几个小时内把精锐的美国舰队送进海底。明天,某个更强大的国家就能在一夜之间把纽约、华盛顿和洛杉矶化为一片火海。对于美国人来说,不管乐意还是不乐意,孤立主义已经过时了。

美国国力的膨胀也让美国人充满了自信。战争期间,由于本土被轰炸或沦为战场,英国、法国、德国等老牌强国满目疮痍,濒临破产的边缘。相比之下,美国本土仅仅挨了日本的几颗气球炸弹,损失几片森林而已,而汹涌而来的军事订单更令美国经济空前繁荣。在第二次世界大战停火前后,美国在资本主义世界工业生产总额中所占的比重已由战前的42%进一步上升到53.4%,是西欧和日本总和的两倍多。英国、苏联等反法西斯国家甚至必须依赖美国的援助才能生存、战斗下去。在战场上,美军也起到了决定性的作用。据统计,美军共歼灭德意日三国军队近500万人,击毁击伤各类飞机9 000余架,击沉舰船1.3万余艘。到1945年,美国武装部队已拥有兵员1 200万人、主力航母40艘、护航航母122艘、各型飞机近20万架。美国人还拥有世界上独一无二的原子弹技术。

以民意和国力为后盾,美国参战后,罗斯福政府积极介入国际政治。

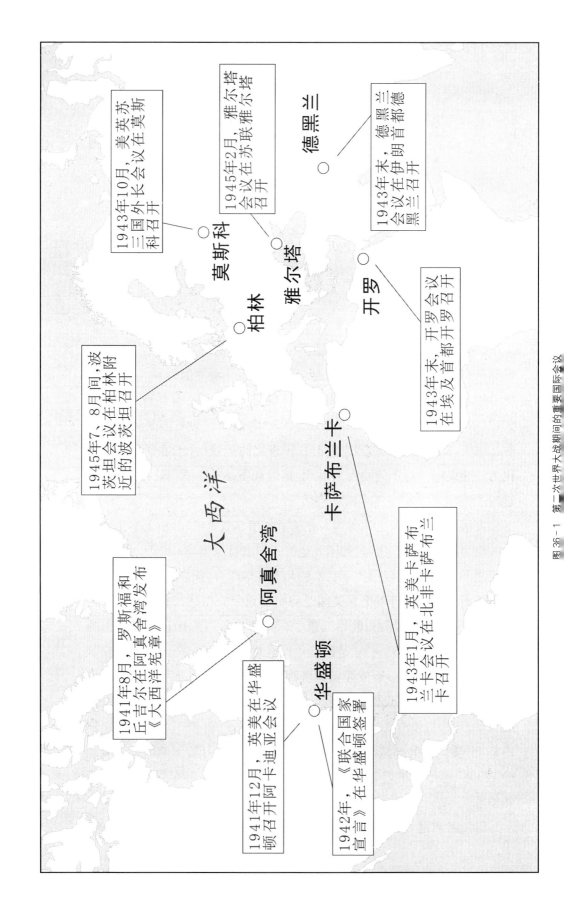

图 36-1 第二次世界大战期间的重要国际会议

1941 年 8 月 9 日,罗斯福与英国首相丘吉尔在纽芬兰的阿真舍湾会晤。会上,他们共同颁布了由罗斯福政府起草的《大西洋宪章》。宪章的内容包括:反对以不民主或强迫的方式划分或转让领土;各国人民都应享有主权和自治权;在平等条件下,所有国家都有相互通商和享有世界各地原料的权利,不过也"应适当考虑到他们目前的义务";通过国际经济合作,保证提高劳动水平,加速经济发展,改善社会治安;保障各国安全、消除人类的恐惧与匮乏;海上航行自由;解除侵略者的武装,建立一个广泛、持久、普遍的安全体制。这部宪章后来成为战后世界蓝图的总纲领。9 月 24 日,苏联宣布接受《大西洋宪章》的基本原则。12 月 9 日,美英两国首脑在"阿卡迪亚会议"上正式颁布了《联合国家宣言》。该宣言要求签字国在遵循《大西洋宪章》的基础上,运用自身全部军事、经济资源,和法西斯侵略者战斗到底。1942 年 1 月 1 日,美、苏、英、中等 26 国代表在华盛顿正式签署《联合国家宣言》。国际反法西斯统一战线由此诞生。

到 1943 年,全球各个反法西斯战场上的形势都发生了转折,法西斯国家的覆灭已成定局。各国领导人可以拿出更多的精力商讨战后安排问题。建立一个新的国际组织以代替国际联盟是人们关注的一项重要议题。1943 年 10 月,美、英、苏三国在莫斯科举行外长会议。会上通过了由美国政府起草,经美、苏、英、中四国签字的《四国关于普遍安全的宣言》,宣布尽快根据"一切爱好和平国家主权平等"的原则,建立一个囊括世界上所有国家的国际组织,以维持国际和平与安全。1944 年 8 月,在华盛顿近郊的敦巴顿橡树园会议上,美、苏、英、中四国根据"四国宣言"拟定了《关于建立普遍国际性组织的议案》。议案就联合国的宗旨、原则、成员国资格、组织结构等问题做出了规定,确立了美、英、苏商定的"大国一致"原则。1945 年 4 月 25 日,50 个国家的 282 名正式代表在旧金山召开联合国制宪会议。6 月 25 日,会议一致通过《联合国宪章》,第二天举行宪章签字仪式,10 月 24 日宪章正式生效。联合国正式成立。在联合国的 51 个创始国中,有 6 个来源于苏联及其盟国,有 34 个则是在美国控制下的西欧和拉丁美洲国家。很显然,美国在联合国中占据了绝对优势,从而将这个国际组织变成了美国称霸世界的工具。

惩治战败国、划分势力范围和确定某些国家的疆界同样是各国首脑

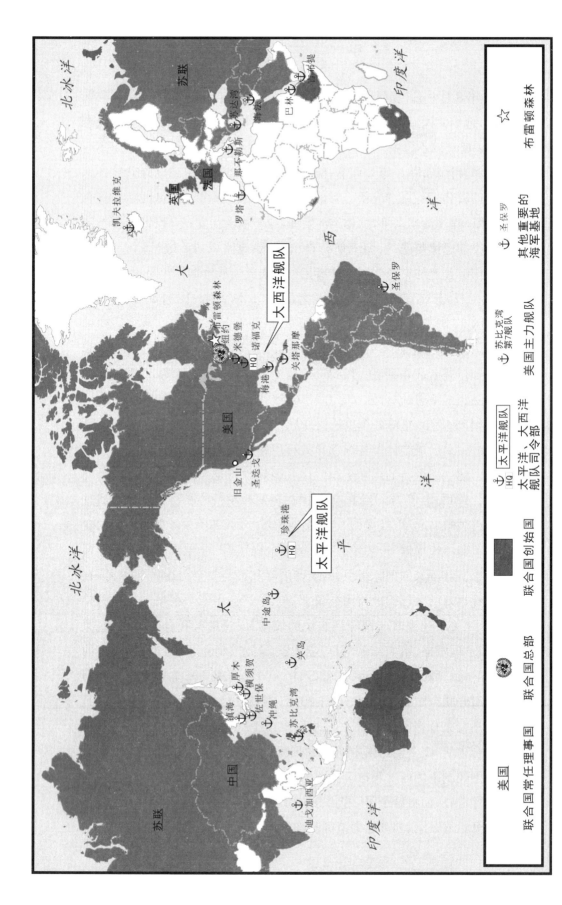

北冰洋

苏联

英国

凯夫拉维克 ⚓

布雷顿森林 ☆

纽约

美国

旧金山 ○
圣选戈 ⚓

米德堡 ⚓
HQ 诺福克 ⚓

梅港 ⚓

塔那摩 ⚓

关塔那摩

大西洋

大西洋舰队

太平洋舰队
HQ 珍珠港 ⚓

太平

洋

中途岛 ⚓

关岛 ⚓

厚木 ⚓
横须贺 ⚓
佐世保 ⚓
冲绳 ⚓
苏比克湾 ⚓

镇海 ⚓

中国

苏联

迪戈加西亚 ⚓

北冰洋

印度洋

印度洋

罗塔 ⚓

那不勒斯 ⚓

法国

苏达湾 ⚓
海法 ⚓

巴林 ⚓

吉布提 ⚓

圣保罗 ⚓

印度洋

美国	联合国常任理事国
▨	联合国创始国
⚛	联合国总部
⚓ HQ 太平洋舰队	太平洋、大西洋舰队司令部
⚓ 太平洋舰队	美国主力舰队
⚓ 苏比克湾 第7舰队	
⚓ 圣保罗 其他重要的海军基地	
☆ 布雷顿森林	

关注的议题。1943 年 11 月,中、美、英三国首脑在埃及召开了开罗会议。会议通过了《开罗宣言》,宣布:三国将坚持对日作战直到日本无条件投降为止。日本通过侵略扩张的方式所窃取到的领土应归还原主。几天后,美、英、苏三国首脑在伊朗首都德黑兰集会。会上,首脑们商定了击败德国和日本的战略方针,并就战后对德国、波兰、芬兰的安排等问题初步达成共识。1945 年 2 月,美、英、苏三国首脑又在苏联境内召开了雅尔塔会议,讨论并决定了若干重要的国际问题。例如,会议决定,战后,美、苏、英、法四国对德国实施分区占领,消灭德国的军国主义倾向并成立赔款委员会以解决德国赔款问题。这次会议还划定三国在欧洲的势力范围,决定了波兰等国家的政体和大致疆界。会上,为换取苏联参加对日作战的承诺,罗斯福在没有中国代表参加的情况下,给予苏联包括维持外蒙古现状、将库页岛南部及岛屿交还苏联、租用旅顺港和经营中东铁路和南满铁路等一系列在华特权。这些行为严重损害了中国人民的利益,是大国强权政治的表现。4 月 12 日,罗斯福去世。新任的美国总统哈里·杜鲁门参加了 7、8 月间召开的波茨坦会议。会上,与会的美、英、苏三国首脑进一步完善了对战后欧洲局势的安排。7 月 26 日,以美、英、中三国宣言形式发表了《波茨坦公告》,敦促日本立即无条件投降,宣布了盟国占领日本后将实施的基本原则。在以上的首脑会议上颁布的公报、议定书、协定、声明和备忘录构成了战后国际关系的新格局:雅尔塔体系。

在安排战后世界政治构架的同时,美国政府也积极规划世界经济新秩序。1943 年 9 至 10 月,美、英两国代表在华盛顿举行谈判,为重建战后国际经济做筹备工作。1944 年 7 月,44 个国家代表在美国新罕布什尔州的布雷顿森林举行国际货币金融会议。与会代表经过了重重讨论和协商,最后通过了被称为《布雷顿森林协定》的文件,共同创立了国际货币基金组织和国际复兴开发银行。这次会议还确立了"黄金—美元本位制"的国际货币制度。根据这一制度,35 美元等于 1 盎司黄金,各国政府可随时用美元向美国政府按这一比价兑换黄金,而各国有义务让自己的货币与美元保持可调整的固定比价。上述制度又常常被称为"双挂钩",即美元与黄金挂钩,各国货币与美元挂钩。通过这次会议,美国确立了美元在国际货币体系中的核心定位,制定了一套对本国非常有利的规则。

曾让威尔逊孜孜以求的"打破贸易壁垒"与"公海航行自由"也在一定程度上变成了现实。1947年10月,英美等23个国家在瑞士的日内瓦签署了关税及贸易总协定。该协定的宗旨是通过削减关税和其他贸易壁垒,削除国际贸易中的差别待遇,促进国际贸易自由化,以充分利用世界资源,扩大商品的生产与流通。它也是世界贸易组织的前身。"公海航行自由"则是以美国的强大军事力量为后盾的。战争结束后,美国实际控制的海外领土和领海达到1亿平方公里,其中领土1 100万平方公里,领海9 640万平方公里。美国人也加紧建设海外军事基地,控制各个重要海峡、港口和航线(参见图36-2)。对于美国人来说,公海已经可以自由航行了;而对于美国的敌人来说,一旦和美国开战就意味着失去了海上运输线。

1950年,美国总统杜鲁门正式宣告:"今天……我们已经从世界事务的外缘走到了世界事务的中心。"然而,正当美国人觉得世界霸主的桂冠已近在咫尺的时候,在东方,两轮红日冉冉升起。苏联和中华人民共和国先后成为在世界上占有举足轻重地位的国家。他们不仅挑战了美国的霸权,而且在意识形态上和美国这个"山巅之城"格格不入。因此,第二次世界大战的硝烟刚刚散尽,美国的政治、军事精英们便开始谋划如何打赢下一场战争了。

将星璀璨——美国军事家小传

（1）乔治·华盛顿

人们常说美国兵"钢多气少"，意思是，他们虽然武器先进，但是胆小怯懦，不堪一击。然而，如果没有一颗铁血军魂，美国人怎么可能战胜强大的英军，打下一片偌大的疆土，并在两次世界大战中扮演重要的角色呢？

若要了解真实的美国军队，首先就要认识它的缔造者——乔治·华盛顿。

乔治·华盛顿于1732年2月22日出生在弗吉尼亚殖民地的威斯特摩兰县。他的父亲是一位非常有钱的种植园主，拥有大群的奴隶。这个家庭很有尚武的精神。他的哥哥奥古斯丁·华盛顿曾是英国军队的正式军官。华盛顿自己也对军旅生活颇为中意。不过，当华盛顿准备去英国接受教育、成为一名海军见习军官的时候，他的父亲却突然去世。由于家道中落，华盛顿只好放弃了这个难得的机会，此后，他一生都没有去过欧洲。

成年后，华盛顿加入了殖民地的民兵队伍，并在与法国、印第安人的战争中屡立功勋。当时，华盛顿满心想着依靠战功成为一名英军军官，但遭到英国方面的拒绝。英国人很快就尝到了苦果。1775年4月，华盛顿身着戎装出席第二届大陆会议，并于6月15日，以代表中唯一一个军事专家的身份当选为大陆军总司令。

初创时期的大陆军，除了士气高昂以外，完全是一群无组织、无纪律的乌合之众。华盛顿虽然有从军经验，但指挥能力远远不如英国同行。战争初期，面对精锐的英军，华盛顿率领的军队节节败退。面对逆境，华盛顿并没有放弃。他不仅率领部队且战且退，而且多次趁英军疏忽发起偷袭。英军虽然强大,但一直不能消灭大陆军主力,反而被华盛顿的部队死死拖住。结果,1777 年 10 月,另一支美军趁虚而入,在萨拉托加一带取得了关键性胜利。在和英军对峙期间,华盛顿还大力推进部队的正规化,大力引进欧洲式的训练方法。到 1778 年春天,原本一盘散沙的大陆军已经能够和英国人面对面地较量了。华盛顿之所以能够领导美国军民取得独立战争的胜利,还有一个秘诀,就是信任盟友。华盛顿早年在担任民兵军官期间,曾多次与法国军队血战。1754 年,他还被法军俘虏,在牢里受尽了屈辱。然而,美、法两国结盟合作抗英后,华盛顿完全放下了往日的冤仇,谦虚地听取法军将领的意见。1779 年,英军将领康华利退守约克敦时,法军将领认为这是一个绝佳的战机。此时,华盛顿正忙于和印第安人作战,但听取盟友的意见以后,果断挥师南下,一举歼灭了康华利率领的英军主力,取得了战争的胜利。

　　战争结束后,华盛顿功成身退,主动辞去了他的总司令职务。1789 年,他当选总统后也从未拥兵自重。连任两届总统后,面对美国人民的支持和挽留,华盛顿再一次功成身退,从此退出了政坛。

　　如果要给欧洲资产阶级革命时期诞生的军事家们排个名次,华盛顿或许要垫底。他既没有克伦威尔那样"铁骑踏破贺兰山缺"般的潇洒,更没有拿破仑那般惊才绝艳的文治武功。然而,他那坚忍不拔的毅力、敢用"他山之石"的胆魄和谦逊克己的高尚品格却深深植根于美军军魂之中,奠定了这支军队雄霸天下的基石。

(2) 威廉·谢尔曼

　　如果说华盛顿是美军良心的代表,那么谢尔曼就是美军兽性的化身。

　　威廉·谢尔曼于 1820 年出生在俄亥俄州的兰开斯特。他自幼喜好军事,成年后进入著名的西点军校学习。当时,美国正处于和平状态,军人不吃香。从军校毕业后,谢尔曼感觉无法施展抱负,便辞去军职辗转多个行业,但都没取得成功。后来,他在友人的帮助进入艾奥瓦州军事学院担任教员,恢复军人的身份。

　　南北战争爆发后,谢尔曼加入联邦军一方作战。1862 年,他帮助另一位名将尤利西斯·格兰特拟定了攻取亨利要塞和多纳尔要塞的计划。在两位名将的领导下,联邦军巧出奇兵,一举攻克了这两座由邦联军重兵把守的要塞,随后顺势拿下田纳西州首府纳什维尔。这场战役是南北战争爆发后联邦方面取得的第一场大胜仗。它不仅奠定了谢尔曼作为一个杰出军事指挥员的声誉,而且也让他和格兰特英雄相惜,结下了深厚的友谊。

1862 年 7 月,谢尔曼受命攻取邦联军的要塞威克斯堡。由于进攻不顺利,格兰特随后挥军增援。然而,由于邦联军的顽强抵抗,要塞久攻不下。恼羞成怒之下,格兰特下令对威克斯堡内外的平民目标开火。在联邦军队的无差别炮击下,无数无辜民众被炸得粉身碎骨。1863 年 7 月 4 日,要塞被攻克。这一天也是美国发表独立宣言的国庆日。然而,对于幸存的平民看来,这一天却是不折不扣的耻辱日。此后,他们便不再庆祝美国国庆。

格兰特的疯狂也感染了谢尔曼。1864 年秋,谢尔曼和平开进南部邦联的重镇亚特兰大。他在要求市民放下武器、离开城市以后,居然下令纵火烧毁整个城市。成千上万的老人和妇女为了挽救城市,向谢尔曼苦苦哀求,而且拒绝离开。他们满心以为自己是平民,联邦军多少会有些顾忌。然而,联邦军当着他们的面,点燃了房屋。很多市民因为腿脚不灵便,被活活烧死,而谢尔曼却说道:"我就是要让整个佐治亚州都鬼哭狼嚎!我就是要让整个佐治亚变成人间地狱!我就是要让所有佐治亚人——不管男女老少,不管穷人富人,都感受到刻骨铭心的痛苦!我的军团将毁灭佐治亚州而后快!"他要用屠刀让南方人"饱尝战争的苦头,使今后几代再也不敢诉诸战争"。

11 月,谢尔曼从亚特兰大启程,发起了所谓的"向海洋进军"战役,兵锋直指南部另一座重要城市萨凡纳。在进军过程中,谢尔曼摧毁所到之处的一切物资设施、焚毁农田、房屋、抢劫平民的粮食和财产。有时,谢尔曼的军队还没有杀到,十几里外的人就因为看到蔓延而来的冲天火光望风而逃。12 月 23 日,谢尔曼占领萨凡纳,随后将城市付之一炬。此后,谢尔曼又扫荡了南卡罗来纳和密西西比州,将众多美丽的城市变成一片废墟。有人统计说,谢尔曼的扫荡造成了美国南方价值 2 万亿美元的财产损失。数以十万计的平民死于扫荡或死于随后而来的大饥荒。上百万人沦为难民。

面对谢尔曼的暴行,邦联的民众虽然咬牙切齿,但依旧闻风丧胆,没法组织起像样的抵抗。在其他战线奋战的邦联军队闻讯也失去了战斗意志。士兵纷纷逃亡。邦联军无法战斗下去,只好投降。

战后,谢尔曼不仅没有遭到追究,反而加官晋爵,一度担任美国陆军总司令。1891 年,他以 71 岁高龄去世,生前从未对自己的暴行说过任何忏悔、道歉乃至遗憾的话。他的兽性也融入了美军的军魂之中,至今,我们还可以从美伊战争、阿富汗战争和关塔那摩美军虐囚事件中窥得一二。

(3) 阿尔弗雷德·马汉

对于一个以扩张为志向的强国而言,仅仅有陆军是不够的。在占据北美辽阔的疆土之后,美国人自然而然地把目光投向大洋。很多人想起了英国大冒险家沃尔特·雷利的名言:"谁控制了海洋,谁就控制了贸易;谁控制了世界贸易,谁就控制了世界的财富,最后也就控制了世界本身。"但是怎么才能控制海洋呢? 阿尔弗雷德·马汉用他一生的著述圆满地回答了这个问题。

马汉 1840 年 9 月 27 日出生在西点军校的教授楼里,其父老马汉 28 岁时就成为当时西点最年轻的教授。1854 年马汉进入纽约的哥伦比亚学院。在哥伦比亚学院学习期间,马汉对于海军产生了浓厚的兴趣,因此他违背了父亲的意愿,转入美国安纳波利斯海军学校深造。1859 年,他以第二名的优异成绩毕业并进入海军服役,曾任炮舰舰长。南北战争期间,他加入联邦军。虽然马汉渴望建功立业,但由于种种原因,他主要在后方服役,没有获得与邦联海军一较高下的机会。战争结束后,马汉乘坐"易洛魁"号赴远东考察。这项任务使马汉第一次亲身感受到了国土之外,太平洋另一边的真实状况。1885 年,马汉任美国海军学院教授,讲授海军史及海军战略,并开始其著述生涯。

1886 年以后,马汉退出现役,转入海军学院任职,于 1886 至 1889 年,1892 至 1893 年两度出任海军学院院长。在职期间,马汉一面从事教育工作,一面仔细地研究 1660 年至 20 世纪初的多次战争史、海军史和海战战例。1890 年 5 月,《海权对历史的影响(1660—1783)》一书正式问世。该书一出版便引起巨大轰动,立刻风靡全球,陆续被译成德语、法语、俄语、日语、意大利语、西班牙语等各国文字,成为当时影响最大的世界畅销书之一。1896 年马汉退休,但仍然继续研究写作有关海权论著。从 1898 年开始,宝刀不老的马汉又多次担任公职,为美国的扩张立下了汗马功劳。1914 年 12 月 1 日,他因心脏病发作,逝世于华盛顿海军医院,享年 74 岁。

马汉最大的功绩在于,他系统地提出了制海权和海权论的思想,为英、法、美、德等强国瓜分世界的构想提供了重要的理论工具。在马汉看来,制海权对一国力量最为重要。海洋的主要航线能带来大量商业利益,因此必须有强大的舰队确保制海权,以及足够的商船与港口来利用这一利益。除此之外,对于美国这样一个远离欧亚大陆的国家来说,海洋可保护国家免于在本土交战,而制海权对战争的影响比陆军更大。他主张美国应建立强大的远洋舰队,控制加勒比海、中美洲地峡附近的水域,再进一步控制其他海洋,再进一步与列强共同利用东南亚与中国的海洋利益。

马汉的海权论深刻地影响了美国政府的扩张政策。美国总统西奥多·罗斯福曾以此为指导,在中美洲开凿巴拿马运河。二战结束后,美国政府更是根据海权论思想,在全球部署海军、空军基地,将各个重要的航线牢牢地掌握在了手中。

(4) 德怀特·艾森豪威尔

20 世纪中叶,随着美国国力的壮大,美国的军队又面临了两个严重的问题。一是,在战争时期,美军的规模越来越大,不同部队、不同阶级、不同军种间的矛盾越来越多。二是,美军虽然强大,但仅靠自己是不可能战胜外敌的。美国需要盟友,但是美国和他的盟友之间、盟友和盟友之间又有着错综复杂的利益关系和矛盾冲突。如果没有处理好这些关系和矛盾,美军的战斗力就会大受影响。幸而,德怀特·艾森豪威尔为美军树立了一个卓越的榜样。

德怀特·戴维·艾森豪威尔于 1890 年 10 月 14 日出生在美国得克萨斯州的丹尼森。他的父亲是制乳厂工人,有 7 个孩子,他排行第三。成年后,他考取了西点军校。毕业时,他在班上排在第 61 名,并不属于惊才绝艳之辈。不过,他作风踏实、严谨,因此得到了上级的赏识。从 1925 年开始,他先后在参谋学校、陆军军事学院学习,1929 至 1932 年任陆军部长特别助理。1933 至 1939 年,受人推荐,艾森豪威尔担任参谋长麦克阿瑟的助手,1941 年 12 月美国参加第二次世界大战后,在马歇尔手下任作战计划处处长,晋升为少将。在 1942 年 3 月,他和其他参谋们一起提出了如何进行战争的基本设想:把大量美军集中在英国,而且拒绝将他们化整为零地用在任何周边性的攻击之中,在欧洲上空应获得空中优势,然后从英国渡过海峡,直指法国和德国。根据该设想制订的火炬计划大获成功。艾森豪威尔也声名鹊起。

1942 年,艾森豪威尔先后任欧洲战场美军司令、北非战场盟军司令,晋升为中将、上将。在这期间,无论是指挥作战,还是在实现与盟国的合作中,他都表现了卓越的军事、政治、外交才能,被誉为"军人政治家外交家"。他坚定、果断、宽宏大量、对部属充分信任,同时也没有将军架子,喜欢和士兵们在一起,对繁文缛节不以为然。战事间隙,常到前沿阵地看望部下,了解情况,帮助解决问题。士兵们说他是个"通情达理的上司",记者们称颂他为"平民将军"。与他合作的英国将领布鲁克、蒙哥马利等人曾看不起获得"火箭式提拔"的艾森豪威尔,甚至时而发出一些尖刻的批评,但他仍然宽宏大量,努力使英美合作成为现实。不过,在关键问题上,艾森豪威尔也绝不轻易做出妥协。1944 年,艾森豪威尔任欧洲盟军最高司令。在准备诺曼底登陆期间,为了集中空军力量争取制空权,美军希望能够指挥英国空军,但遭到英国人的拒绝。一贯处事谨慎、态度和蔼的艾森豪威尔大动肝火,他于 3 月 23 日宣布:"如果这个问题不能获得满意的解决,我将呈请辞职。"英国的参谋总长不得不同意把战略空军交由艾森豪威尔指挥。美国空军和其他有关国家的空军也都作了同样的安排。事实证明,艾森豪威尔的决定和坚持是正确的。经过美英等国空军的联合作战,德国空军受到了重创,再也无力阻止诺曼底登陆。在征战欧陆期间,艾森豪威尔以显赫的战功,获得了五星上将军衔。

第二次世界大战结束后,艾森豪威尔曾任美国驻德占领军司令,1945 年回国,担任美国陆军参谋长。1948 年,他从军队退役,开始积累人望,准备竞选总统。1952 年,美国深陷朝鲜战争期间,他以"结束战争"的口号当选总统,成为美国历史上唯一一个当上总统的五星上将。1969 年 3 月 28 日,78 岁的艾森豪威尔心脏病再度发作,抢救无效逝世。

(5) 柯蒂斯·李梅

1903 年,莱特兄弟在发明飞机的时候恐怕没有想到,这个让人类翱翔于天宇之中的发明,会"完全改变迄今已知的战争样式"。第一次世界大战期间,参战各国都装备了大量的军用飞机,用于侦查、轰炸和空战。战后,意大利军事家杜黑提出了制空权理论,主张建立一个能够进行空中作战的独立空军,它的任务是消灭敌方飞机,掌握制空权,而后在前线支援陆海军作战、在敌人后方展开大规模轰炸。第二次世界大战前,美国的军事家们接受了杜黑的思想,不过由于孤立主义盛行,政府不愿意投入巨资建设一支强大的空军。直到参战前夕,美国才组建了一支大规模的空中力量:美国陆军航空队。

美国空军虽然建军晚,而且在很长一段时间内接受陆军的指挥、没有独立的地位,但是它很快就在战场上证明了自身的价值,而领导美国空军走向辉煌的关键人物就是柯蒂斯·李梅。

柯蒂斯·李梅于 1906 年 11 月 15 日出生在俄亥俄州哥伦布市的一个普通工人家庭。他先后在哥伦布公立学校和俄亥俄州立大学学习,获得土木工程专业学士学位。1928 年,李梅参加军队,成为飞行学员。1929 年 10 月,在得克萨斯州的凯利基地完成飞行训练后,他成为美国陆军航空兵后备役部队少尉飞行员,并于 1930 年 2 月 1 日转为现役。1942 年,他受命组建了第 35 轰炸机大队。该部队随后在欧洲执行战略轰炸任务。

当时,美国军人对于轰炸的理解仅限于:飞到敌人头上,把炸弹投下去。然而,面对德军猛烈的防空炮火,美国轰炸机只能一边躲避炮火,一边匆匆忙忙地丢下炸弹,结果很难炸中目标。而李梅则发明了一个疯狂的战术。他命令麾下的机组人员:面对德国的炮火,"不许采取规避战术动作"。他向满腹疑虑的飞行员们保证:"我们将以更少的损失击中更多的目标。"在这一轮轰炸行动中,包括李梅自己的座机在内共有6架飞机被炮弹击中,但该大队投向目标的炸弹比其他大队多两倍。后来,他又发明了"交错式"飞行编队,使得己方飞机可以轻松地对德国战斗机进行反击,而不用担心会射中己方飞机。

　　1944年底,在对纳粹德国进行了近20个月的轰炸后,李梅被调到太平洋战区,指挥驻扎在亚洲、太平洋地区的第20轰炸机联队。他接收的命令是轰炸日本。经过几次作战以后,他发现日本的建筑和德国有很大的区别。德国人喜欢用钢筋水泥建设城市,而日本人的房子则是由木头或者竹子做的。因此,轰炸德国需要重磅炸弹,但轰炸日本,用燃烧弹最有效。1945年3月9至10日,在对东京进行的首次空袭中,他命令机组人员拆卸掉机上所有机炮及其配弹,并限制油量,将腾出来的空间用于装载燃烧弹。夜间,美国轰炸机群飞抵东京上空,投下了成千上万枚燃烧弹。东京化为一片火海。飞行员们甚至能在轰炸机里闻到人的皮肉被烧焦的味道。当时,很多日本人为逃避火灾,跳进了东京地区的河流,然而由于火势猛烈、温度极高,河水的温度也急剧上升。在河里避难的日本人全部被活活煮死。在接下来的军事行动中,李梅麾下的轰炸机部队共造成了近50万日本平民死亡,800万平民流离失所,244万幢建筑物被毁,还有难以计数的人死于营养不良、肺结核以及其他由无家可归和食物不足带来的疾病,这些人并未包含在上述伤亡数字中。96个日本城市遭到轰炸,其中,主要大城市的城区被烧毁面积均超过50%。

　　战争结束后,李梅仍在美军中担任要职。在他的积极促动下,1947年9月18日,美国空军正式建军,并立刻成为美国侵略扩张的急先锋。

大事记

1775 年 6 月 14 日	大陆会议决定将北美民兵整编为大陆军。
1796 年 9 月 17 日	乔治·华盛顿发表《告别演说》。
1823 年 12 月 2 日	詹姆斯·门罗在年度国情咨文中正式提出"门罗主义"。
1844 年 7 月 3 日	中美签订《望厦条约》。
1854 年 2 月 11 日	美日"第二次黑船事件",日本国门被打开。
1898 年 4 月 25 日	美西战争爆发。
1899 年 9 月 6 日	美国国务卿海约翰发表对华"门户开放"政策。
1903 年 5 月 4 日	美国攫取巴拿马运河区,开始动工修建运河。
1917 年 4 月 6 日	美国正式对德宣战,加入协约国阵营。
1918 年 1 月 8 日	伍德罗·威尔逊发表"十四点计划"。
1919 年 1 月 18 日	凡尔赛和会开幕。
11 月 19 日	美国参议院否决《凡尔赛和约》。
1929 年 10 月 24—29 日	股市崩溃。
1933 年 3 月 4 日	富兰克林·罗斯福就任总统,开始实施新政。
1940 年 12 月 29 日	罗斯福在炉边谈话中称,美国必须成为民主国家的伟大兵工厂。
1941 年 3 月 11—12 日	国会通过租借法案。
12 月 7 日	日本突袭珍珠港,次日,美国对日宣战。
1942 年 1 月 1 日	《联合国家宣言》在华盛顿签署。

12 月 2 日	芝加哥大学建成世界上第一个实验性原子反应堆。
1943 年 11 月 22 日	开罗会议开幕。
11 月 28 日	德黑兰会议开幕。
1944 年 6 月 6 日	诺曼底登陆开始。
1945 年 2 月 4 日	雅尔塔会议开幕。
7 月 17 日	波茨坦会议开幕。
8 月 6 日、9 日	美国在广岛、长崎投下原子弹。
9 月 2 日	日本投降,第二次世界大战结束。

第四章

冷战对峙

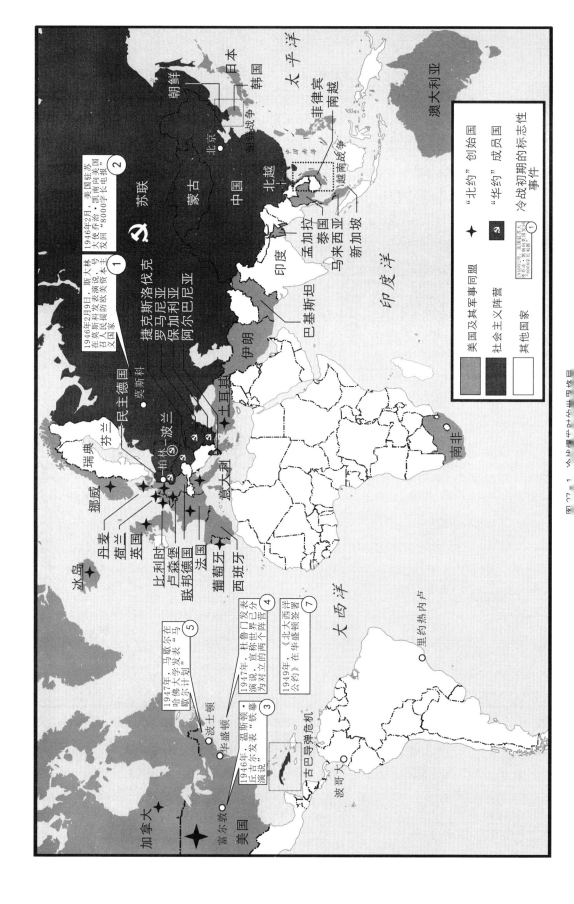

图 27-1　冷战爆发时的世界格局

地图上的文字（按从上到下、从左到右整理）：

太平洋

日本
韩国
朝鲜
澳大利亚

朝鲜战争
北京
蒙古
中国
菲律宾
南越
越南战争
北越

苏联

1946年2月，美国驻苏
大使乔治·凯南向美国
发回"8000字长电报"　②

1946年2月9日，斯大林
发表演说宣扬美苏资本主
义人民提防敌美资本主义
义国家　①

印度洋

印度
孟加拉
泰国
马来西亚
新加坡

捷克斯洛伐克
罗马尼亚
保加利亚
阿尔巴尼亚

巴基斯坦

伊朗
土耳其

"北约"创始国　★
"华约"成员国　⑨
冷战初期的标志性　①
事件

美国及其军事同盟
社会主义阵营
其他国家

民主德国
·莫斯科

芬兰
波兰
柏林⑨

瑞典
挪威

奥地利
意大利

丹麦
荷兰
英国
比利时
卢森堡
联邦德国
法国
葡萄牙
西班牙

冰岛

南非

印度洋

大西洋

1917年，马歇尔在
佛大学发表"马
歇尔计划"　⑤

1947年，杜鲁门发表
演说，宣称世界已分
为对立的两个阵营　④

1949年《北大西洋
公约》在华盛顿签署　⑦

华盛顿

波士顿

1946年3月，
丘吉尔发表"铁幕"
演说　③

古巴导弹危机

波哥大

里约热内卢

大西洋

加拿大

美国
富尔敦

37．美苏冷战的爆发

　　苏联,全称苏维埃社会主义联盟,是在第一次世界大战的硝烟中建立的共产主义国家。第二次世界大战期间,苏联为战胜法西斯国家立下了汗马功劳。战争后期,苏军打出国门,一举攻克德国首都柏林。伴随着苏军前进的脚步,罗马尼亚、保加利亚、捷克斯洛伐克等国都接受了共产主义意识形态,成为苏联的盟国或附庸。到战争结束时,苏联已经控制了半个欧洲,成为军事、经济实力仅次于美国的超级大国。对于美国而言,苏联不仅是意识形态上的敌人,也是政治、经济、军事方面的对手。苏联政府在经济上主张消灭资本主义制度、发展国有经济,在政治上强调共产党的领导地位、建立高度集中的政治体制。美国则截然相反。它的经济基础是资本主义私有制,而政治基础则是政党竞选体制和中央、地方分权的联邦制度。共产主义扩展到哪个国家,美国商人就会失去那个国家的友谊和贸易伙伴。战争期间,为了战胜共同的敌人法西斯,美苏曾结为盟国。战争结束后,这个脆弱的联盟就再难维持了。

　　1945 年 5 月,德国刚刚投降,美国就中断了对苏联的"租借法案援助"。9 月,美国总统杜鲁门宣布将不再举行美、英、苏三国首脑会议。美苏关系急转直下。1946 年 2 月 9 日,斯大林在莫斯科发表演说,宣称：只要资本主义制度存在,战争就不可避免。美国人则将这篇演说看成是"第三次世界大战的宣言书"。1946 年 3 月,温斯顿·丘吉尔在美国富尔顿发表演说,声称欧洲正被"一道铁幕"隔成两半。一半是"民主自由"的西欧。一半是由"警察政府"控制,"根本没有真正的民主"的苏联及其盟国。他号召美英两国结成"兄弟联盟",联合起来对付苏联。

　　在政治家们唇枪舌剑的背后,美国的外交、军事专家也在殚精竭虑地筹划抗苏战略。1946 年 2 月 22 日,美国驻苏外交官乔治·凯南向美

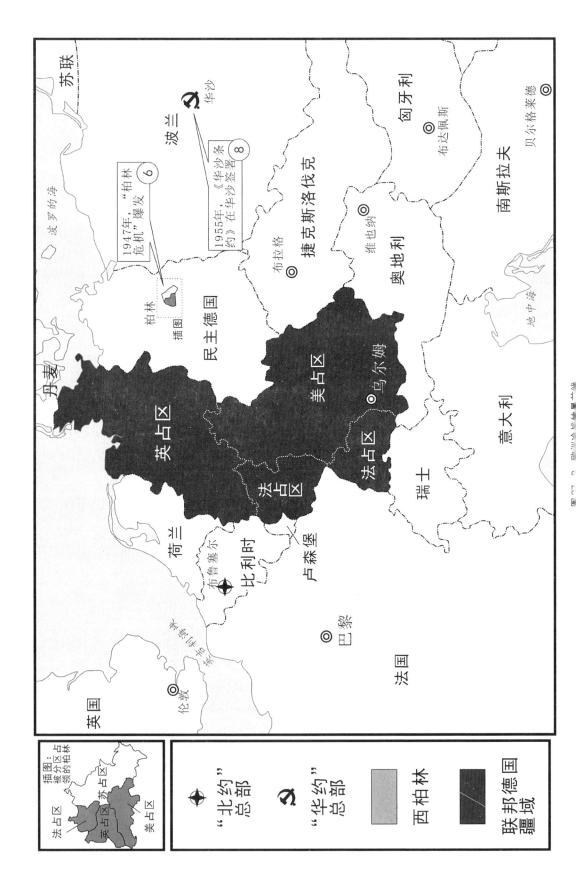

苏联

波罗的海

波兰 华沙 ⚒

丹麦

匈牙利 ⊙布达佩斯

贝尔格莱德 ⊙

南斯拉夫

捷克斯洛伐克 布拉格 ⊙

奥地利 维也纳 ⊙

1947年，"柏林" 危机"爆发 ⑥

1955年，《华沙条约》在华沙签署 ⑧

柏林 插图

民主德国

英占区

美占区 ⊙乌尔姆 法占区

瑞士

意大利 地中海

荷兰

比利时 ✦布鲁塞尔 法占区

卢森堡

巴黎 ⊙

法国

英吉利海峡

伦敦 ⊙

英国

插图：被分区占领的柏林

法占区 英占区 苏占区 美占区

✦ "北约"总部

⚒ "华约"总部

西柏林

联邦德国疆域

国国务院发回了一份长达 8 000 字的电报。凯南认为：无论是俄罗斯民族的民族心理，还是共产主义的意识形态，都充满了侵略性。美国不可能和苏联保持亲善关系。不过，苏联的领导人毕竟不是疯子。他们在对外扩张前会考虑得失。如果遇到了强大的阻力，他们就会停止扩张政策。9 月 24 日，杜鲁门的特别顾问克拉克·克利福德又在一份关于美苏关系的报告中指出：美国必须拥有强大的军事力量才能够抑制苏联的扩张倾向，同时"除了保持我们自己的力量外，美国将支持一切遭到苏联以任何方式威胁或危害的民主国家"。①

1947 年 3 月 13 日，杜鲁门正式发表声明，宣称世界已经分为"极权政体"和"自由国家"两个对立的阵营。危及任何一个"自由国家"的举动都危害着国际的和平和美国的安全。美国必须负起领导和援助"自由国家"的责任，和苏联这类"极权政体"对抗。这一宣言宣告了美、苏战时同盟的彻底破裂，标志着美国已经正式将"冷战"定为国策。

当时，美国面临的最严重的问题，是欧洲的稳定。战争结束后，欧洲大陆饱受战火的创伤，城乡一片废墟，人们生活无着。在这种恶劣的经济环境中，共产党和工人组织的影响力与日俱增。社会动荡不安。不仅如此，欧洲各国的购买力大幅度下降，也影响美国商品的出口。1947 年 6 月 5 日，美国国务卿乔治·马歇尔在哈佛大学发表演说，提出了欧洲复兴计划，即马歇尔计划。他在演讲中强调欧洲经济的萧条对美国国家利益的威胁，主张："应该尽力协助世界回复至经济健全的常态，没有它，也就没有政治的安定，没有牢固的和平。"②1947 年 7 月 12 日，英国、法国、奥地利、比利时、丹麦、希腊、冰岛、爱尔兰、意大利、卢森堡、荷兰、挪威、葡萄牙、瑞士、土耳其等 16 国在巴黎召开经济会议。与会代表决定接受马歇尔计划。12 月，根据 16 国的请求，杜鲁门向国会提出《美国支持欧洲复兴计划》的咨文，要求国会从 1948 至 1952 年间，向欧洲提供 170 亿美元的经济援助。1948 年 4 月，美国政府通过《1948 年对外援助法》，并建立负责实施该法案的经济合作署，"马歇尔计划"开始实施。

---

① 齐世荣主编：《当代世界史资料选辑》第 1 分册，北京师范学院出版社 1990 年版，第 61、81 页。
② 同上，第 131 页。

从 1948 至 1952 年，美国根据"马歇尔计划"，共向欧洲提供了 131.5 亿美元的经济援助，其中 90% 是无偿赠与，10% 是贷款。参加巴黎经济会议的 16 个国家都得到了数量不等的资助，其中英国 32 亿美元、法国 27 亿美元、意大利 15 亿美元、西德 13.9 亿美元、瑞士 2.5 亿美元、冰岛 2 900 万美元、葡萄牙 7 000 万美元。在美国和欧洲受援国的共同努力下，"马歇尔计划"使濒临崩溃的欧洲恢复了元气，对欧洲人民的生活改善、社会稳定起到了十分重要的作用。据统计，从 1948 至 1952 年，各受援国的国民生产总值增长 25%，工业生产上升 35%，农业生产提高 10%。欧洲战后初期普遍存在的贫困与饥饿现象几乎一扫而空，社会秩序明显好转。美国通过"马歇尔计划"也享受到巨额利益。在经济方面，由于受援国必须与美国签订双边协定，废除关税壁垒，放宽外汇限制，保障美国投资和开发的便利，因此美国加强了对欧洲的经济干预。美国的商品和资本如潮水般涌入欧洲，使之成为战后美国最大的出口市场和投资场所。在政治方面，西欧各国"吃人嘴短，拿人手软"，只能服从美国的指挥。

随后，在美国的指挥下，西欧各国在德国问题上向苏联发难。二战结束后，根据雅尔塔会议中达成的共识，美、苏、英、法四国对德国实施分区占领。苏联占领德国东部地区和柏林的一半，余下地区则交由美、英、法三国管理（参见图 37－2）。冷战爆发后，美国决定促成德国的分裂，将分裂的德国变成遏制苏联的桥头堡。1947 年，美、英、法三国筹划将各自的占领区合并，组成西占区，并在此基础上成立独立的德国政府。1948 年，三国宣布在西德发行新货币。这些举措既违背了有关的国际协定和谅解，又损害了苏占区的经济利益，因此激起了苏联的不满。6 月 19 日，苏联政府下令封锁柏林的水陆交通，形成战后东西方关系的第一次"冷战"高潮。从 6 月 29 日开始，财大气粗的美国政府耗资 2.5 亿美元，出动飞机 19.5 万架次，向柏林运送了 140 余万吨的物资，从而打破了苏联的封锁。

紧张的国际形势急剧地改变了欧洲的政治格局。1948 年 9 月，西占区召开立宪会议，起草了德意志联邦基本法。次年 5 月 12 日，德意志联邦共和国成立，定都波恩，史称西德。10 月 7 日，在苏联的操纵下，德意志民主共和国成立,定都柏林,史称东德。德国正式分裂。1948 年 3 月,英、法、比、荷、卢五国代表在比利时布鲁塞尔召开会议,会上签署了一项以军事同盟为核心的政治、军事、经济合作协议,即《布鲁塞尔条约》。1949 年 4 月,在《布鲁塞尔条约》的基础上,美国、英国、法国等 12 个国家在华盛顿签署《北大西洋公约》。根据该条约建立的北大西洋公约组织(简称"北约")是一个由美国人领导、拥有强大军事实力的政治军事集团。

苏联也不甘示弱。1949 年 4 月,苏联拉拢保加利亚、匈牙利等东欧五国,在莫斯科建立经济互助委员会,将东欧各国的经济资源整合进了苏联的生产体系之中。1955 年 5 月,为抗议美国将前法西斯国家联邦德国和意大利吸收进北约,苏联与保加利亚、匈牙利等七个东欧国家在华沙签订《友好合作互助条约》,统称《华沙条约》,会上还签订了关于成立武装部队联合司令部的决议。6 月,华约组织正式成立,总部设在莫斯科。它是由苏联主导的政治军事集团。

就这样,到 50 年代,经过一系列敌对政策和具体措施,分别以美、苏为首的两大军事集团武装对峙、全面战争引而不发的格局终于建立起来。在其后的几十年里,整个世界都被笼罩在冷战的阴影之中。在东亚、东南亚,冷战升级为热战,朝鲜战争、越南战争先后开打;而在古巴,美苏两国之间的矛盾曾险些让整个世界都化为一片火海。

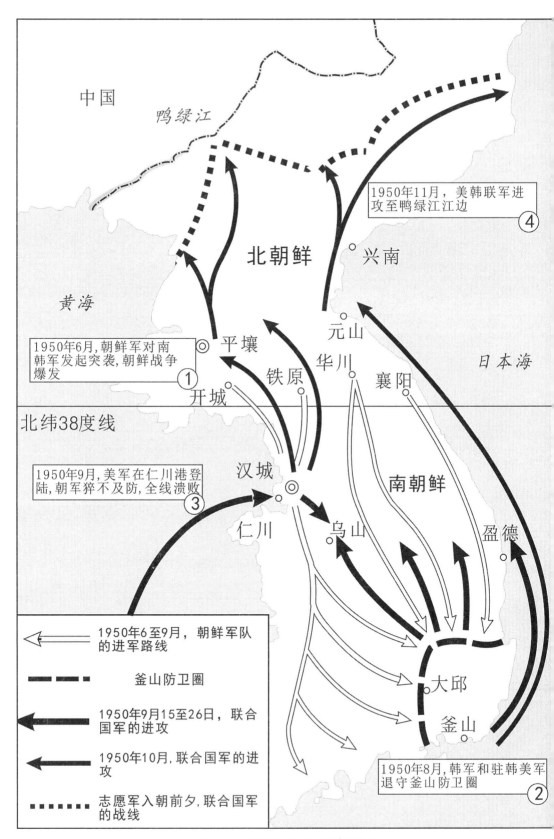

中国

鸭绿江

1950年11月，美韩联军进
攻至鸭绿江江边
④

北朝鲜

黄海

兴南

1950年6月，朝鲜军对南
韩军发起突袭，朝鲜战争
爆发
①

平壤

元山

日本海

铁原

华川

襄阳

开城

北纬38度线

1950年9月，美军在仁川港登
陆，朝军猝不及防，全线溃败
③

汉城

南朝鲜

仁川

乌山

盈德

1950年6至9月，朝鲜军队
的进军路线

釜山防卫圈

1950年9月15至26日，联合
国军的进攻

1950年10月，联合国军的进
攻

志愿军入朝前夕，联合国军
的战线

大邱

釜山

1950年8月，韩军和驻韩美军
退守釜山防卫圈
②

图 38-1　1950 年 6 月至 10 月的朝鲜战局

38. 朝鲜战争

　　东亚是美苏冷战的战场之一。1945年8月,美苏两国达成了以北纬38度线为界,分区占领朝鲜半岛的协议。1948年8月15日,在美国的操纵下,38度线以南成立了大韩民国政府,简称韩国。9月9日,以金日成为首的朝鲜劳动党在38度线以北成立了朝鲜民主主义人民共和国,定都平壤,简称朝鲜。朝鲜半岛正式分裂。不过,朝、韩两国都希望消灭对方,实现统一。1949年,中国的新民主主义革命在中国共产党的领导下取得了决定性的胜利。10月1日,新中国建立。中国共产党和朝鲜劳动党是兄弟政党,在长期的革命斗争中相互支援,结下了深厚的友谊。金日成认为:随着中国革命的胜利,统一朝鲜的时机也成熟了。

　　1950年6月25日,在得到苏联默许后,金日成政府以朝韩边界冲突为借口,向韩国发起了全面进攻。韩军猝不及防、节节败退。战争爆发当天,美国总统杜鲁门就迅速做出介入朝鲜战争的决定。在美国的操纵下,联合国安理会在苏联缺席的情况下通过决议,谴责朝鲜为"侵略者"。7月7日,安理会又通过决议,授权美国组织"联合国军"援助韩国。联合国军以美军为主体,加上英国、法国等15国的少量军队,总兵力最多时达到90余万人。

　　面对气势如虹的朝鲜人民军,联合国军的表现比韩国军队也强不了多少。7月20日,美军第24步兵师在大田地区遭到人民军围歼,师长威廉·迪安被俘。联合国军的其他部队和韩国军队一道仓皇而逃,到8月才在釜山附近构建起防线"釜山防卫圈"。尽管战局非常不利,但美军名将麦克阿瑟敏锐地发现,朝鲜人民军主力远离后方基地,只能依靠一条漫长的补给线维持作战能力。一旦切断这条补给线,朝鲜人民军将不攻自破。在他的策划下,9月15日,美军5万余人在朝鲜半岛蜂腰处的

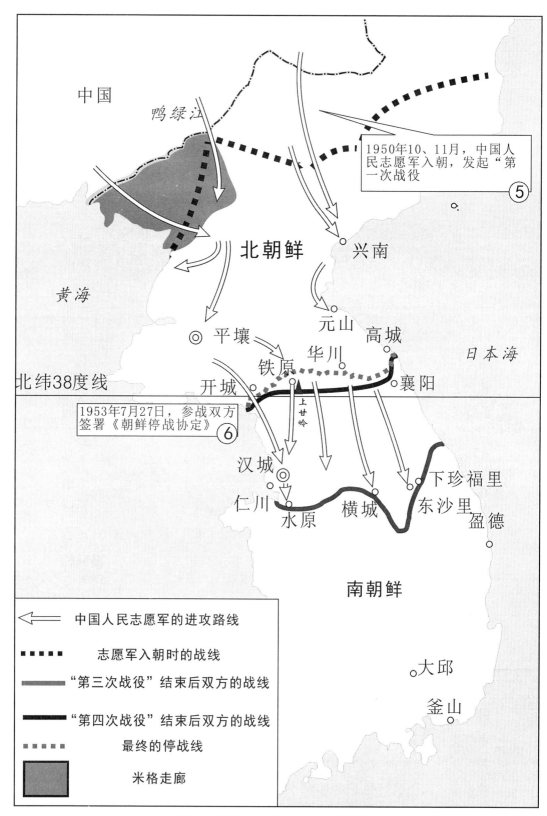

图 38-2　1950 年 10 月至 1951 年 7 月的朝鲜战局

仁川港登陆,全歼当地朝鲜守军。随后,美军长驱直入,相继夺取仁川、汉城等重镇。驻守釜山的联合国军和韩军趁势发起反攻。朝军主力陷入重重包围,几乎全军覆没。10 月 1 日,联合国军越过北纬 38 度线,将战火烧向中朝边境。

中朝是一衣带水的邻邦。面对美国的侵略行径,中国政府决定应朝鲜政府的请求,派遣志愿军入朝参战。1950 年 10 月,中国人民志愿军第一批部队在司令员彭德怀率领下跨过鸭绿江,进入朝鲜。从入朝到 12 月 24 日,志愿军通过两次大规模的运动战,将联合国军和韩军逐出朝鲜境内。12 月 31 日,志愿军发动第三次战役,突破了联合国军在北纬 38 度线地区的防御阵地,占领汉城、仁川等战略要地,兵锋直达北纬 37 度线。不过,由于敌人过于强大,到 1951 年初的第四次战役时,志愿军不得不退守北纬 38 度线。

1951 年 6 月,中、美接受了苏联驻联合国代表雅科夫·马利克提出和平解决朝鲜问题的倡议。从 1951 年 7 月开始,中朝与美韩两方在三八线附近的开城举行停战谈判。但在谈判期间,双方之间仍有战事发生,其中最有影响的是上甘岭战役。1952 年 10 月,美国单方面中止和谈,向志愿军控制下的战略要地上甘岭发起猛攻。志愿军依托坚固工事顽强抵抗。美军损失惨重,但收获寥寥,不得不回到谈判桌前。经过两年多谈谈打打的外交和军事斗争,参战各方终于在 1953 年 7 月 27 日签订停战协定。面对较为弱小、落后的中朝联军,美国在付出 400 亿美元军费、39.7 万人伤亡的代价后,仅仅将战线恢复到 1950 年 6 月的状态,可谓丢尽颜面。志愿军则越战越强。装备苏式米格战斗机的志愿军空军从无到有,从有到强,多次重创美国空军,缔造了“米格走廊”的传奇。

战争期间,美国政府肆无忌惮地迫害共产党和其他进步组织。以麦卡锡为首的一群极端反共分子肆意诬陷异己,将他们称作共产党的间谍。整个美国都处于一片恐怖气氛中。同时,美国军费开支从 1950 年的 130 亿美元猛增到三年后的 470 亿美元。长期而又庞大的国防开支不仅扩大了美国的军力,而且供养出一个庞大的、专门发战争财的军工复合体,成为美国全球扩张的经济支柱。战后,美国不仅对中国实施经济封锁,而且加紧重新武装日本,将它变为了遏制中国的桥头堡。

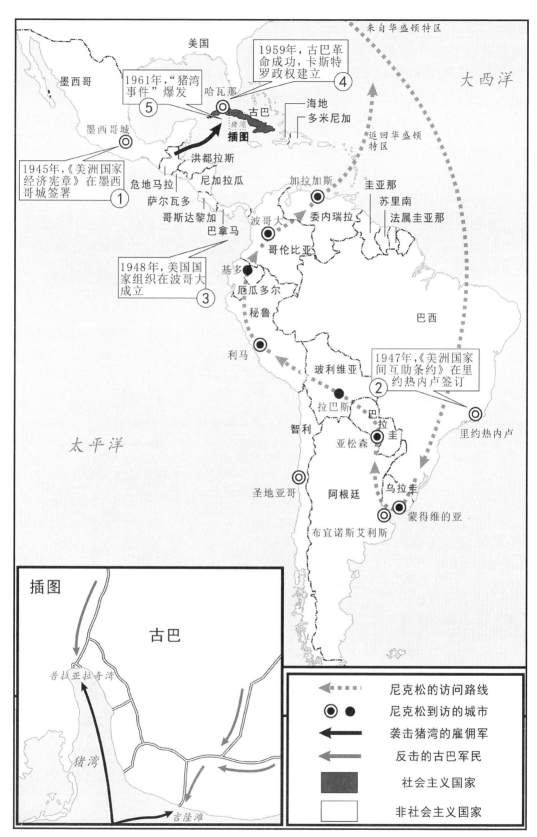

图 39-1 冷战初期的南美局势

39. 古巴导弹危机

　　拉丁美洲是美国传统的势力范围。从第二次世界大战后期开始,美国就不断加强对美洲各国的控制。1945 年 2 月,美洲国家在墨西哥城召开关于战争与和平的泛美会议,签署《美洲国家经济宪章》,规定美洲国家应打开国门,为美国倾销商品和进行投资提供便利。1947 年,在美国的主持下,20 个美洲国家的代表在里约热内卢举行维持大陆和平与安全会议,共同签订《美洲国家间互助条约》,组建起庞大的区域性政治、军事集团。1948 年 3 月的波哥大会议上,美洲各国又成立了以美国为核心的美洲国家组织。为了让拉美各国俯首帖耳,美国极力干涉其内政。任何一个亲美政权,无论多么专制、腐败,都会得到美国的大力扶持,而任何一个"不听话的国家"都会遭到美国残酷的惩罚。1954 年,美国政府以反共为名,公然收买雇佣军,颠覆了危地马拉民主政府。同年,美国又支持了巴西的军事政变。美国政府已是专横如斯,美国资本家们更是贪婪无比。他们肆无忌惮地收购原料、倾销商品,摧残拉美各国的民族工业,垄断拉美各国的市场,并借此赚取高额利润。从 1954 至 1957 年,美国输入拉美国家的资本净值为 20 亿美元,获得的净利润竟高达 30 亿美元。

　　美国人的贪暴引起了拉美人民的愤怒。1958 年,美国副总统理查德·尼克松访问拉美。从出访的第一站蒙得维的亚,到最后一站加拉加斯,尼克松处处被"热情"的拉美民众包围,享受到无数口水、石头和臭鸡蛋的"款待"。1959 年,早有反美传统的古巴爆发了革命。1 月 1 日,菲德尔·卡斯特罗领导的民族主义武装运动推翻亲美的巴蒂斯塔独裁政权,建立了独立、自由的新政府。

　　卡斯特罗和他的战友们并不是社会主义者,也不了解共产主义学说。他们最初的目的仅仅是推翻暴政。因此,革命成功之后,卡斯特罗曾希望与美国政府建立良好的外交关系。然而,美国虽然迫于形势,表面上承认了古巴新政府,但私下里仍积极扶植前政权的流亡分子,准备将卡斯特罗政权扼杀在襁褓之中。美古关系迅速破裂。1959 年 5 月,古巴开始土地改革和产业国有化,将大地产和外国企业收归国有。此举令美国资本家遭受了严重损失。为了防止美国的报复,古巴积极向苏联阵营靠拢。1960 年 2 月,苏联部长会议第一副主席米高扬访问古巴,代表苏联与其签订贸易协定。苏联还决定向古巴提供 1 亿美元贷款,帮助古巴发展经济。5 月,两国正式建立外交关系。

苏古两国建交的消息引起了美国政府的恐慌。为了防止距离美国本土只有 100 多公里的古巴成为苏联人威胁美国的桥头堡,美国人决心颠覆古巴政权。1961 年 1 月 5 日,美国宣布断绝与古巴的外交关系。4 月,美国中央情报局秘密雇用了 1 500 名受过训练的古巴流亡分子,计划指挥他们在位于猪湾的吉隆滩登陆,然后一举推翻卡斯特罗政府。美国人把如意算盘打得很漂亮,却无奈人算不如天算。有几个雇佣兵在饭店里吹牛,说要去古巴打仗,结果走漏了消息。17 日,雇佣军在猪湾登陆时遭到了古巴军民的迎头痛击,全军覆没。这就是所谓的"猪湾事件"。卡斯特罗随即宣布古巴是社会主义国家。从 1962 年起,美国对古巴实施全面经济封锁,而苏联则开始以保卫古巴为由向古巴提供经济和军事援助。古巴成为美苏在西半球争夺、对抗的热点地区。

1962 年,苏古两国达成军事合作协议。协议允许苏联在古巴部署防空导弹、中程核导弹和重型轰炸机。7 至 10 月,42 枚导弹和数十架伊尔-28 战略轰炸机被秘密运抵古巴。8 月,美国 U-2 高空侦察机发现了正在修建的导弹发射场。美国举国哗然。肯尼迪总统决心,要让苏联明白,美国有着为了维护国家安全不惜一战的决心。10 月,美国出动包括 8 艘航母在内的 183 艘军舰和大批飞机,对古巴实行全面封锁。面对美国的强硬态度,苏联领导人赫鲁晓夫心里很胆怯,担心会引发新的世界大战,但是又挂不住面子。于是,他先是要求美国承诺不侵入古巴、解除封锁,然后要求美国撤走部署在苏联邻国土耳其的导弹。肯尼迪答应在苏联撤走导弹后解除对古巴的封锁,但对其他问题另作考虑。两方僵持了一段时间以后,赫鲁晓夫最终做出让步,同意从古巴运回导弹,允许美国军舰在公海上检查苏联船只。到 11 月 20 日,全部导弹和伊尔-28轰炸机撤出古巴。美国随后宣布解除对古巴的封锁。古巴导弹危机到此平息。

"猪湾事件"和"古巴导弹危机"是美苏冷战史上的重大事件,对世界局势产生了深远的影响。古巴从此彻底倒向社会主义阵营,成为苏联在美洲的冷战前哨,与美国展开了长达数十年的对抗。古巴导弹危机更成为冷战的重要转折点。

第二次世界大战期间,美国用原子弹瞬间摧毁了广岛和长崎,让世人真切地认识到这种新式武器的强大威力。美苏交恶后,苏联政府全力研究核武器。1949 年 8 月 29 日,苏联试爆了自己的原子弹,成为世界上第二个掌握核武器的国家。而后,英国、法国和中国相继完成了核武器的研发工作。1952 年,美国又研制出威力更加强大的氢弹,并于 11 月 1 日在太平洋上的比基尼岛试爆成功。9 个月以后,苏联也研制出了氢弹。

为了将核弹砸到敌人的头上,美苏等国也想尽了办法。最初,战略轰炸机是核弹唯一的投送方式。不过,战略轰炸机飞行慢、防御差,很容易遭到敌方战斗机和高射火力的拦截。美苏便不约而同地想到了法西斯德国的远程导弹技术。50 年代中期,美国研制出"斗牛士"、"鲨蛇"等陆基中程、洲际巡航导弹和"雷神"、"世界神"等陆基中程、洲际弹道导弹。苏联则研制出 Р-2、Р-3、Р-4 等陆基战略导弹加以对抗。1957年 8 月 26 日,苏联成功研制 SS-6 洲际战略导弹。它的射程为 5 500 公里以上,可携带重达 4 100 千克的核弹头。利用该型导弹,苏军可以将任何一个美国城市瞬间炸成平地。在巡航导弹、洲际弹道导弹研究的基础上,美苏两国相继推出可在海军舰船上发射的核武器。1959 年,美国建成了世界上第一艘弹道导弹核动力潜艇"乔治·华盛顿"号。该潜艇搭载 16 枚装有核弹头的"北极星"式潜射弹道导弹,可以轻易抹平 16 座苏联城市。核地雷、核炮弹等战术核武器也陆续装备美苏军队。

核武器的强大威力令它的制造者和拥有者们都觳觫不已。为了防止对手使用核武器轰炸自己,美苏相继推出了"大规模报复战略"和"核

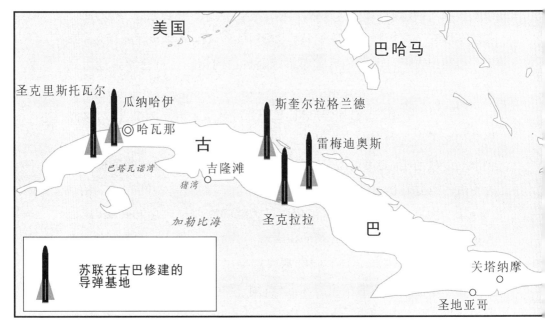

图 39-2 1962 年苏联在古巴设置的导弹基地

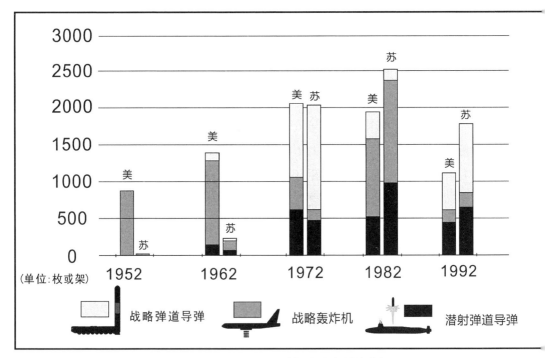

表 39-3 1952 至 1992 年美苏(俄)的战略核打击力量

报复战略"。其核心思想是,如果对手胆敢用核武器攻击自己,那就用更多的核武器将它炸平。为了有效地吓阻对方,美苏争相扩充自己的核武库。在古巴导弹危机前,美国已部署陆基战略导弹 294 枚、潜射弹道导弹 155 枚、战略轰炸机 600 架,而苏联则拥有 75 枚陆基战略导弹、75 枚潜射弹道导弹和 190 架战略轰炸机。所有这些导弹、轰炸机都可以搭载核武器(见表 39 - 3)。

这么多核武器不是用来当装饰品的。在朝鲜战争中,麦克阿瑟、艾森豪威尔等美国军、政领导人就曾公开用核武器讹诈中国。古巴导弹危机期间,美国政府更是摆出了一副就算毁灭全人类也要捍卫美国利益的姿态,而实际上美国军队也确实做好了随时发射核武器的准备。幸而,赫鲁晓夫最终"认怂"、让步,否则数千年的人类可能就在短短几个小时内终结。

危机结束后,赫鲁晓夫遭到了苏联人的唾弃。1964 年 10 月,赫鲁晓夫政府倒台。新的勃列日涅夫政府全力扩军备战。从 1962 至 1972 年,苏联战略核武器数量增加了 7 倍,与美国形成了"相互确保毁灭"的恐怖核平衡。苏军的陆、海、空三军的实力也有大幅增长。美国虽然在危机中侥幸赢得一局,但同样也付出了不菲的代价。美国过于强硬的态度,让它的欧洲盟友们不寒而栗。它们开始质疑美国领导世界的资格。1966 年,法国正式退出北约。以美国为首的资本主义阵营开始分裂。包括美苏两国人民在内的世界人民更不愿意成为大规模核战争的牺牲品。反对核战争的和平运动风起云涌。在国内外压力的促动下,美苏两国的外交政策更趋谨慎。尽管在 60 年代,美、越两国大打出手,但从全球来看,冷战局势逐渐趋于缓和。

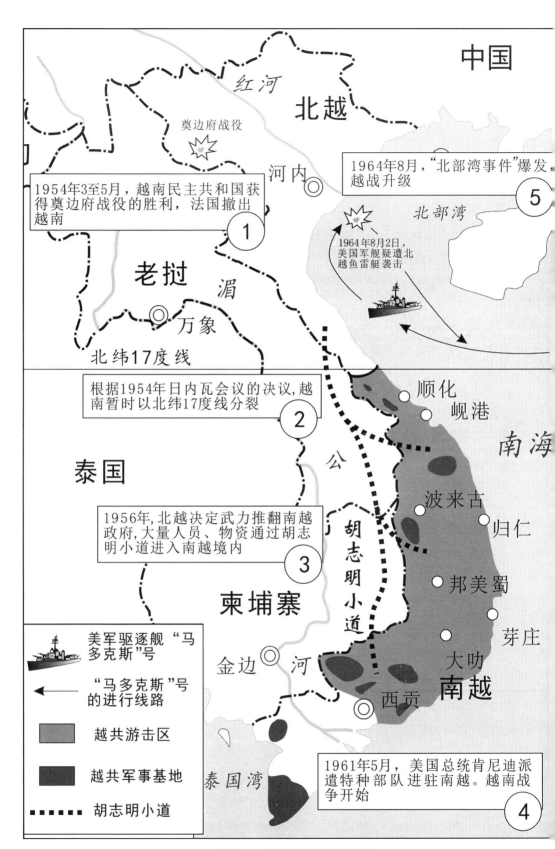

中国

红河

北越

奠边府战役

河内 ◎

1954年8月，"北部湾事件"爆发，越战升级

⑤

北部湾

1954年3至5月，越南民主共和国获得奠边府战役的胜利，法国撤出越南

①

1964年8月2日，美国军舰疑遭北越鱼雷艇袭击

老挝

湄

万象 ◎

北纬17度线

根据1954年日内瓦会议的决议，越南暂时以北纬17度线分裂

②

顺化 ○

岘港 ○

南海

泰国

公

波来古 ○

归仁 ○

1956年，北越决定武力推翻南越政府，大量人员、物资通过胡志明小道进入南越境内

③

胡志明小道

邦美蜀 ○

柬埔寨

芽庄 ○

美军驱逐舰"马多克斯"号

大呐

南越

"马多克斯"号的进行线路

金边 ◎ 河

西贡 ◎

越共游击区

越共军事基地

1961年5月，美国总统肯尼迪派遣特种部队进驻南越。越南战争开始

④

泰国湾

•••••• 胡志明小道

图 40-1　1954 至 1964 年的越南战局

40. 越南战争

　　东南亚也没有逃出冷战的阴影。越南曾是法国的殖民地,二战期间又被日本占领。1945 年 8 月,越南人民发动起义,推翻了日本殖民政府。9 月 2 日,越南民主共和国成立,而法国则向越南调集重兵,企图恢复殖民统治。23 日,法军在越南南部发起武装挑衅,着手恢复殖民政权。越南人民奋起抵抗,由此揭开了越南抗法战争的序幕。1946 年 12 月 20 日,越南政府号召全国抗战,依托山区、农村根据地进行游击战争。越南人民的抗争得到了苏联和中国的大力支持。1954 年 5 月 7 日,越军在中国顾问的指导下取得了奠边府大捷,歼灭法军近 2 万人,取得了抗法战争的决定性胜利,但越南南部仍为法军占据。

　　美国政府曾庄严宣告,说要尊重殖民地人民民族自决的权力。然而,当法国入侵越南时,美国政府却站到了法国的一边,向它提供了大量的资金和物资援助。法国战败前夕,美国总统艾森豪威尔提出了多米诺骨牌理论,认为:西方在越南的失败,会波及东南亚各国,最终会打破美国人苦心经营的世界秩序。美国政府遂干涉越南内政,于日内瓦会议上强迫越南民主共和国接受以北纬 17 度线为界、将越南分裂为两个国家的越、法停战协议。1955 年,吴庭艳在美国的支持下建立"越南共和国",又称"南越",与越南民主共和国分庭抗礼。吴庭艳残忍、贪婪、独裁。人民饱受暴政的摧残。1960 年,南越人民发动了起义。12 月,起义者们建立了以越南共产党为首的越南南方民族解放战线。次年 2 月 15 日,统一的越南南方人民解放武装力量成立,并在南越境内开展游击战争。越南民主共和国热情地支持南越人民的解放斗争。它在老挝、柬埔寨境内开辟了胡志明小道,将大量人员和物资送入南越境内。为了维持吴庭艳的这个亲美政权,从 1961 年 5 月起,美国与南越政府签订双边军

图 40-2 1964 至 1965 年的越南战局

事协定,介入越南的内战。

美国参与越南战争的第一阶段叫作"特种战争",即由美国提供军事装备和军事顾问,南越政府军在美国的武装和指挥下剿杀反政府的游击队。1961 年 5 月 11 日,美国总统肯尼迪向南越派出了第一批号称"反游击战专家"的特种部队,1962 年 2 月又设立"美国军事援助司令部",并将驻越美军扩充到 2 万余人。然而,"特种战争"非但没能消灭游击队,反而激起南越人民更大规模的反抗。南越政权内讧加深。1963 年11 月,美国默许南越军官杨文明发动军事政变,处死吴庭艳。此后,南越政权变动频繁,而民族解放阵线越战越强,到 1963 年底,南越 70% 的领土都成为它的游击区和军事基地。"特种战争"以失败告终。

林登·约翰逊就任美国总统后,美国政府决心扩大战争。1964 年 8月,美国政府以美国驱逐舰"马多克斯"号在北部湾海域遭到越南民主共和国鱼雷艇袭击为借口,以航空母舰为基地,对其鱼雷艇基地和油库进行空袭,酿成了震惊世界的"北部湾事件"。1965 年 2 月,美军发动"滚雷行动",对越南北方实施长达 4 年的大规模轰炸。3 月 8 日,首批美国海军陆战队在南越岘港登陆。此举标志着美国地面部队正式卷入越战。到 1969 年,在越南战场上的美军人数达 55 万。

战争期间,美国政府消耗军费 1 389 亿美元,动用了除核武器外的几乎所有新型武器。为了镇压南越平民的反抗,美军还在太平村、美莱村制造了惨绝人寰的大屠杀。越南人承受了惨烈的损失,但从未屈服。1968 年初,民族解放阵线和北越军队联合发动"春节攻势",向包括南越首都西贡在内的 155 个城市与乡村发动了大规模的进攻。南越政权和美军遭受了沉重的打击。消息传到美国,舆论一片哗然。国内弥漫起挫败的情绪,反战运动遍及各地。从 1969 年开始,美军逐步撤离越南,但实在难称得上是"体面地从越南脱身"。

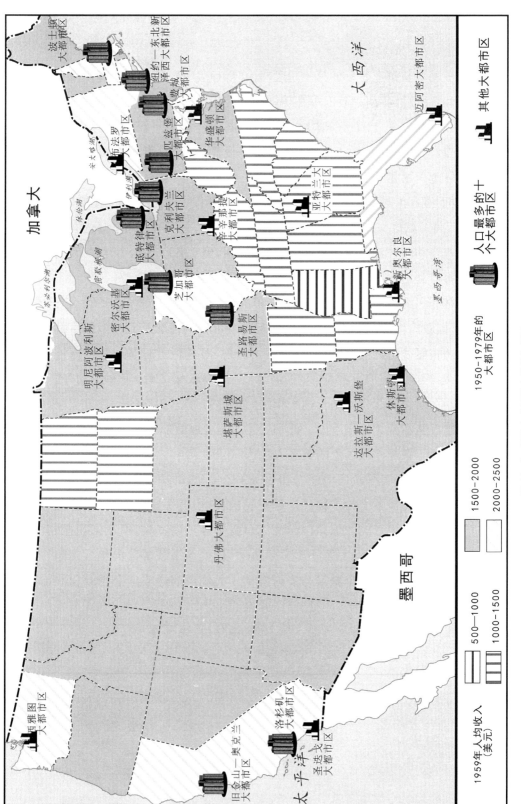

图 41-1 1959 年美国的人均收入状况

1959年人均收入（美元）

500—1000		1500—2000
1000—1500		2000—2500

人口最多的十个大都市区

1950～1979年的大都市区

其他大都市区

大西洋

加拿大

墨西哥

墨西哥湾

大平洋

苏必利尔湖

密歇根湖

休伦湖

伊利湖

安大略湖

波士顿大都市区

纽约—东北新泽西大都市区

费城大都市区

匹兹堡大都市区

布法罗大都市区

华盛顿大都市区

亚特兰大大都市区

迈阿密大都市区

底特律大都市区

克利夫兰大都市区

帝辛那提大都市区

新奥尔良大都市区

芝加哥大都市区

密尔沃基大都市区

圣路易斯大都市区

休斯顿大都市区

明尼阿波利斯大都市区

塔萨斯城大都市区

达拉斯—沃斯堡大都市区

丹佛大都市区

西雅图大都市区

旧金山—奥克兰大都市区

圣迭戈大都市区

洛杉矶大都市区

41. 富裕的多元社会

冷战的爆发非但没有影响美国经济,反而给它注入了新的活力。自第二次世界大战结束后,美国政府借鉴了新政的经验,不断扩大政府开支,刺激经济发展。朝鲜战争爆发后,美国政府支出从 1950 年的 700 亿美元增长到 1960 年的 1 510 亿美元,主要用于发展国防军工、投资科学教育、改善基础设施和建设廉价住房。其中,国防开支在政府开支中的比例将近 70%,成为刺激国民经济发展的重要因素。此外,"马歇尔计划"也打破了长期存在于西欧各国之间的关税及贸易壁垒,使受援国成为美国的原料产地、商品市场和投资场所。

在政府的各项投资中,最造福百姓的,莫过于建设高速公路。1956年,为了能在战时快速调动军队、疏散平民,国会通过了《州际公路法案》。根据该法案,联邦政府投资 260 亿美元,兴建遍及各州的州际高速公路。在联邦政府的带动下,州和地方政府也掀起兴建公路的热潮。到1960 年,美国高速公路里程达到 533 万公里。便利的交通条件使得开汽车、乘汽车成为美国人出行的第一选择。人们对于汽车的需求量暴增。欣喜若狂的汽车生产商们全力扩大生产规模。一些在第二次世界大战期间生产军用汽车的公司也纷纷转产小汽车和卡车。结果,美国的汽车生产量与占有量迅速提高。1955 年,美国的民用汽车达到 800 万辆。到 1967 年,每 1 000 名美国人就拥有 505 辆汽车,是为世界之最。

交通设施的改善和汽车的普及空前地改变了美国人的生活方式。越来越多的人搬离城市,去郊区购买小别墅定居。高楼林立的城市中心逐渐被大大小小的郊区别墅包围。随着人口向郊区的迁徙,原本位于城市中心的企业、服务业也迁往郊区。不过,市中心与郊区仍有着高度的社会、经济联系。在地理学家看来,这两者构成了一个新的地理单位:

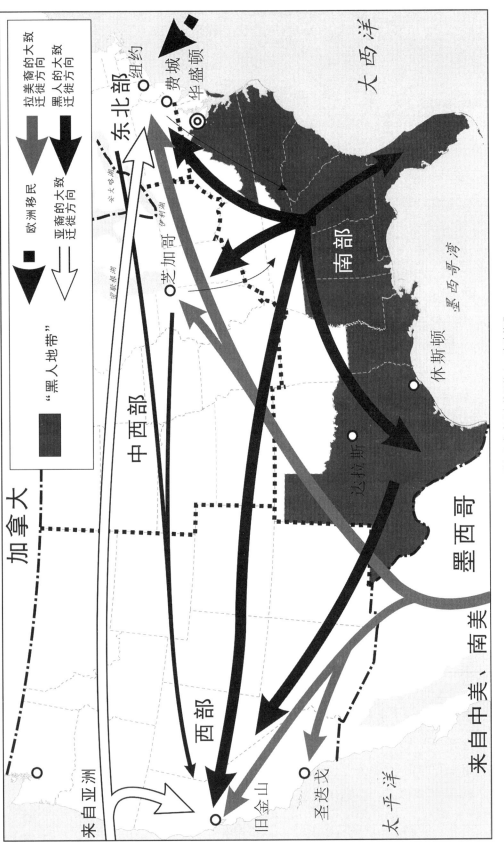

图 41-2 20 世纪上半叶以来美国的人口流动状况

大都市。大都市一产生就表现出旺盛的生命力。1910年，美国政府刚开始统计大都市区数量及其人口的时候，美国只有19个大都市，在大都市生活的人口只占美国总人口的28.3%。到1950年，一半以上的美国人已经成为大都市的居民。图41-1反映了当时美国人口最多的21个大都市区。

在所有的美国大都市中，纽约独领风骚。二战后，纽约房地产商人亚伯拉罕·莱维特率先改进了郊区别墅的建造方式。他设计了一种没有地下室、只铺一层厚厚的混凝土作为地基的别墅，同时在外地用流水线的方式生产房屋部件，再运到地基上组装起来。这种建造方式既保证了施工质量，又大大缩短了修建一栋别墅所需的时间。他兴建的模范郊区社区"莱维敦"也风靡一时，吸引了大批纽约人前来定居。其他房地产商也争相效仿莱维特，大规模兴建"莱维敦"式郊区社区。郊区化的发展使纽约的城市规模不断扩大，逐渐与其他都市相连，形成特大型的城市化地区。1950年，纽约横跨纽约、新泽西两州，形成纽约—东北新泽西大都市区。后来，新的纽约—东北新泽西—长岛联合大都市区从纽约、新泽西州开始，向北绵延至康涅狄格州、向南绵延至宾夕法尼亚州，成为全美国，乃至全世界首屈一指的超级大都市。在纽约迅速发展的同时，费城、波士顿等城市也发展为横跨两州、三州，甚至四州的大型都市区。

美国汽车制造业和房地产业的兴旺仅仅是战后初期美国经济的一个缩影。从整体上看，自第二次世界大战结束以来，美国的经济出现了爆发性的增长，国民生产总值从1940年的2 000亿美元，增加到1950年的3 000亿美元，之后又在1960年增长到5 000亿美元。1945至1960年，美国人均生产总值几乎翻了一番，由1 087美元增加到2 026美元。中产阶级人数大幅上升。到1959年，美国大部分地区的人均收入超过了1 500美元，有的地方甚至达到2 000美元以上（参见图41-1）。随着收入的增长，电视机、冰箱、洗衣机和吸尘器等现代家用电器走进了千家万户。人民生活富足、喜乐。在历史上，这一时期的美国又常常被称作"丰裕社会"。

在战后初期，美国这般的富足是独一无二的。在残酷的战争中，昔日富庶的西欧、日本被炸成一片废墟。人们流离失所，忍饥挨饿，生活苦

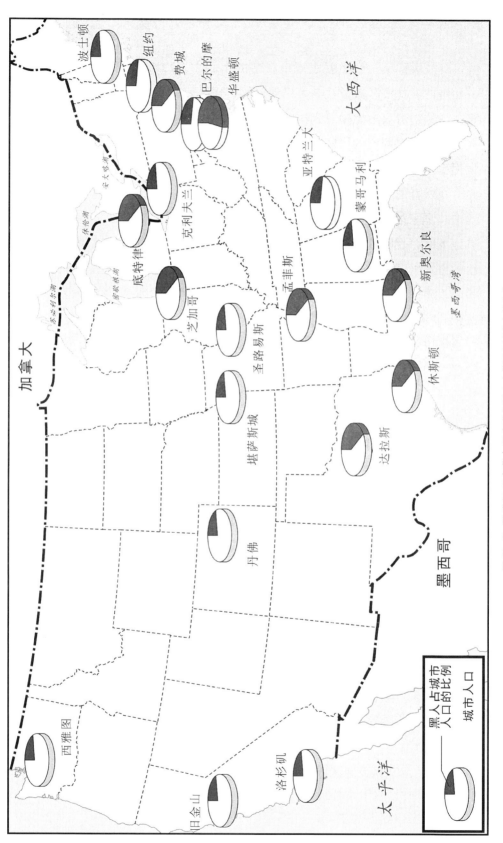

图 41 - 3　20 世纪 40 年代末 60 年代初黑人在美国大城市中的分布

不堪言。有的时候,欧洲产业工人每天从早到晚拼死拼活地工作一个月,挣到的钱却远远赶不上美国洗碗工一天的收入。在这种情况下,美国就成了人人渴望的人间乐土。冷战开始后,为了塑造一个良好的国际形象,美国政府颁布法律,吸纳移民入境。1948 年,美国政府颁布《1948年流亡人员安置法》,允许数十万被法西斯迫害的难民入境。1953 年,为了瓦解社会主义国家、庇护反共亲美分子,美国政府又颁布《1953 年难民救济法》,宣称"在共产党或共产党占领的国家里面遭受迫害或担心受到迫害……那些不能安居乐业并急需援助才能保障生计和交通的人们"都属于难民,可以在满足一定的条件下,到美国定居。除了政治目的之外,美国政府还希望通过吸引全世界的高素质人才来确保美国在经济、科技领域的优势地位。新中国建立前夕,美国政府就曾开出优厚的待遇、引诱中国留学生留在美国。1957 年美国政府颁布的《难民逃亡法》,规定:1957 年以前入境的外国留学生、访问学者、教授和律师等具有技术专长的人可以永久居留美国。此后,世界上每有风吹草动,美国人就"截留"一批访美的优秀人才。

故国的苦难和美国的招揽共同促成了战后初期移民美国的高潮。数以万计的学者、科学家和技术人才涌进美国,为美国的经济繁荣添砖加瓦。美国移民的构成也发生了显著的变化。以往,欧洲人是移民的主体。战后,亚洲、太平洋、拉丁美洲移民迅速增多(见图 41-2)。其中,墨西哥由于本国过于贫穷而且又和美国有着漫长的共同边界,迅速成为美国最大的移民来源国。经过长期的移民和定居,亚裔和拉美裔逐渐成为美利坚民族的重要组成部分,而太平洋沿岸的旧金山、洛杉矶,大西洋沿岸的纽约、费城则是他们青睐的新家园。

当无数外来移民涌进美国的时候,在美国国内也出现了一股汹涌的移民浪潮——黑人大迁徙。从殖民地时代开始,大多数黑人都聚居在美国南部,由此出现了所谓的"黑人地带"。内战前,他们是种植棉花的奴隶。内战后,他们变成了佃农,依然种植棉花。进入 20 世纪以后,随着第二次工业革命的展开,美国南部出现了"拖拉机吃人"的运动。南部的白人地主纷纷从黑人佃农手中收回土地,建立大规模的机械化农场,依靠拖拉机等现代农业器械种植棉花、烟草等作物。黑人失去了赖以生存的田园,只能去城市谋一条活路。然而,在南部的城市里,他们遭到了公然的敌视与歧视。当时,南部的经济仍然不算发达,工作机会很少。黑人进入城市择业,白人找工作的时候就会遇到困难。南部的白人本来就很歧视黑人。现在,他们更团结起来抵制、排斥黑人。一部分黑人由于经济方面的困难不得不憋气窝火地留在南部城市,而更多的人则抓住每一个机会离开南部。两次世界大战期间,由于大批白人青壮年扛枪走上了战场,美国各处都出现了用工荒。黑人们便成群结队地涌进东部和西部。

黑人迁徙的路线大致有三条(参见图 41－2)。佛罗里达、佐治亚、南卡罗来纳和北卡罗来纳的黑人常常沿大西洋沿岸的铁路线前往宾夕法尼亚、纽约和新英格兰。阿拉巴马、密西西比、田纳西的黑人则北上迁徙到芝加哥和中西部其他城市。路易斯安那、阿肯色和得克萨斯的黑人则沿着横跨大陆的铁路线前往太平洋沿岸的旧金山、洛杉矶。1916 至 1917 年、1922 至 1923 年间,美国出现了两次黑人迁徙的高潮。到 50、60 年代,黑人的大规模迁徙逐渐停息。

黑人大迁徙深刻地改变了美国社会的面貌。到 60 年代末,南部黑人人口占全国黑人人口总数的比重减少到 53%。"黑人地带"逐渐消失。由于美国各地的农场早已普及了农业机械,黑人很难在农村找到工作,只能去城市,特别是大都市碰碰运气。到 60 年代末,已有 80% 以上的黑人居住在城市。有 24 个城市的黑人人口超过 10 万。在华盛顿、费城、芝加哥等城市,黑人人口接近甚至超过城市总人口的半数(参见图 41－3)。他们与来自其他国家的移民一道,为建设美国这个多元社会,贡献出了自己的力量。

42. 黑人民权运动

当满怀希望的黑人离开乡村,前往城市定居时,他们常常愕然发现,这里比农村老家好不了多少。在城市里,种族歧视照样盛行。面对着大街上越来越多的黑色面孔,白人提出了所谓的"隔离但平等"的歪理。他们制定法律,规定黑人和白人必须分开使用公共设施。以公交车为例,整个车厢的前半部分属于白人,后半部分属于黑人。白人的座位即使空着,黑人也不许坐。白人集中的地方,例如饭店、学校和电影院,更是禁止黑人进入。在南部,大部分黑人更是被剥夺了选举权。在种族主义盛行的地方,黑人甚至连人身、财产安全都没有保障。

由于遭到严重的歧视,黑人无法公平地与白人竞争,往往陷入赤贫。当白人享受经济发展的成果而黑人只能在贫苦中挣扎的时候,愤怒与不满便开始悄悄地滋生。不仅如此,由于遭到白人社会的排斥,黑人只能聚居在特定的街区,形成了不为城市主流社会接纳的"隔都"。从经济上讲,隔都的形成对黑人是非常不利的。由于白人的歧视与排斥,隔都里不仅没有像样的商店和企业,更是缺乏高质量的学校和图书馆。黑人很难找到工作,而且由于教育资源的匮乏,他们的子女也很难靠知识改变命运,只能一代代地穷困下去。不过,由于黑人的居住非常集中,他们很容易被组织起来,进而迸发出强大的政治能量。第二次世界大战结束以后,美国政府出于冷战的考虑,鼓吹平等、自由。黑人更是感到自己应该采取行动,争取真正的平等和自由。从 20 世纪 40 年代开始,美国便出现了一场轰轰烈烈的民权运动。

从 1945 年开始,黑人工人与退伍士兵不断采取措施抨击种族歧视,要求立法打击针对黑人的种族主义行为。迫于压力,时任总统的杜鲁门于 1946 年成立民权委员会,负责调查对黑人处私刑和其他针对黑人的

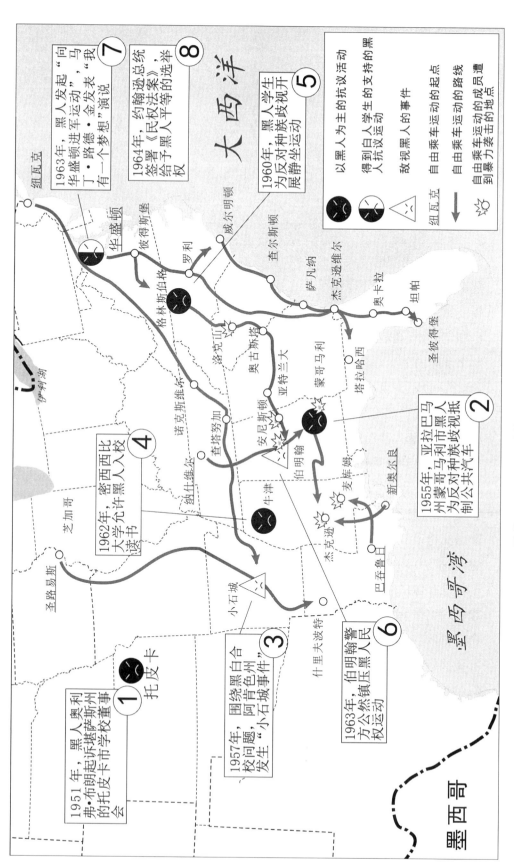

图 42-1 1951 至 1962 年的黑人民权运动形势

残酷行为,并对受害人进行补偿。1948年,杜鲁门发布禁止种族歧视的行政命令,然后要求废除军队中的种族隔离。不过,由于南部各州议员的阻挠,国会直到50年代末60年代初才颁布了一个没有什么效力的民权法案。

从20世纪50年代开始,由于先前的斗争成效不大,美国黑人转变了斗争的方式。他们借鉴了国外非暴力不合作运动的经验,采取灵活的手段去争取自身的权力。民权运动逐渐走向高潮。1951年,黑人奥利弗·布朗起诉堪萨斯州托皮卡市学校董事会。此前,他希望自己的女儿能在这所学校入学,但该学校奉行种族隔离的原则,只招收白人学生。1954年5月17日,最高法院对该案作出终审判决,裁定布朗胜诉,宣布反对在学校中实行种族隔离。这一判决为民权运动开了个好头。

1955年12月1日,亚拉巴马州蒙哥马利城的缝纫女工罗莎·帕克斯在乘坐公共汽车时,坐在了专供白人坐的位置上,当被要求离开座位时,她拒绝服从,结果被捕入狱。这一事件令黑人群情激奋。在牧师马丁·路德·金等黑人领袖的带领下,蒙哥马利城的黑人团结起来进行了长达一年的拒乘公共汽车的抵制运动。当地的公共汽车公司被迫取消种族隔离制度。1956年,最高法院也判决在公共汽车上实施种族隔离的做法违宪。民权运动取得了重大胜利。马丁·路德·金也成为享誉世界的黑人运动领袖。1957年,马丁·路德·金成立南方基督教领袖联合会。该协会后来成为黑人民权运动的核心之一。

1960年1月31日,北卡罗来纳州格林斯伯勒市农业工程学院的黑人大学生在当地一家实行种族隔离的商店开展静坐运动。学生们坐在只允许白人就餐的餐桌旁。白人服务员命令他们走开,但他们静坐不动。这一行为立刻得到南部广大黑人学生响应,发展为大规模静坐运动,迫使近200个城市的餐馆取消隔离制。

1961年5月,在黑人民权组织的支持与声援下,一些黑人大学生发起自由乘车运动。他们自愿乘坐长途汽车,从纽瓦克、华盛顿、圣路易斯等地出发,到南部腹地旅行。大学生们使用以往只允许白人使用的厕所与候车室,以此验证南部是否还存在公共交通领域的种族隔离。他们的行动遭到了白人种族主义者的抵制。5月14日,大学生在亚拉巴马州

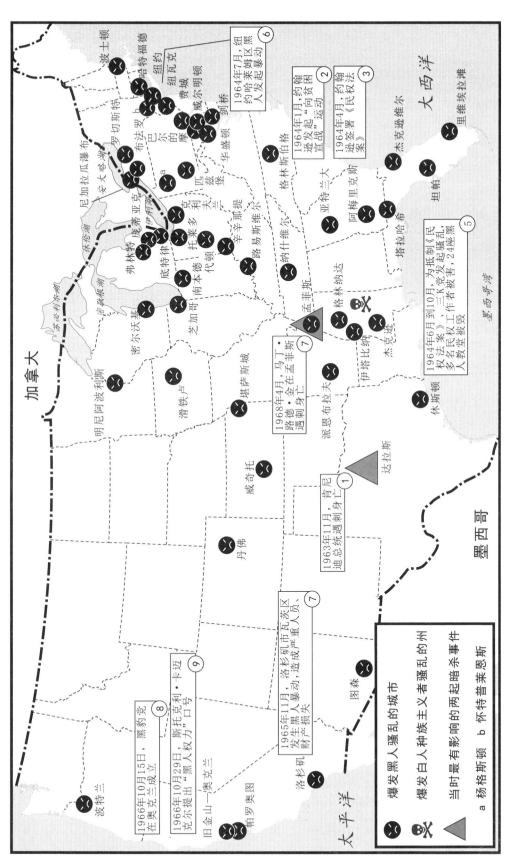

图 42-2　20 世纪 50、60 年代的黑人城市暴动

的安尼斯顿遭到暴徒的殴打,汽车被烧毁。蒙哥马利、杰克逊等地也发生了类似的暴力事件。种族主义者的暴行引起了全美国人民的愤怒。9月,联邦政府下令严禁州际公共汽车上实施种族隔离。11月,南部大部分车站和饭店被迫逐步取消了种族隔离制度。

1963年8月,黑人发起的"向华盛顿进军运动"将整个民权运动推向了高潮。28日,25万名民权运动的支持者在华盛顿的林肯纪念堂前举行盛大集会。会上,马丁·路德·金发表了"我有一个梦想"的著名演说,呼吁改善黑人的社会地位,实现种族和解。

黑人民权运动的发展激起了白人种族主义者的恐慌。无论在黑人静坐运动,还是在自由乘车运动中,都出现了白人暴徒殴打黑人的现象。联邦政府下令终止种族歧视的判决或法令也遭到南部地方当局的公开抵制。1957年,阿肯色州小石城的中心中学准备根据布朗案的判决终止种族隔离制度,允许几名黑人学生入校就读。消息传来,当地种族主义者发起大规模的抗议示威。该州州长派出军队封锁校园、阻挠黑人学生去上课,酿成震惊世界的"小石城事件"。时任总统的艾森豪威尔虽然对民权运动态度暧昧,但在国内外舆论面前,为挽回政府的声誉,他不得不采取果断措施,派出忠于联邦的军队"占领"了小石城,武装护送黑人学生前往学校上课。1962年,密西西比州又爆发梅雷迪斯事件。当时,密西西比州立大学两次拒绝黑人学生詹姆斯·梅雷迪斯的入学申请,结果被后者告上法庭。9月13日,法院判决密西西比州立大学败诉,要求它接受梅雷迪斯入学。然而,该州州长罗斯·巴特尼公然对抗司法审判,阻拦梅雷迪斯入学报到。30日,联邦政府派出军警护送梅雷迪斯进入大学校园。当晚,在巴特尼的煽动下,一伙持枪的白人暴徒向联邦军警发动袭击,造成70余人死伤的惨剧。1963年春,伯明翰又发生暴力事件。当地警方出动大批警察,用警棍、警犬、高压水枪和装甲车来镇压进行和平示威的黑人群众。

伯明翰事件对美国的黑白关系产生了深远的影响。一部分黑人愤恨白人的欺压,开始采用暴力手段伸张自己的权利。1964年7月,纽约市的一名警察杀死一名黑人青年,此举引发哈莱姆区黑人暴动。1965年,由于感到警察在执法过程中歧视黑人,洛杉矶市也发生了大规模的黑人暴乱,造成 34 人死亡、1 032 人受伤的惨剧。此后,美国各大城市陆续发生黑人造反事件。1968 年 4 月,马丁·路德·金在田纳西州孟菲斯市遭白人种族主义者刺杀身亡后,包括华盛顿在内,100 多个城市中的黑人再次发动暴乱。社会秩序遭到严重破坏。

面对黑人的和平抗议和暴力反抗,美国统治集团不得不重视黑人的力量。1963 年 6 月,时任总统的约翰·肯尼迪发表《肯尼迪宣言》,许诺尽力结束种族隔离制度,实现种族平等。肯尼迪遇刺后,1964 年,国会秉承肯尼迪遗志,颁布《1964 年民权法案》和《1965 年选举权法》,废止公共场合的种族歧视,保护了黑人的政治权利。同时,针对一些地方政府公然欺压黑人的现象,联邦多次出动军队向黑人提供保护。美国垄断资产阶级也采取措施改善黑人的经济地位。到 60 年代末,美国黑人运动渐渐平息。

在美国历史上,黑人民权运动产生了深远的影响。它不仅冲击了美国社会中的种族歧视与种族隔离,改善了黑人的处境,而且唤醒了美国民众争取自身权利的政治热情。妇女运动家们高喊女性解放,号召破除性别歧视,鼓励妇女冲破家庭束缚,走向社会。曾经长期游离于美国主流社会之外的拉丁裔美国人和土著印第安居民也纷纷向当局施压,试图改善自己的社会和经济地位。对于很多美国大学生来说,偌大的美国,已经放不下一张安静的书桌了。他们纷纷离开象牙塔,走进社会,为平等和正义而抗争。

43. 焦躁与愤怒的一代

经济的繁荣、人口的迁徙和冷战的爆发也急剧地改变着美国社会的方方面面。第二次世界大战战后初期出生的新一代美国人与他们的父辈相比，有着截然不同的脾性、观点和爱好。流行音乐就是一个很好的例子。

对于美国人来说，生活中不能没有音乐。16、17 世纪，欧洲殖民者将欧洲的音乐带进了北美。此后，几乎每一个美国城镇都建立了自己的交响乐团或唱诗班。在南部的田野里，人们吟唱着源自英国的乡村音乐。这种音乐主题温馨、浪漫，曲调悠扬、动听，歌词富有诗意，通常有吉他、口琴等乐器伴奏。在北部，纽约、费城等地则是歌手、乐团云集的音乐胜地。20 世纪 50 年代，纽约诞生了叮砰巷音乐。叮砰巷是纽约市内的一条街道。这里云集了很多音乐公司。为了招徕顾客，推销员们整天弹琴。钢琴因为使用过度而发出叮砰、叮砰的声音。叮砰音乐便由此得名。叮砰巷音乐以歌颂爱情、抒发对美好生活的向往为主题，曲调或舒缓，或欢快，或伤感，因为迎合了新兴中产阶级的口味而成为当时最流行的音乐。

非洲则是美国音乐的另一个来源。非洲黑人是天生的音乐家。他们音乐旋律奇妙、节奏感强，是乐者喜怒哀乐情绪的自然表露。自从他们来到北美以后，黑人音乐便在美国扎下了根。在阿巴拉契亚山脉，欧洲音乐和非洲音乐相融合，诞生了布鲁斯音乐。最早的布鲁斯音乐诞生于田间、地头和教堂，是黑人奴隶们哭诉悲惨命运、抒发思乡之情、渴求上帝救赎的产物。随着西进运动，布鲁斯音乐逐渐遍及南部的大街小巷。在曾是法国殖民地的路易斯安那，布鲁斯音乐还发展为讲究即兴、摇摆，以长管、单簧管等乐器为主的爵士乐。在辽阔的南部大地上，不同

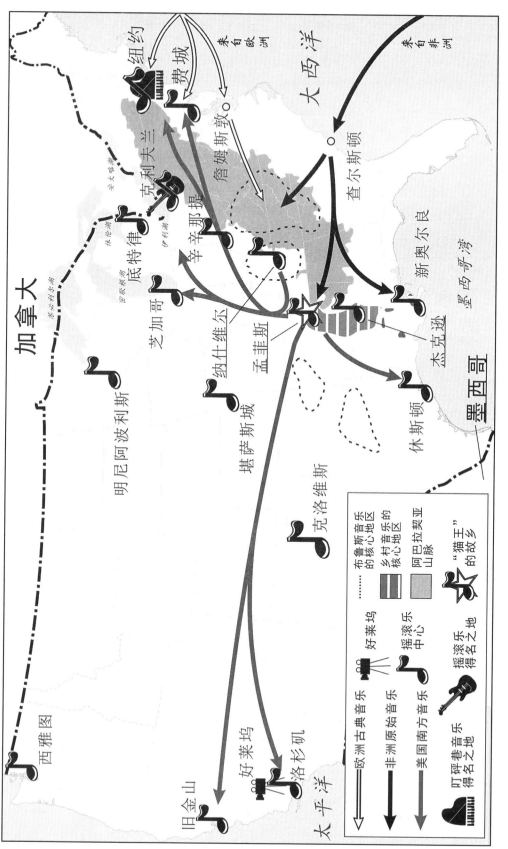

图 43-1 摇滚音乐的起源

风格、类型的音乐流派相互借鉴、交融,最终形成了独具地方特色的美国南部音乐。

20世纪初,随着黑人的大迁徙,南部音乐也走向美国各地。在纽约、芝加哥、克利夫兰等大城市中,南方音乐又与叮砰巷音乐融合,从而诞生了一种崭新的音乐流派——摇滚乐。1951年,克利夫兰电台唱片主持人艾伦·弗里德从一首布鲁斯歌曲《我们要去摇,我们要去滚》中创造出了"摇滚乐"这个名词。

摇滚乐的主要受众是第二次世界大战期间及战后成长起来的新一代美国人。第二次世界大战结束后,将近1 000万青年美国军人脱下军装,回到家园。在战场上经历过生与死的考验后,这些退伍军人急切地想要建立家庭,过上稳定的生活。不仅如此,战后美国经济的高度繁荣也鼓励美国夫妇生育小孩。结果,从1946至1964年,美国的新生儿出生率大幅上升,平均每年新生儿数量达到400万之众,由此引发了一股"婴儿潮"(参见表43-2)。

当时,经历过经济萧条和世界大战的美国父母们非常珍惜来之不易的幸福生活,希望给予孩子们一个无忧无虑、幸福快乐的童年。他们溺爱、放纵自己的子女,竭尽全力地给予其物质上的满足。学校的基础教育也较战前发生了重大的变化。以儿童为中心、重视儿童个性特征的新式教学方法取代了以往以教师为中心、以填鸭式教学为手段的传统教育模式。结果,"婴儿潮"的一代人便拥有了个性张扬、爱好自由、讨厌清规戒律的时代特征。

然而,50年代的美国社会却是麦卡锡主义盛行、人人安分守己的保守社会。由于崇尚效率至上,美国越来越像一部精密的机器,而人则成为这台机器上的螺丝钉。离开温暖的家庭、接触社会以后,从小习惯于随心所欲的"婴儿潮"一代便从心底感到,自己受到了压抑。不仅如此,"婴儿潮"一代也是听着"自由"、"平等"、"民主"的观念长大的。为了进行冷战,美国的政治领导人到处吹嘘美国的意识形态和价值观。然而,步入青年时代的"婴儿"们愕然发现,政府说的都是骗人的。妇女得不到自由、黑人得不到平等、穷人得不到民主。一切的权利和利益都属于有权有势的人。美国军队在越南战争中肆意屠戮无辜的暴行更让美国青

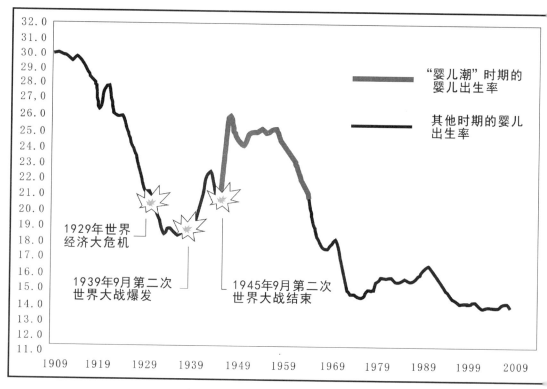

表 43-2　1909 至 2009 年美国的婴儿出生率

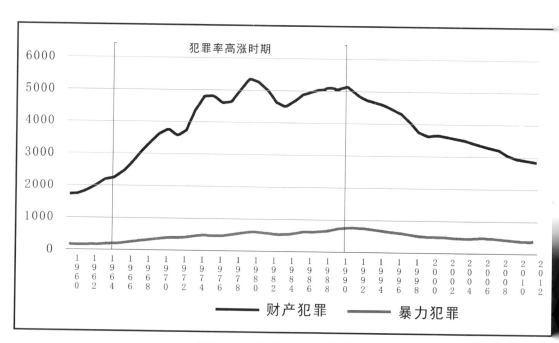

图 43-4　1960 至 2012 年间美国的犯罪率

年们感到由衷的愤恨。越来越多的人感到幻灭。

在这样一种历史背景下,大声咆哮、直抒胸臆、节奏感极强的摇滚乐一下子就抓住了这一代美国人的心灵,而来自孟菲斯的艾尔维斯·普雷斯利更让摇滚乐变得炙手可热。在演出中,普雷斯利常常穿着鲜艳华丽的服饰登台。有人这样描述他的表演:"他以不寻常的巨大能量演奏吉他,像挥舞着武器一般挥舞吉他,连弦都弹断了。他放肆而挑逗地摇摆臀部,在舞台上翻滚,四肢着地爬行。"①这种肆无忌惮的表演,再加上富有感染力的演唱,让青年人疯狂了。普雷斯利被称为"猫王",成为举国崇拜的偶像。此后,摇滚乐如同旋风一般横扫美国。与专心享乐、不问世事的叮砰音乐不同,摇滚乐是青年人的音乐,是战斗的音乐。摇滚乐手们公开地嘲弄美国的传统价值观,抨击政府的战争政策,奏响了这个时代的最强音。

伴随着焦躁而愤怒的摇滚音乐,青年大学生们走出了校园,融入社会变革的大潮之中。1960 年,一群青年大学生在于 1905 年成立的"校际社会主义社会",后来于 1930 年改名为"争取工业民主学生团"的基础上组建了学生争取民主社会组织。1962 年该同盟在密歇根州的休伦港发表《休伦港宣言》,谴责政府的冷战政策,要求通过广泛的改革消除贫困。在此前后,学生非暴力协调委员会、青年国际党、青年社会主义联盟、世界妇女组织等青年政治团体也相继建立起来。

首先遭到青年大学生批判和抵制的对象,就是大学。1964 年 9 月,加州大学伯克利分校明文禁止学生在校园从事与学习无关的政治和社会活动,并惩罚了几名违反新校规的学生。30 日,在学生争取民主社会组织、学生非暴力协调委员会等团体的组织下,该校的学生发起了自由言论运动。学生们先是与校方反复谈判,要求修改那条禁令,继而占领学校行政大楼,组织罢课、示威和游行。校方被迫妥协。与此同时,大学生们也积极声援黑人为争取民权而进行的抗争。其中一些人还参加了震惊全国的自由乘车运动。

1964 年,学生们的注意力逐渐转向反战问题。5 月 2 日,青年社会

---

① [意]安德烈亚·贝尔加米尼著,萧芳译:《摇滚乐》,浙江人民出版社 2003 年版,第 16 页。

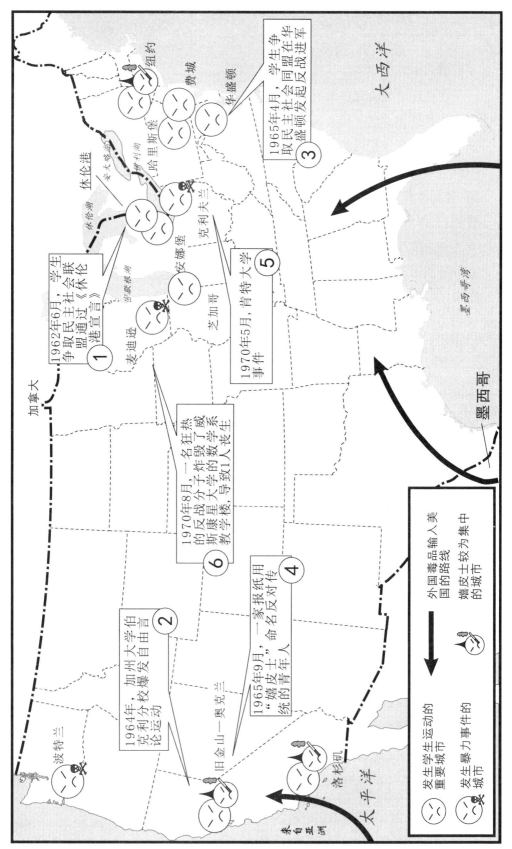

图 43-3　20 世纪中叶美国的青年学生运动

主义联盟、学生争取民主社会组织等团体共同在纽约、旧金山、波士顿组织了反战示威游行,由此揭开了反战运动的序幕。1965 年 4 月 17 日,学生争取民主社会组织在华盛顿举行了有 2 万多人参加的"反战进军"示威。在这次集会游行上,青年学生们猛烈地抨击了美国的越战政策,指出美国的外交政策并不以道德和民主为指导原则,而是"不分青红皂白地对妇女和儿童投掷化学炸弹"。学生争取民主社会组织还号召全美学生行动起来,抵制和反对越战。此后,学生争取民主社会组织逐渐将全部力量转向反战运动,组织了数次大规模的抗议示威。学生的反战运动激起了当局的恐慌。美国政府调集大量军警,试图将这一运动镇压下去。1967 年秋,警察在威斯康星大学的校园内使用催泪弹,造成多人受伤。军警的镇压引发了学生的怒火。1969 年上半年,300 多所高等院校发生了反战、反政府示威,卷入人数占全国学生总数的三分之一。期间,学生们砸碎橱窗,焚烧法官人像,与警察搏斗。爆炸和纵火事件也屡屡发生。1970 年 5 月,前往肯特州立大学镇压学生示威的军警向学生开枪,造成 4 名学生死亡,9 人受伤的惨剧。

在各种各样反抗运动的背后,青年学生们的心里实际上既焦躁、愤怒,又空虚、无奈。他们又被称为"垮掉的一代"。很多人穿奇装异服,留长发,蓄长须,跳摇摆舞,搞同性恋,建立群居村,成为所谓的嬉皮士。来自亚洲阿富汗和拉丁美洲各国的毒品也开始在校园泛滥。1969 年,美国 57 所大学中有 31.5%的学生沾染过毒品。有的青年人还醉心于无节制男女性爱和同性恋之中,发起了所谓的"性解放"运动,以此追求快感,摆脱苦恼。美国的社会风气变得越来越糟。不仅如此,黑人暴乱、学生暴动等动乱也导致社会治安急剧恶化。从 1964 至 1990 年,美国进入了财产、暴力犯罪犯罪率高涨时期(参见图 43-4)。

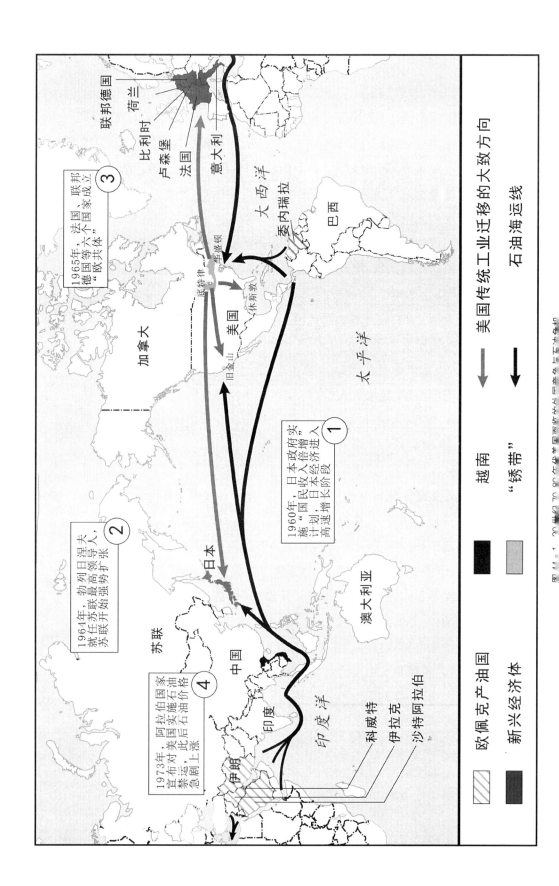

图 M-1　20世纪70、80年代美国西欧的地区差异与两次冲击

图例：

- 欧佩克产油国
- 美国传统工业迁移的大致方向
- 越南
- 新兴经济体
- "锈带"
- 石油海运线

① 1960年，日本政府实施"国民收入倍增计划"，日本经济进入高速增长阶段

② 1964年，勃列日涅夫就任苏联最高领导人，此后苏联开始强势扩张

③ 1965年，法国、联邦德国等六个国家共同体"

④ 1973年，阿拉伯国家宣布对美国实施石油禁运，此后石油价格急剧上涨

44． 能源危机与滞胀困境

二战结束后美国经济的高速发展曾给了美国人无比的信心。他们相信自己的国家能够战胜贫穷。杜鲁门、肯尼迪、约翰逊等总统也积极推行福利政策，调整国民收入分配，野心勃勃地想要把美国打造成一个繁荣、富裕的福利国家。

1945年9月，杜鲁门向国会递交了一系列关于内政的综合性咨文，主张继承新政传统，改善民生，促进美国经济健康、快速发展。1946年，他又在国情咨文中进一步提出建立全面健康保险、由联邦补助教育经费、扩大社会保障范围等福利措施。2月20日，在杜鲁门的促成下，美国国会颁布《1946年充分就业法》，授权政府采取必要的措施，帮助能够工作、愿意工作和正在寻找工作的人就业。1949年，杜鲁门再次当选总统后，正式提出"公平施政"纲领，号召公平分配经济机会、消灭贫穷和社会不公。在其任内，政府拨出巨款，稳定农产品价格、保护自然资源、发展公共教育、为穷人和退伍军人修建廉价住宅。

艾森豪威尔就任总统后削减了一部分福利开支。不过，出于冷战的需要，艾森豪威尔很热衷于发展教育。1958年，国会通过《国防教育法》，授权政府向高等院校学生提供长期低息贷款，并资助公立学校改善教学和实验设施。

1960年，约翰·肯尼迪以"新边疆"的口号赢得选举。他号召美国人去关注"未知的科学与空间领域，未解决的和平与战争问题，尚未征服的无知与偏见的孤立地带，尚无答案的贫困与过剩的课题"。就任总统期间，肯尼迪支持民权运动，大幅减少税赋，开展太空探索。1961年5月，肯尼迪正式宣布："我们国家应当努力在这10年结束以前，实现把一个人送上月球，再平安返回地球这样一个目标"，由此启动了阿波罗登月

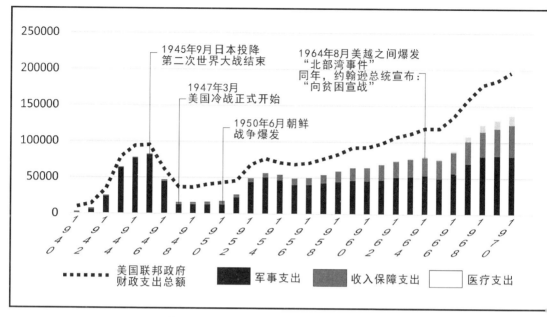

表 44 - 2 　1940 至 1970 年间美国联邦政府的财政支出

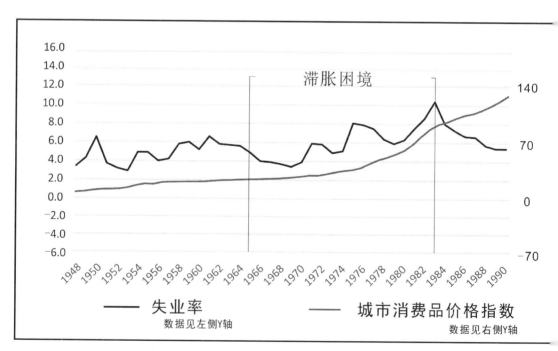

表 44 - 3 　1948 至 1990 年间美国的失业率与城市消费品价格指数

计划。

1963 年,肯尼迪在得克萨斯的达拉斯遇刺身亡。副总统林登·约翰逊继任总统职位。他继承肯尼迪的遗志,积极推动减税和民权立法。1964 年 2 月,国会颁布减税法案,规定在 1964、1965 年间削减公司税 25.5 亿美元、个人所得税 110 亿美元。约翰逊还以"没有任何纪念演说和颂词,能比尽早通过他曾为之奋斗的民权法,更好地纪念肯尼迪总统"的演说征服了国会。7 月 2 日,国会颁布《1964 年民权法案》,禁止在公共场所实行种族隔离,禁止在就业、选举方面实行种族歧视。虽然这部姗姗来迟的法律未能阻止 7 月 6 日的哈莱姆暴动,但它对于提高黑人的政治地位,促进社会和谐有着极大的历史意义。1965 年,国会又颁布法律,进一步保障黑人的选举权。1968 年,美国各大城市爆发种族暴乱后,国会还制定《开放住房法》,禁止在出售和出租住房时对黑人实行种族歧视。

约翰逊也有自己的政治纲领。1964 年 1 月,他在总统国情咨文中正式提出,要"向美国的贫困无条件开战"。8 月,在他的促成下,国会通过《经济机会法》,授权政府向贫困家庭的儿童提供免费的教育和辅导,为辍学失业青年提供职业训练和工作机会,发展社区自治和社区服务。1965 年,约翰逊又提出了"伟大社会"的施政纲领,要求国会在教育、医疗、环保、住房等领域采取积极行动,治理环境污染、援助穷人家庭、资助贫困学生、开发落后地区。

从"公平施政"到"伟大社会",美国政府所采取的一系列改革措施有力地缓解了社会矛盾,促进了经济发展。1964 年,美国国民生产总值增加了 7.1%,1965 年增加了 8.1%,1966 年增长了 9.5%。失业率大幅下降。人民生活水平显著提高。在政府的大力资助下,美国的教学、教育事业取得了显著的进步。1953 至 1973 年,美国取得的 65 项突破性的发明创造,其中绝大部分是在 60 年代研制成功的。1969 年 7 月,阿波罗计划取得重大进展。美国的航天设备将宇航员阿姆斯特朗和奥尔德林送上月球,由此奠定了美国在宇航领域的绝对领先地位。

不过,在政治家赢得声誉、穷人获得好处背后,美国财政却陷入了严重的危机。无论是刺激经济,还是改善民生、发展科学教育事业,政府都需要花费巨额资金。美国还在朝鲜、越南打仗,在欧洲、东亚维持庞大的军事基地,在本土拼命地制造包括核武器在内的尖端武器。每天更是流水似的花钱。用钱的地方越来越多,但政府却又一再减免税款,由此财政赤字不断增加,渐渐超出了美国经济的承受范围。钱不够用的时候,政府只好一面举债,一面大肆增发纸币。由此,从60年代末开始,美国出现了恶性的通货膨胀。在通货膨胀的状态下,钱越来越"不值钱"。城市消费品价格指数急剧上升(参见表44-3)。

　　陋屋又逢连夜雨。在60年代末70年代初,欧洲、日本依靠美国的经济援助迅速复兴起来。德国和日本创造了他国难以媲美的经济奇迹。从1955至1973年间,日本这个曾经几乎被美国炸成一片废墟的国家一跃成为世界第三大经济强国。这些新兴的经济体在充当美国的商品市场与投资场所的同时,也积极开拓美国市场,与美国资本家展开激烈的竞争。1971年,美国的对外贸易第一次出现逆差。

　　面对咄咄逼人的外国竞争者,美国商人束手无策。由于长期的经济繁荣和慷慨的福利政策,工人工资大幅提高。工会势力很强。企业的人力成本不断攀升。为了寻求廉价原材料和劳动力,资本家宁愿到国外投资,也不愿意在国内扩大生产、改进更新生产设备、招募更多的工人。于是,美国曾经引以为傲的制造业开始衰退,逐渐落后于日本和西欧。从70年代开始,美国的经济增长开始停滞。国民生产总值每年年均增长的速度下降到2.8%,远远低于60年代的水平。在东北部、中西部工业区,工厂纷纷破产或缩减规模。大量机器无人操作,无声地忍受着时间的锈蚀。于是,人们形象地把这片地区称为"锈带"(参见图44-1)。

　　通货膨胀与经济增长停滞并存便是所谓的"滞胀"。"滞胀"危机的出现动摇了美国的经济霸主地位。1971年8月,迫于国内严重的经济问题,尼克松终止了美元与黄金挂钩的政策。当年12月和次年2月,美国政府又两次宣布美元贬值。其他主要资本主义国家纷纷废止了维持本国货币与美元固定汇率的义务。1944年形成的"布雷顿森林体系"就此瓦解。

　　1973年爆发的石油危机更给了美国经济致命一击。第二次世界大战后,美国曾帮助以色列欺压阿拉伯国家。1973年10月,埃及、叙利亚两国与以色列之间爆发了第四次中东战争。在美国的大力援助下，以色列先败后胜，把埃叙联军打得满地找牙。中东地区是世界上最重要的石油产地。10 月 17 日，为了声援兄弟国家、阻止美国对以色列的支援，各个出产石油的阿拉伯国家联合起来降低石油产量，以此向美国施压。然而，美国人顶着压力向以色列提供了价值超过 15 亿美元的军火。阿拉伯人怒火中烧。20 日，世界上最大的产油国沙特阿拉伯宣布对美国实行石油禁运，其他阿拉伯产油国争相效仿，酿成 1973 年石油危机。此后，石油价格飙升。1974 年 1 月，每桶石油售价达到 11.56 美元，10 倍于 1970 年以前的石油价格水平。

美国是"车轮上的国家"。无论是居民的日常生活，还是国民经济的正常运行，都高度依赖从中东阿拉伯国家进口的廉价石油。在石油禁运期间，美国长期积累起来的经济问题集中爆发，出现股价暴跌、物价暴涨、公司大批破产，失业率激增的悲惨现象。经济危机结束后，美国经济一直陷入低迷的状态，在 70 年代担任总统的理查德·尼克松、杰拉尔德·福特和吉米·卡特使尽解数，都企图振兴美国经济。然而，为了不得罪选民，他们延续了肯尼迪、约翰逊的既减税又增加福利支出的政策，结果进一步加剧了"滞胀"问题。

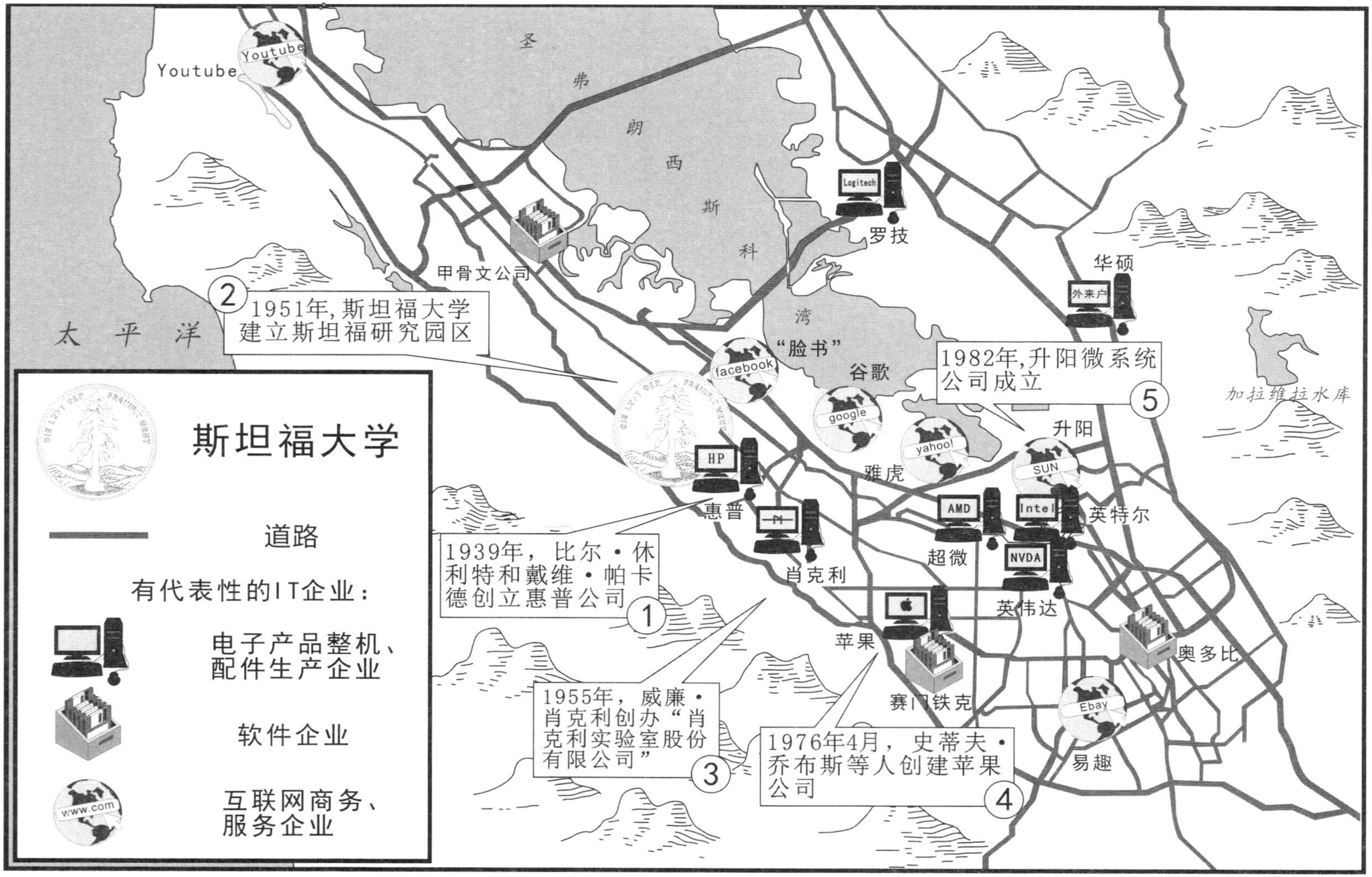

图 45-1 20世纪30年代以来硅谷的兴起

45．美国的"新经济"

　　70、80 年代的美国一度风雨飘摇、愁云惨淡。在经济领域,美国人引以为傲的繁荣已成为明日黄花。美国总统尼克松曾颓唐地说:"从经济上说,美国已经不再是世界头号国家。"在美国国内政治中,长时间的黑人暴乱、学生造反不仅造成了空前的财产损失,而且引发了严重的族群对立。美国政坛也丑闻不断。在 1972 年的总统大选中,为了掌握对手的竞选策略,6 月 17 日,尼克松的亲信詹姆斯·麦科德带人闯进位于华盛顿的水门大厦,在安装窃听器并偷拍有关文件时,当场被警察逮捕,由此酿成了"水门事件"。事件曝光之后,尼克松百般狡辩,但终究难敌悠悠众口,于 1974 年 8 月 9 日引咎辞职,成为美国历史上首位自行辞职的总统。在外交领域,到 20 世纪 60 年代末,苏联的核武器数量已经赶上了美国。苏联社会稳定,经济上与美国的差距也在逐渐减小。由此,在 60、70 年代,冷战格局中出现苏联进攻,美国防御的态势。在美苏冷战的夹缝中,亚、非、拉国家的民族解放运动迅速发展。一大批涌进联合国的新兴的独立国家将这个国际组织从美国人称手的工具变成了痛斥美国霸权行径的讲坛。美国的欧洲、日本盟友也越来越不听话了。看起来,美国离输掉冷战,已经为时不远。

　　然而,从 80 年代中期开始,美国发生了翻天覆地的变化。美国经济开始强势增长,出现了一股技术创新的热潮。社会治安显著改善,贫富差距进一步减小。美国的国际影响力也上升到了一个新的高度。缔造这一切的功臣,不是夸夸其谈的政客,不是上街造反的大学生,更不是玩世不恭的嬉皮士,而是一群在从实验室里、破旧车库中为自己的未来奋斗的年轻人。

　　1885 年,富翁老兰利·斯坦福拿出一大笔钱,在旧金山湾附近的圣

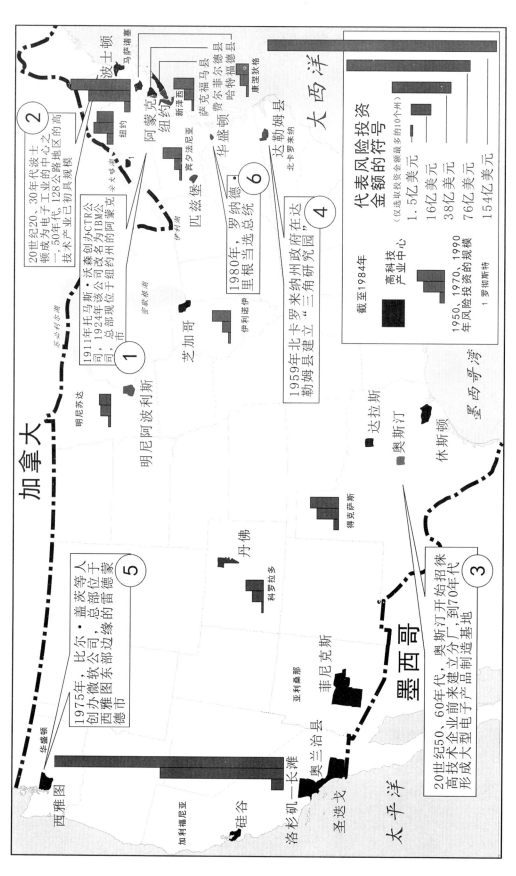

图45-2 20世纪中叶至21世纪初美国的高科技产业

克拉拉谷建立了斯坦福大学,并把自己名下 3 300 多公顷的土地捐出来作为学校的校园。建立之初,斯坦福大学就以建立世界一流大学为目标开展高新技术研究。1909 年,物理系毕业生西里尔·埃尔维尔在学校附近创办了浦耳生无线电话电报公司,主要为美国海军提供电报设备。1911 年,该公司改名为联邦电报公司。第一次世界大战期间,它曾盛极一时。到了 20 年代,由于不敌其他公司的竞争,公司遭到收购,从此不复存在。尽管该公司的寿命不长,但它培养了一大批技术人才,并将很多的电子企业吸引到斯坦福大学所在的圣克拉拉谷。1931 年,斯坦福大学教授费雷德里克·特曼慧眼识珠,借给学生比尔·休利特和戴维·帕卡德 538 美元,帮助他们创业。1939 年,在斯坦福大学附近的一间简陋、狭窄的车库里,休利特和帕卡德拿着老师的资助,创办了惠普公司,由此开启了硅谷的神话。

二战期间,政府的军事订单源源不断地涌进加利福尼亚。惠普公司靠着为军方研究电子战设备赚取了第一桶金。1941 年公司销售额是 3.7 万美元,到 1945 年便飙升至 75 万美元,休利特和帕卡德发了大财。他们的学弟学妹有样学样,争相创办自己的公司。1951 年,在特曼的倡导下,斯坦福大学成立斯坦福工业园,为学子们提供廉价、便利的创业场所。

在 60、70 年代,斯坦福工业园的拳头产品是半导体设备。1947 年,斯坦福大学毕业生威廉·肖克利与其他学者合作,利用半导体材料,发明了晶体管。晶体管是一种革命性的发明,能够大幅提高雷达、通讯设备和电子计算机的性能。1955 年,肖克利在斯坦福工业园创建肖克利实验室股份有限公司,成为斯坦福大学周边第一个专门从事半导体生产的企业。从此,半导体工业便在加州扎下了根。1957 年,公司的 8 名技术骨干集体出走,建立了仙童半导体公司。1959 年,该公司成功研发了世界上第一块具有实用价值和商业价值的集成电路。这种技术可以将大量的晶体管集成到一个小小的芯片上,由此显著地提高了电子计算机的性能,大幅减少了它的体积和能耗。60 年代末,这 8 个人又分道扬镳,分别创建了英特尔公司、AMD 公司等高科技企业。到 70 年代,圣克拉拉谷已经成美国最重要的半导体生产、研发中心。由于半导体的主

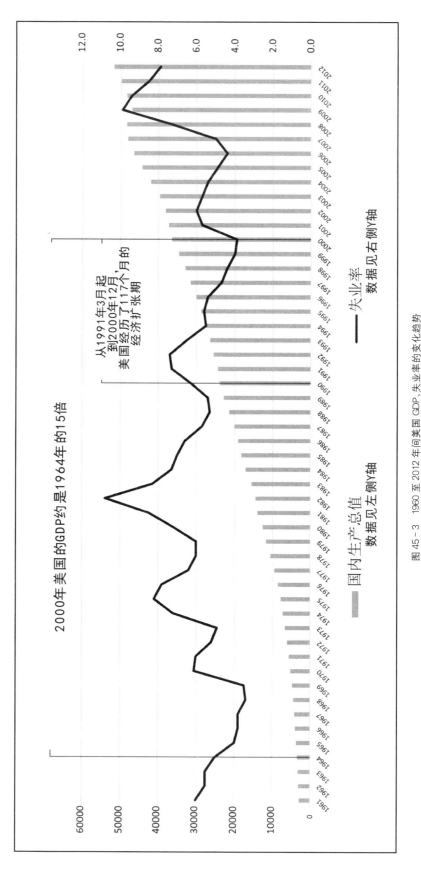

图 45 - 3　1960 至 2012 年间美国 GDP、失业率的变化趋势

要材料是硅,这里便以"硅谷"之名享誉世界。

在半导体研究的基础上,硅谷掀起了一股"个人计算机革命"。1971年,英特尔公司研发出微处理器。1973年,硅谷的一家公司以集成电路技术为基础,研制了世界上第一台微型计算机"牛郎星"。这种电脑的主要缺点是售价很高,只能供专门的研究机构使用,因此没有被市场接受。1976年,美国斯坦福大学学生史蒂夫·乔布斯和斯蒂芬·伍兹奈克合伙创办苹果公司。1977年,公司的几个成员在乔布斯家的车库里捣鼓出一款新式电子计算机"苹果Ⅱ型"。这款新式计算机性能好、造价便宜,普通的家庭完全买得起,而且体积很小,一个书桌就可以放得下。它一经推出就大受好评。1980年,苹果公司的年销售额达到2亿美元。苹果Ⅱ型计算机的成功开启了一股研发个人计算机的热潮。1983年,美国个人电脑的总销量达到150万台。到1993年,美国家庭计算机拥有量已达2 260万台。

个人计算机的出现和普及孕育了新的市场。人们把电子计算机买回家以后,总希望用它绘画、打字、玩游戏。企事业部门还希望将计算机用于会计和管理。于是,软件产业随之兴起。专门研发数据库软件的甲骨文公司、以杀毒软件见长的赛门铁克公司等企业成为了时代的弄潮儿。到1996年,软件产业收入达到1 028亿美元,在美国制造业中的地位仅次于汽车和硬件产业。90年代以后,硅谷又迎来了新的发展机遇。1969年,由美国军方牵头,加利福尼亚大学和犹他州大学等四所大学的计算机进行了联网,由此开启了互联网时代。随后,互联网迅速覆盖全球。网络服务产业一下子变得炙手可热,而硅谷则成为互联网产业的排头兵。雅虎、谷歌、易贝(易趣)、脸书、Youtube等网络服务商先后在硅谷成立。其中,易贝仅用了10年时间,就从一个50人的小公司,发展成为拥有1.5万名员工,年营业额85亿美元的电子商务巨头。1999年,美国互联网产业创造的产值达到5 070亿美元,超过其他传统产业,成为美国第一大产业。

据1997年8月25日的美国《商业周刊》报道:硅谷及其周边地区7 000多家高技术公司的市场价值约为4 500亿美元,大大超过市场价值总和仅为1 100亿美元的老工业中心底特律,也超过了具有4 000亿美元市场价值的华尔街金融公司。硅谷最繁荣的时候,每天能产生 62 个百万富翁。硅谷的成功,除了源于青年人的天赋与努力、斯坦福大学的远见和慷慨之外,也得益于先进的金融工具——风险投资。风险投资是为初创企业提供资金支持并取得该公司股份的一种融资方式。在硅谷,每当一个或几个毛头小伙开始创办公司,就会有风险投资家来考察这个公司的潜力。如果投资家觉得这个公司能行、有价值,他就会投入巨资,有时甚至亲自加入公司,帮助小伙实现创业梦想。为惠普公司提供启动资金的弗雷德里克·特曼或许就是最早的风险投资家。随着硅谷的繁荣,加利福尼亚也成为美国风险投资最活跃的地区。到 1990 年,该州的风险投资总额达到 154 亿美元,超过其他各州的总和(参见图 45 - 2)。

　　在硅谷的带动下,微软公司总部所在地西雅图、麻省理工学院所在地波士顿 128 公路地区、IBM 公司总部所在地阿蒙克等地也成为新兴的高科技产业中心。一些有远见的政治家还动用政府资源支持高科技产业的发展。达勒姆县的北卡罗来纳"三角研究园"、奥斯汀电子产品制造基地就是其中很有代表性的例子(参见图 45 - 2)。

　　计算机、网络技术和信息产业构成了美国"新经济"的基石。美国由此进入"知识经济时代"。利用电子计算机,美国公司有效地改善了管理,降低了生产、经营过程中的浪费现象,拓宽了营销渠道,而以计算机为核心的自动化生产设备,显著地提高了美国的劳动生产率。在此基础上,美国很快实现了从工业型经济向服务型经济的转变,成为以第三产业为主导的国家。美国的经济形势也迅速好转,从 1991 年 3 月到 2000 年 12 月,美国出现了长达 117 个月的经济高速增长期,国内生产总值从 5.995 97 万亿美元增长到 9.817 0 万亿美元。1998 年,美国中等收入家庭的年收入达到了 3.9 万美元的历史最高点。

46．"一超多强"的世界新格局

马克思曾说，经济基础决定上层建筑。随着经济形势好转，美国的国力稳步增长，而以苏联为代表的社会主义阵营却在与美国争霸的过程中大伤元气，走向衰退。

社会主义阵营面临的首要问题就是分裂。苏联是最早的、也是最强大的社会主义国家，在共产主义运动中有着天然的领导地位。然而，历届苏联领导人大多把自己的党看成是"老子党"，把其他国家的兄弟政党看成是"儿子党"，颐指气使、到处指手画脚。波兰、罗马尼亚、中国等社会主义国家建立以后，苏联党和政府更是把自己国家的利益凌驾于兄弟国家之上，肆意干涉他国内政。冷战爆发初期，苏联和南斯拉夫之间就曾爆发严重的分歧。50年代，苏联以南斯拉夫"背离马克思列宁主义"、"对苏联和联共不友好"等罪名，将它"开除"出社会主义阵营，并试图暗杀其领导人铁托。此后，为了防止其他社会主义国家脱离苏联的控制，1956年、1968年，苏联先后悍然入侵匈牙利、捷克斯洛伐克。1961年，为了阻止东德居民逃往西德，苏联与东德政府还在柏林修建了柏林墙。

高压政策不可能维持社会主义阵营的团结。从50年代末开始，最大的两个社会主义国家中国与苏联之间爆发激烈的争端。1969年，中苏两军相继在珍宝岛、铁列克提地区交火。随后，苏联在中国边境陈兵百万，成为对中国威胁最大的敌人。美国政府注意到中苏关系的变化，试图改善与中国的关系。中国政府也想改变于己不利的国际环境，于是对美方的试探做出了积极的回应。1971年4月6日，中国政府邀请在日本比赛的一支美国乒乓球队访华，打开了两国人民友好往来的大门。这就是享誉世界的"乒乓外交"。7月8日，尼克松总统的重要智囊基辛格博士秘密访华，与周恩来总理会谈。双方商定：次年安排尼克松访

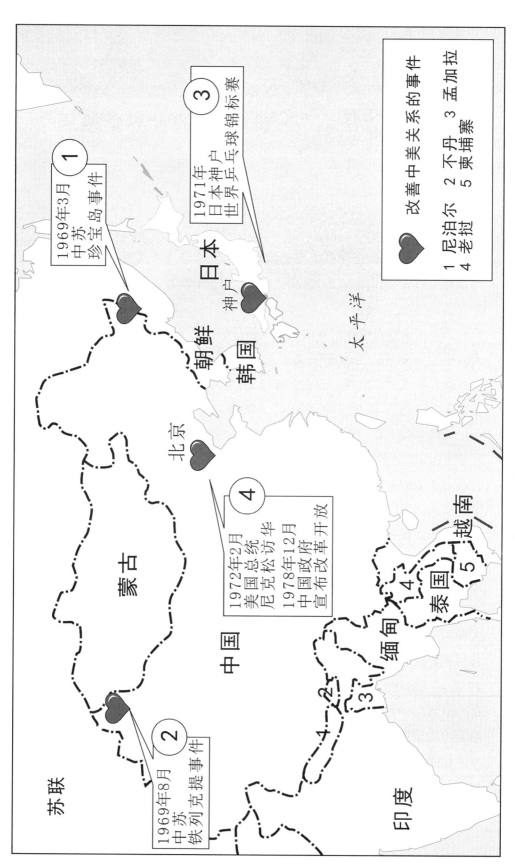

图 46-1　20 世纪 60、70 年代中美关系的改善

华。1972 年 2 月 21 日,尼克松偕夫人一行飞抵北京,开始了为期一周的正式访问。28 日,中美双方签订《上海联合公报》,宣告双方将努力实现关系正常化,依照和平共处五项原则处理国与国的关系。美国赞同"一个中国"原则,承认台湾是中国的一部分。中美两国将逐步开展科学、技术、文化等方面的联系和交流。1979 年 1 月,中美正式建交。

中苏交恶并没有给苏联人足够的教训。1979 年 12 月 27 日,为了与美国在亚洲争夺势力范围、打开通往印度洋的战略通道,苏军突然向阿富汗发动大规模袭击,迅速占领阿富汗主要城市。美国人迅速行动起来,向阿富汗的抵抗势力提供武器装备与财政援助。在美国人的支持下,一个叫本·拉登的年轻人逐渐崭露头角。他创办的基地组织,在与苏联对抗的过程中,逐渐成长为一个庞大的政治、军事势力。经过 9 年多的战争,苏军在付出伤亡 5 万人、耗资 450 亿卢布的沉重代价后,仍然无法彻底控制阿富汗。

延续将近 10 年的阿富汗战争成了苏联"流血的伤口",令苏联的国内外形势愈加恶化。在此期间,苏联政治、经济体制中的各种痼疾也一并爆发了出来。为了和美国进行冷战,苏联政府将大量的人力、资金用于生产武器装备,而不是改善人民的生活。僵化的经济体制更令苏联经济雪上加霜。1966 至 1970 年,苏联国民收入年均增长 7.7%,1976 至 1980 年间下降到 3.7%。人民的生活水平严重下降。普通民众不得不排着长队去购买生活必需品。社会矛盾随之日益激化。面临严峻的形势,苏联党和政府却变得高度腐败和僵化。政治局是苏联政府的核心,勃列日涅夫执政时期,其成员的平均年龄达到 70 岁以上,连牙齿都因为太老而掉光了。在老迈昏聩的官员们的领导下,苏联的政治、经济改革全面中止,但政府规模却急剧膨胀。当时,仅苏联农业管理部门的官员就多达 300 万人,比美国农民的总数还多。庞杂、低效的政府机构孕育出一个生活腐化、不思进取的特权阶层。苏联共产党完全脱离人民群众,成为高高在上的既得利益集团。

苏联的困局让民众既失望又愤怒。美国人的宣传战机构便趁虚而入,从少年儿童入手,大肆传播美国的文化和价值观,促使他们成为美国利益的代言人。这种思想控制和意识形态渗透,再加上经济封锁、外交

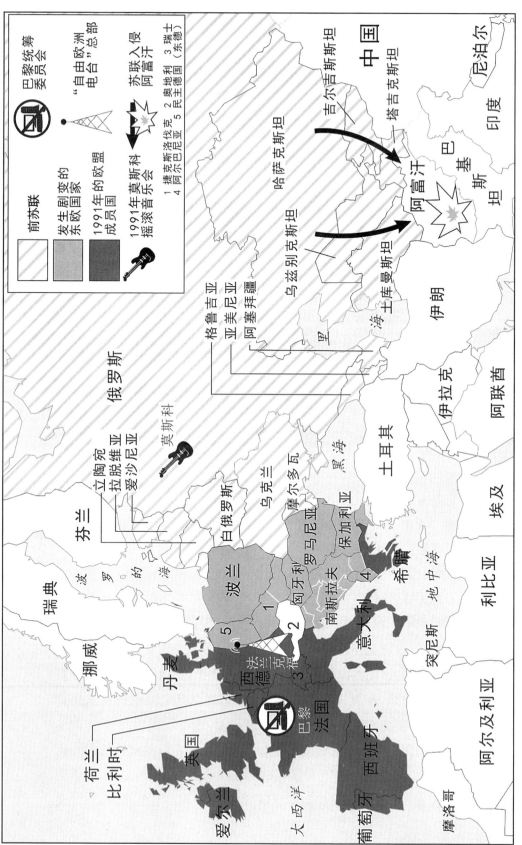

图 16-2　20 世纪 80-90 年代的苏东剧变

孤立和间谍行动,便构成了所谓的"和平演变"。1980 年,罗纳德·里根当选美国总统后,公开谴责苏联是"罪恶的帝国",是"现代世界罪恶之源"。[①] 1983 年 1 月,他签署第 77 号国家安全决策指令,掀起了意识形态宣传大战的狂潮。美国政府拨出巨资,资助、收买苏联和东欧的"持不同意见者",传播美国的"民主"思想和生活方式。设在美国本土的"美国之音"和设在慕尼黑的"自由欧洲电台"天天开足马力诋毁苏联政府和体制,宣扬苏联什么都坏,西方什么都好。

在"和平演变"的高潮中,摇滚乐起了非常特殊的作用。1957 年,在莫斯科举行的世界青年联欢会上,英美乐队第一次公开在苏联表演摇滚乐。随后,在美国政府的有意安排下,更多摇滚作品涌进苏联。摇滚歌手激亢的歌唱、强烈的节奏、闪耀的服饰、另类发型和古怪的舞蹈一下子就抓住了苏联青少年的心。在富裕、多元的美国社会,摇滚尚且让青年们疯狂,那么,在相对贫穷、封闭的苏联,摇滚更成为青年人否定传统、反叛社会的精神食粮。1991 年 9 月 28 日,一场规模空前的摇滚音乐会在莫斯科拉开帷幕。50 万年轻人整日欢歌热舞,奏响了苏联这个庞大帝国的丧乐。

80 年代,听着"美国之音"、摇滚乐长大成人的米哈伊尔·戈尔巴乔夫、鲍里斯·叶利钦等人相继走上苏联的领导岗位。他们掌握了权力以后便自上而下地破坏这个国家的制度与凝聚力。从 80 年代末开始,东欧各国相继爆发剧变。共产党政府被推翻。华沙条约组织解散。1991 年 12 月 25 日,苏联正式解体。在苏联分裂后新建立的俄罗斯、乌克兰、哈萨斯坦等国家组建起独立国家联合体,简称独联体。长达半个世纪的冷战就这样和平地结束了。

随着苏联的解体,美国成为唯一的超级大国。任何一个胆敢公然抗拒美国的国家都会被排斥到国际社会之外。美国的政治家们也得意洋洋地充当起"世界警察",肆无忌惮地干涉他国内政。在拉丁美洲,美军先后入侵格林纳达、巴拿马和海地,逮捕当地政要,颠覆合法政府。在中

---

① Ronald Reagan, "President Ronald Reagan's 'Evil Empire' Speech (March 1983)," 转引自 Gary Donaldson ed. Modern America: A Documentary History of the Nation Since 1945. New York: M. E. Sharpe, Inc. , p. 273。

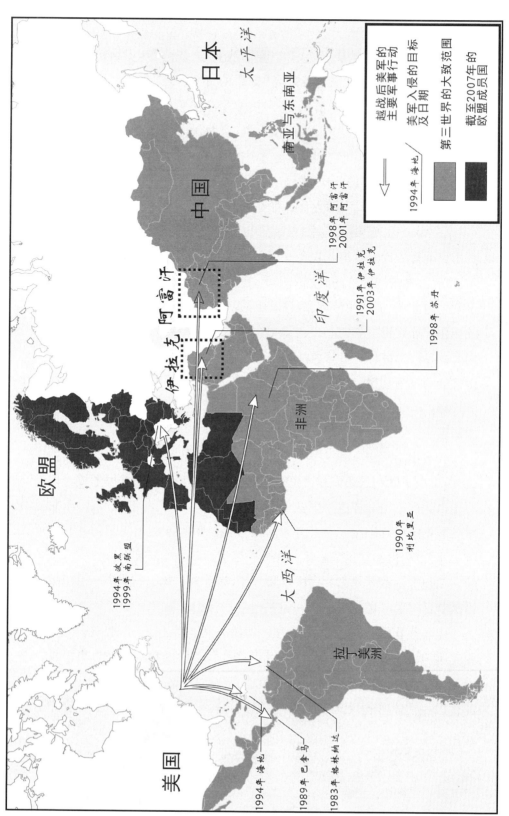

图 46-3 苏联解体后"一超多强"的世界形势

东和非洲,利比里亚、伊拉克、阿富汗等国则由于美国的侵略陷入战火连绵、民不聊生的惨境。在欧洲,为了防止苏联势力东山再起,美国更是加紧分化、干涉前华约成员国和独联体国家,于 1994 年、1999 年,入侵前南斯拉夫境内的波黑和南联盟,造成大批无辜平民死亡的惨剧。

然而,物极必反。也正是从 90 年代开始,美国的霸权从顶峰走向衰落。1993 年,美国的传统盟友西欧各国建立起政治、经济一体化组织欧洲联盟。随后,欧盟在世界政治中的影响力迅速增强。美国的另一个盟友日本,自经济崛起之后,也谋求成为世界政治、军事大国。美国的老对手们则有了新的发展。中国自 1979 年改革开放以来,国力迅速增强,逐渐成为世界上最重要的强国之一。俄罗斯则继承了苏联的大部分遗产。2000 年,普京当选俄罗斯总统后,对内进行政治、经济、军事改革;对外努力拓展外交空间,恢复了世界性强国地位。由前殖民地半殖民地国家组成的第三世界更是在国际舞台上发挥了越来越重要的作用。"一超多强"的世界新格局开始形成。到 21 世纪,美国虽然依旧强大,但已不可能单独主宰世界形势了。

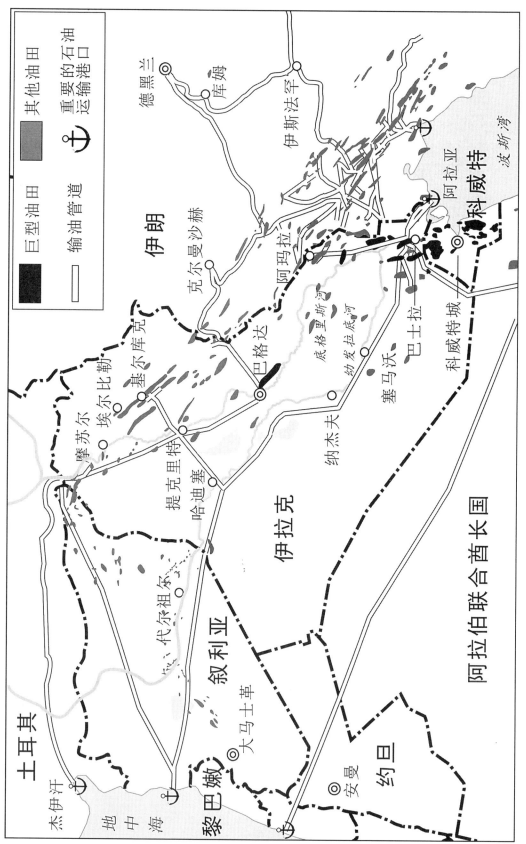

图17-1 伊拉克与周边地区的石油资源

47. 萨达姆与华盛顿的恩恩怨怨

　　国际形势的剧变让很多国家获得了前所未有的发展机遇。它们积极发展经济、慎重改革政治体制、努力提高人民生活水平,在很短的时间内就实现了国家和民族的崛起。然而,还有少数"聪明"的国家想要趁"乱"捞一把,结果却结结实实地挨了美国的一顿痛揍,被打得"半身不遂"。伊拉克就是这样一个悲催的国家。

　　伊拉克位于阿拉伯半岛东北部,波斯湾沿岸,是世界上最重要的产油国之一。境内有大量油田(参见图47-1)。原油储量排名世界第三。1958年,一群军官发动政变,推翻王国政府,建立了伊拉克共和国。新政权利用石油收入,大力发展经济、促进教育、改善民生,用短短十几年时间就将伊拉克建设成为中东地区最繁荣、强大的国家之一。在这一过程中,性格谨慎、手段强硬的萨达姆·侯赛因逐渐崭露头角。1979年7月16日,萨达姆就任伊拉克总统。次年9月,萨达姆命令军队突袭伊朗,挑起了两伊战争。这场战争延续了8年之久。到1988年8月20日两国停火之时,伊拉克的外汇储备全部耗尽,并欠下800亿美元的外债。

　　伊拉克人打起了邻国科威特的主意。科威特是波斯湾沿岸的小国。它虽然小,但因为拥有数个巨型油田而非常的富有。萨达姆希望通过占领科威特来解决严重的财政问题,并改善伊拉克在中东地区的战略地位。动手前夕,他小心试探了美国人的态度。1990年7月,美国国务院发言人公开表示:美国同科威特没有防务条约,对其也没有特殊的防务承诺。其他的美国外交官员则态度暧昧,对于伊拉克调兵遣将、筹备战争的举动不予置评。萨达姆因此觉得美国政府会把主要精力放在正在发生的苏东剧变上,不会干涉伊拉克的侵略行动。于是,1990年8月2日,伊拉克集结了10万大军,突袭科威特,一夜之间占领科威特全境。

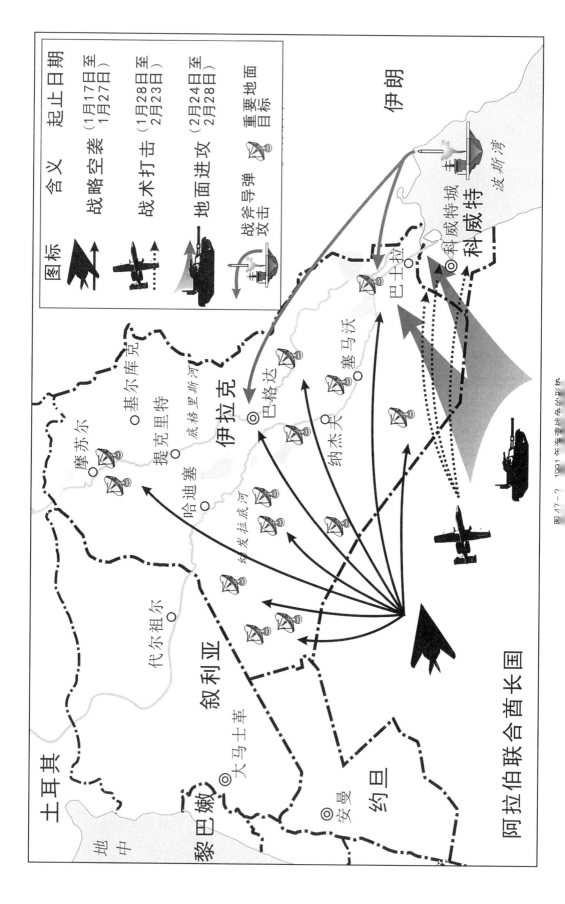

图 67-2　1991 年海湾战争的形势

自以为得计的萨达姆只猜到开头,却没想到结尾。伊拉克入侵科威特当天,美国总统乔治·赫伯特·沃克·布什就发表讲话,谴责伊拉克的行动是"赤裸裸的侵略",并宣布冻结伊拉克和科威特在美国的所有资产。联合国安理会也召开紧急会议,通过谴责伊拉克的决议,要求伊拉克无条件退出科威特。接着,安理会接连通过对伊拉克实施经济制裁和空中封锁的决议。8月7日,美国总统布什签署以出兵海湾地区为主要内容的"沙漠盾牌计划",向中东地区集结重兵。截至1991年1月15日,在海湾地区的美国军队总数已达43万,装备有4 000余辆坦克装甲车、2 700架飞机与直升机,以及包括6艘航空母舰在内的100余艘舰艇。英国、法国等38个国家也派出军队支援美国作战,组成了"多国部队"。

1990年11月29日,安理会通过678号决议,限伊拉克于1991年1月15日以前无条件完全撤出科威特,否则联合国成员国有权对伊拉克动武。伊拉克拒绝接受这一决议。17日,以美国为首的多国部队向伊拉克发动了代号为"沙漠风暴"的大规模空袭。战争爆发。由于战场仅限于波斯湾沿岸地区,因此这场战争又被称为海湾战争。在这场战争中,空军是决定性力量。美国空军、海军利用最先进的隐形飞机和从航母上发射的巡航导弹,对伊拉克的军事指挥中心、通讯枢纽、发电站、机场、雷达站、导弹发射架、军工厂等战略目标进行精确轰炸。仅用了10天时间,伊拉克的重要军事设施就损失过半。随后,美军对伊军主力实行了战术打击,消灭伊军2 600辆坦克装甲车、1 100门火炮,造成伊军重大人员伤亡。

2月24日,美军开始实施"沙漠军刀"计划。先由美军第一陆战远征部队发起进攻。而后,阿拉伯国家东线联合部队在波斯湾多国部队海军和两栖部队配合下发起进攻,吸引伊军注意力,为西部主攻部队发动进攻创造条件。美第七军于24日午后发起攻击。美第七军和第十八空降军利用空中机动和装甲突击力强等优势,在海空军支援下实施"左勾拳"计划,将伊拉克共和国卫队合围于巴士拉以南地区。接着参战的多国部队组成4个战役集群,在500公里的战线上向伊军发起全面进攻。仅仅用了5天时间,多国部队就以伤亡600余人,损失装甲车1辆、火炮

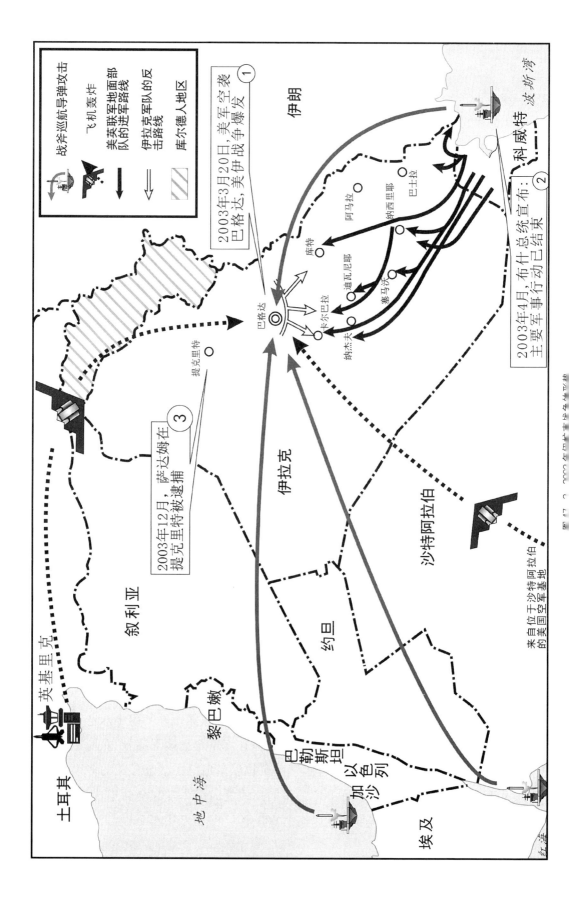

图 17-2 2003 年伊拉克主要战争情况图

图例

- 🌀 战斧巡航导弹攻击
- ✈ 飞机轰炸
- ➡ 美英联军地面部队的进军路线
- ⟵ 伊拉克军队的反击路线
- ▨ 库尔德人地区

① 2003年3月20日,美军空袭巴格达,美伊战争爆发

② 2003年4月,布什总统宣布:主要军事行动已结束

③ 2003年12月,萨达姆在提克里特被逮捕

土耳其

英基里克

叙利亚

地中海

黎巴嫩

巴勒斯坦

以色列

加沙

约旦

埃及

沙特阿拉伯

伊拉克

提克里特 ○

巴格达 ◉

库特 ○

卡尔巴拉 ○

纳杰夫 ○

迪瓦尼耶 ○

塞马沃 ○

纳西里耶 ○

阿马拉 ○

巴士拉 ○

科威特

波斯湾

伊朗

来自位于沙特阿拉伯的美国空军基地

1门、飞机51架的微小代价重创伊拉克军队,迫使伊拉克接受联合国的决议,从科威特撤军。4月11日,联合国安理会宣布,海湾地区实现停火,战争结束。

是役,美军首次将大量高科技武器投入实战,使得这场战争以高技术局部战争的代名词载入史册。战争的胜利也让美国的国际威望几乎达到顶峰。美国也乘机驻军中东,牢牢地控制了这块丰饶的石油产地。不过,这场战争并没有彻底解决伊拉克问题。此后,美伊之间一直进行着"猫捉老鼠"式的斗争。1998年12月,美国联合英国,发动"沙漠之狐"行动,向伊拉克展开猛烈空袭,企图颠覆萨达姆政权,但未获成功。

2000年,乔治·赫伯特·沃克·布什的儿子乔治·沃克·布什当选总统。为了区别这对名字相近的父子总统,乔治·赫伯特·沃克·布什常被称为老布什。乔治·沃克·布什则被称为小布什。小布什就职不久,就气势汹汹地筹备新的战争。2002年1月30日,他在《国情咨文》中称,伊朗、伊拉克、朝鲜是"邪恶轴心",这些国家一旦掌握诸如核武器、生化武器在内的大规模杀伤性武器,就可能将之用于恐怖袭击。因此,美国应当对"恐怖分子"和"暴君"国家实施"先发制人"的打击。

在三个"邪恶轴心"国家中,伊拉克自海湾战争以来长期受国际孤立和封锁,国力最为孱弱,同时又位于盛产石油的中东地区,地理位置十分重要,因此成为美国政府最先打击的"软柿子"。7月9日,小布什在白宫记者招待会上公开宣称:如果萨达姆下台,世界将变得更加安全与和平,为此,美国将采取"一切可以利用的手段"推翻萨达姆政权。美国对伊动武的主张遭到了法国、德国、俄罗斯等国的坚决反对。尽管如此,2003年3月,美国政府在没有得到联合国授权的情况下,仍以萨达姆政府专制暴虐、藏有大规模杀伤性武器,同时又与恐怖分子勾结为借口,联合英国、澳大利亚等盟国,向伊拉克发动了全面入侵,挑起了伊拉克战争。

2003年3月20日,美军以猛烈的空中打击拉开了战争的序幕。在战争刚开始的几个小时内,美军就向伊拉克首都巴格达发射了三波共45枚巡航导弹和数十枚精确制导炸弹,企图一举消灭萨达姆及其重要官员。萨达姆等伊拉克高官侥幸逃得一命。在实施轰炸的同时,美英军队又从科威特侵入伊拉克南部,向巴格达发起了闪电式的进攻。美英情报部门也通过广播、传单、互联网等途径发起了强大的心理攻势,分化、威吓、离间、诱导伊拉克军政要员,争取伊拉克民众的支持。面对强大的对手,伊拉克军队在巴士拉、纳杰夫及巴格达周边等地区进行了顽强的抵抗,但是终究阻挡不了美英联军的前进步伐。4月9日,美英联军攻入巴格达,伊拉克政权被推翻。当地时间5月1日晚,美国总统布什宣告,伊拉克境内战斗"基本结束"。此后,萨达姆政权的高官相继被捕。12月13日,经过半年多的追踪,萨达姆本人在提克里特被美军逮捕。2006年12月30日,萨达姆以反人类罪被判处绞刑。

在这场战争中,美军再次展示了信息化战争的强大威力。在短短的十几天中,美军仅以死亡128人的代价,就取得了推翻萨达姆政权的重大胜利。然而,美国也为伊拉克战争付出了不菲的代价。首先,伊拉克人虽然憎恨萨达姆,但也同样反对美国的入侵。在美军占领期间,他们运用各种武器和战术反抗侵略者,使美军陷入"人民战争的汪洋大海"。截至2011年12月15日美军撤出之时,驻伊美军有4 400名士兵阵亡,消耗了数千亿美元的军费,但仍然无法稳定当地局势。其次,美军在伊拉克并没有找到萨达姆政权拥有大规模杀伤性武器的证据,对伊宣战原来是一场骗局。2003年,英美军人虐待伊拉克战俘事件又被舆论曝光。美国大失颜面。国内反战和国外反美浪潮盛行。最后,美国在没有得到联合国授权的情况下,就单方面推翻一个主权国家的行径,招致了众多国家的不满和反对。

48．"9·11事件"与全球反恐

　　海湾战争曾给中国政府和军队造成了沉重的压力。自新中国成立以来,中国的军工科技主要来自苏联。从 60 年代开始,由于中苏交恶,苏联中止了对中国的技术援助。此后,由于国内发生的一系列政治事件,到 80、90 年代,中国的军事科技已经远远落后于苏联。海湾战争爆发时,伊拉克军队则装备着当时最先进的苏式装备。它的惨败说明,如果中国和美国发生战争,中国军队的表现可能也不太乐观。更加不幸的是,虽然尼克松访华之后,中美关系进入了"蜜月期",然而里根当政之后,社会主义中国也成为和平演变的重点对象。苏联解体之后,作为硕果仅存的社会主义国家之一,中国更成为美国政客的眼中钉。美国政府不仅对中国实施经济制裁和技术禁运,而且相继扶持"台独"、"藏独"、"疆独"等势力,将它们作为遏制中国的棋子。美国还屡屡发起武力挑衅。1993 年,美国情报机构指控中国"银河"号货船装载违禁武器,并强行对其进行了反复检查,结果一无所获,由此酿成了"银河"号事件。1999 年,美国攻击南联盟时,用 5 枚导弹轰击中国驻南联盟大使馆,造成中国记者 2 人遇难的惨案。2001 年,美国军用侦察机又在中国领海内撞毁中国的飞机,致使中国飞行员失踪。

　　如果美国一直将中国作为敌人加以遏制和攻击,中国的发展就会受到严重的影响。2001 年的一场恐怖主义袭击则转移了美国人的注意力,为中国的发展提供了珍贵的和平发展时间。

　　恐怖主义一般是指实施者对非武装人员有组织地使用暴力或以暴力相威胁,通过将一定的对象置于恐怖之中,来达到某种政治目的的行为。冷战时期,恐怖主义曾是东西方对抗的重要组成部分。美苏两国都曾扶植大量的恐怖主义组织为自己效力。其中比较知名的有阿富汗的

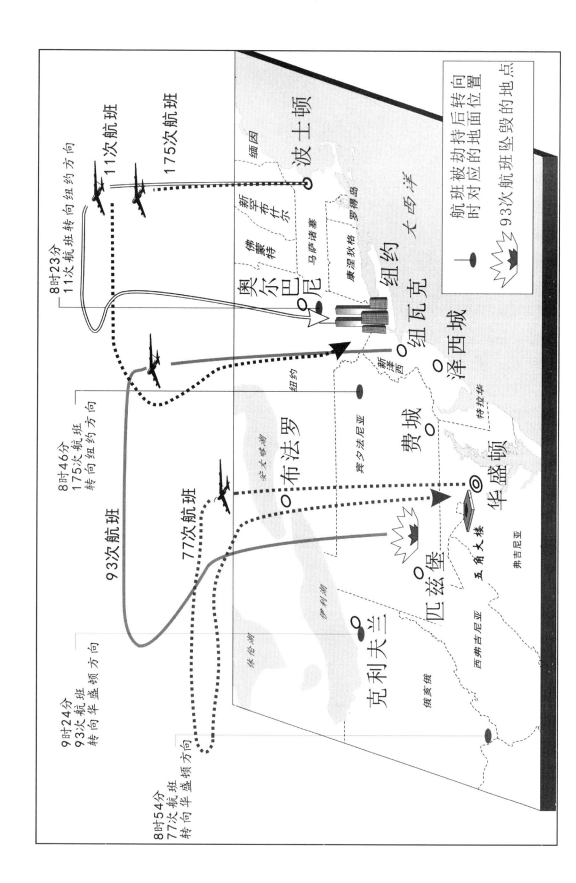

基地组织、西德的红军旅和日本的赤军。随着全球共产主义运动的衰退,恐怖主义的源头也发生了改变。长期被美苏争霸所压抑或掩盖的民族、宗教矛盾逐渐暴露出来。美国对一些地区进行剥削、入侵与占领也激化了社会矛盾,加剧了恐怖主义犯罪的蔓延。1991 年海湾战争时期,美军在中东的军事行动激怒了曾经为美国服务的本·拉登。看着在沙特阿拉伯的大街上晃荡的美国兵,这个生于斯长于斯的虔诚穆斯林觉得自己的国家和信仰都受到了严重的冒犯。战争结束后,美军趁机常驻沙特的行为更让他怒不可遏。他认为:"美国士兵继续留在沙特,这证明我的预测完全正确,世俗污染已经蔓延开了!"①从此,拉登逐渐走上反美道路。1998 年,拉登领导的基地组织对美国驻肯尼亚和坦桑尼亚的大使馆发动汽车炸弹攻击,造成 200 多人死亡的惨剧。2000 年,美国的"科尔"号驱逐舰在也门遭到袭击,17 名水手身亡。

2001 年 9 月 11 日,基地组织的恐怖活动达到最高潮。就在这一天,分别从波士顿、纽瓦克和华盛顿特区飞往旧金山和洛杉矶的 4 架民航客机先后被恐怖分子劫持。它们是美国航空公司 11 次航班、联合航空公司 175 次航班、联合航空公司 93 次航班和美国航空公司 77 次航班。劫机者使用催泪瓦斯、胡椒喷雾和小刀绑架机组成员,控制了整架飞机。疯狂的恐怖分子将满载乘客的飞机当作大型炸弹,用它们撞击美国重要的政治、经济、军事建筑。其中 11 次、175 次航班先后于 8 时 23 分、8 时 46 分离开预订航线,转而飞向纽约。它们撞击纽约地标性建筑世界贸易中心双子塔,当场造成数千人伤亡。飞机上的燃油还灌进大楼,引发了猛烈的火灾。9 时 59 分世贸中心双子塔的南楼倒塌。10 时 28 分,北楼坍塌。77 次航班则在 8 时 54 分调头,转向华盛顿方向。9 时 37 分,该机冲入美国国防部总部所在地五角大楼,造成严重破坏。可能要袭击白宫的 93 次航班,由于机上乘客的反抗,坠毁于宾夕法尼亚。

在这场被命名为"9·11 恐怖袭击"的事件中,共有 3 000 多人丧生,其中大部分是美国人。相关损失达到 1 万亿之多。美国经济也受到影

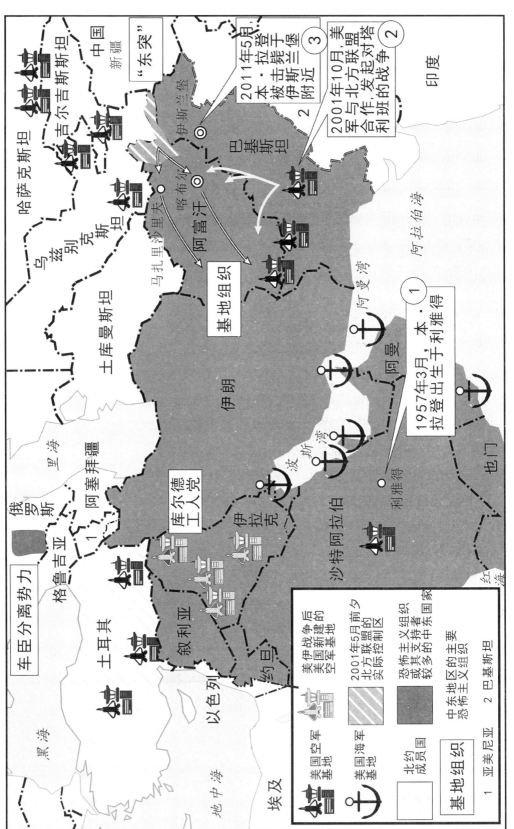

图 48-2 阿富汗战争与美国在中东的军事布局

响,陷入衰退。愤怒的美国政府宣布展开反恐战争。2001 年,美国联合英国、法国等国家,向基地组织盘踞的阿富汗发动代号为"持久自由行动"的进攻,企图一举剪除基地组织这个危险的敌人。阿富汗战争爆发。

当时,一个名为"塔利班"的政教合一政权是阿富汗大部分国土的主人。1989 年苏军撤离阿富汗以后,美国人以"利用完就抛弃"的心态,放任阿富汗陷入混乱、血腥的无政府状态。曾经抗击苏军的各路"好汉"趁机割据一方,成为军阀。为了争权夺利,他们之间爆发了惨烈的战争,将好好的阿富汗变成了战火连天的人间地狱。1994 年 8 月,一群虔诚信仰伊斯兰教的宗教学生在阿富汗的坎大哈地区组织了武装团体"塔利班"。其领导人是穆罕默德·奥马尔。在本·拉登的资助下,塔利班迅速壮大,并在战场上节节胜利。1996 年 9 月 27 日,塔利班攻占首都喀布尔,成立了临时政府接管政权,但并没有完全统一国家。"9·11 事件"发生后,该政权正为本·拉登提供庇护,并因此成为美国的敌人。在"塔利班"控制区之外,残余军阀仍控制着阿富汗 30% 的国土。它们组成了"拯救阿富汗全国统一伊斯兰阵线",即"北方联盟"。美国决心在对"塔利班"动武之后,迅速与"北方联盟"达成协议,合作推翻塔利班政权。战争期间,美国向"北方联盟"提供财政、物资援助。美军的特种作战分队也秘密进入"北方联盟"辖区,为该组织的军队提供训练、侦察方面的支援。

2001 年 10 月 7 日,美国联合英国等盟国对"塔利班"的重要政治、军事、经济设施发动大规模轰炸。在美军巡航导弹、精确制导导弹、"滚地球"巨型炸弹的轰炸下,"塔利班"损失惨重。随后,在美军特种部队的引导和支援下,"北方联盟"也从陆路向"塔利班"发动进攻。装备落后的"塔利班"武装节节败退。11 月 9 日,阿富汗重镇马扎里沙里夫被"北方联盟"攻克,12 日,"北方联盟"军队开进首都喀布尔市。"塔利班"残余军队一部分逃入阿富汗的深山老林之中负隅顽抗,一部分转入地下,伺机展开恐怖袭击。其领袖奥马尔则不知所踪。"北方联盟"从此入主喀布尔,成为阿富汗新的主人。12 月 5 日,曾在美国留学的哈米德·卡尔扎伊出任临时政府主席,并于 2004 年 12 月,正式就任阿富汗伊斯兰共和国的首任总统。随着战场上的胜利,美军加强了对基地组织的打击。

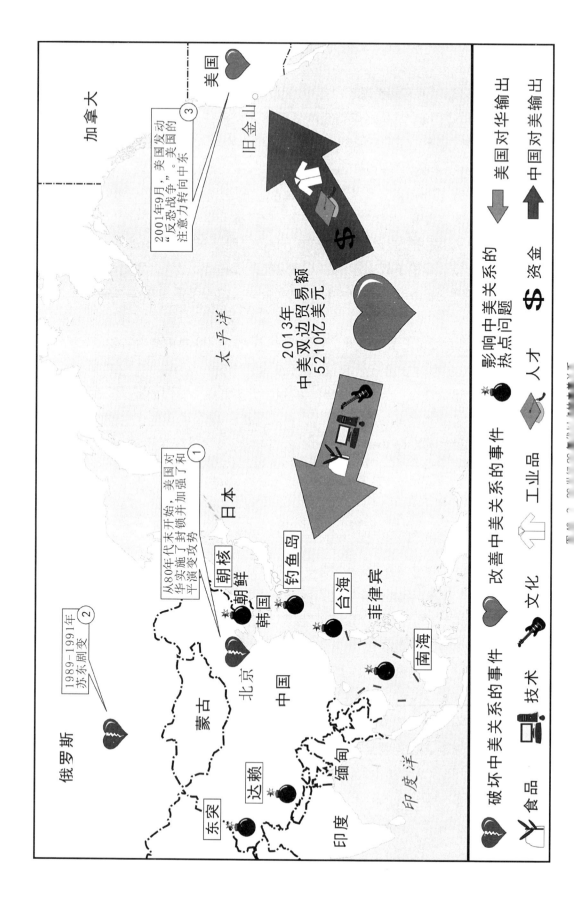

俄罗斯

加拿大

蒙古

中国

印度

缅甸

印度洋

北京

朝鲜

韩国

日本

钓鱼岛

台海

菲律宾

南海

太平洋

美国

旧金山

东突

达赖

朝核

① 从80年代末开始，美国对华实施了封锁并加强了和平演变攻势

② 1989—1991年苏东剧变

③ 2001年9月，美国发动"反恐战争"，美国的注意力转向中东

2013年中美双边贸易额5210亿美元

破坏中美关系的事件

改善中美关系的事件

影响中美关系的热点问题

食品

技术

文化

工业品

人才

资金

美国对华输出

中国对美输出

大批基地组织成员被击毙。2011年5月2日，逃至阿富汗邻国巴基斯坦的本·拉登被美军击毙，美国总统奥巴马当日于白宫发表全国讲话，宣布拉登的死讯。

通过阿富汗战争，美国巩固了自己世界超级大国的地位。除了再度展示美军的强大之外，美国利用"9·11事件"后国际社会对恐怖主义的公愤和对美国的道义支持，成功建立起国际反恐联盟，改善了与其他国家的关系。同时，美国还借阿富汗战争强化了自身在中亚地区的军事存在。美国军事基地遍布波斯湾沿岸，从而将这块世界上最重要的产油区牢牢地控制在了手里。不仅如此，美国还以巨额援助为幌子，在独联体国家乌兹别克斯坦、吉尔吉斯斯坦建立军事基地，从而在战略上威胁到中国的新疆地区。不过，尽管美国在战场上不断取得胜利，它依旧无法根除"塔利班"和基地组织，也无法安定阿富汗的局势。卡尔扎伊领导的阿富汗新政府曾在阿富汗推行政治、经济改革，但成效并不明显。阿富汗至今仍是世界上最贫穷的国家之一。从2005年开始，"塔利班"卷土重来。阿富汗人人自危。同时，基地组织迅速恢复自身的组织，推举新的领导人接替本·拉登，继续开展恐怖活动。

不仅如此，2008年11月，贝拉克·奥巴马当选美国总统的时候，美国所面临的世界形势已经发生了巨大的变化。世界多极化，中国经历了十余年的励精图治，已经成为世界上最繁荣、富强、稳定的国家之一。中国需要美国出产的食品、技术和文化艺术，而美国人则发现自己已经离不开中国的人才、资金和廉价工业品了。到2013年，中美双边贸易额已经达到5120亿美元。由于繁荣的中美贸易，亚洲、太平洋地区已经成为全球经济的中心。在政治上，中美既在台海问题、南海等问题上有很大的冲突，又在朝鲜核问题上有了共同利益。合作与斗争由此成为中美关系的新主题，而美国的注意力更从中亚转向亚洲、太平洋。从2009年开始，美军陆续撤出伊拉克和阿富汗，而在亚太部署的兵力却逐渐增多。亚太局势，乃至美国的历史，会有什么新变化呢？让我们拭目以待吧。

国家意志——美国政治家小传

(1) 托马斯·杰斐逊

谁缔造了美国的民主制度？有人说是人民，其实不然。从制定1787年宪法开始，美国最重要的制度建设都是由政治精英一手操办的。他们用卓越的大脑构想出民主社会的蓝图，用孜孜不倦的努力去争取政界和商界的支持，然后用通俗、动听、激昂的演说将自己的观点灌输到大众的脑海里。

在众多的美国政治精英中，托马斯·杰斐逊有着非常重要的地位，堪称美国民主制度的主要理论奠基人。托马斯·杰斐逊于1743年4月13日生于弗吉尼亚殖民地古奇兰县的一个大奴隶主家庭。他自幼博览群书，成年后成为北美著名的哲学家、思想家、科学家、政治家和律师，晚年时曾亲手建立弗吉尼亚大学并担任该校第一任校长。独立战争时期，杰斐逊是《独立宣言》的撰稿者之一，并领导了弗吉尼亚州的抗战。邦联政府时期，杰斐逊向邦联国会提交了有关货币单位和货币铸造的报告。该报告获得了采纳，成为美国货币发行的理论依据。杰斐逊因此获得了"美元之父"的名誉。1785年，杰斐逊被任命为驻法全权公使。

杰斐逊自幼生活在农庄之中，18岁才第一次见到城镇。长期的农庄生活使他对自耕农抱有强烈的信任与同情。他在《弗吉尼亚纪事》一书中写道："如果世上确有上帝的选民，则田野中的劳作者就是上帝的选民。没有哪个时代、哪个国家曾提供一个说明田间耕作者道德败坏现象的例子。"他相信人人生而平等，主张保护人民的言论自由、出版自由和宗教信仰自由。他还重视和保护少数派的利益，认为："虽然在任何情况下都应该以多数人的意志为重，但是那个意志必须是合理的才能站得住脚，而且少数人也享有同样的权利，必须享受平等的法律保护，如果加以侵犯就是压迫。"

联邦政府成立后,杰斐逊因为有外交经验被华盛顿任命为主管美国外交事务的国务卿。他很快就发现自己和同僚汉密尔顿格格不入。1790年,围绕着第一合众国银行的问题,两人展开了第一次交锋。杰斐逊主张:宪法中并没有包含允许联邦政府建立银行的内容,因此第一合众国银行是违宪的。然而,对于联邦政府来说,银行确实非常重要,因此杰斐逊在论争中落败。在争论的过程中,汉密尔顿与杰斐逊各自拉帮结派,以壮声势。1792年,美国第一次形成以汉密尔顿为核心的联邦党和以杰斐逊为核心的民主共和党两党对立的局面。

1796年9月乔治·华盛顿退隐后,联邦党掌握了美国的政权。该党极力加强中央权力,利用美法之间的紧张局势,颁布了旨在大幅提高外侨在美国申请公民权所需的居住时间的《归化法》、允许总统驱逐外侨的《客籍法》、授权总统在战时监禁或驱逐敌对国侨民的《敌对外侨法》、以及禁止公民反对、丑化、中伤美国总统、政府和国会的《惩治煽动叛乱法》。杰斐逊坚决反对这"四项摧残人权的法令",并领导了抗议运动。1800年12月,民主共和党的总统候选人杰斐逊以微弱优势战胜对手,当选总统。联邦党从此一蹶不振。

杰斐逊就任总统之后,奉行"管得最少的政府乃是最好的政府"理念,谨慎动用政府权力。一方面,杰斐逊废除"四项摧残人权的法令",放松政府对社会、经济的控制,同时积极推行政治改革,完善三权分立和民主选举制度、禁止奴隶贸易、扩大人民群众参政的机会。另一方面,他又保留和发展了汉密尔顿所提出的金融、制造业政策,大力支持工商业发展。1803年,杰斐逊成功地从法国政府那里购得路易斯安那地区,极大地扩张了美国的疆域。

杰斐逊对民主制度的忠诚与坚持,在具体问题上的灵活与远见都成为美国宝贵的思想财富。他的政策被称作"杰斐逊民主",成为后来美国政治家们借鉴、效仿的对象。

(2) 亚伯拉罕·林肯

虽然托马斯·杰斐逊以"人人生而平等"理论扬名于世,但实际上,他是一名奴隶主,剥夺和占有了 600 多名黑人的人身自由。这种一面鼓吹民主、人权,一面奴役他人的做法,在逻辑上是可笑的,在道德上是可耻的,因此,杰斐逊又常常被人看作是伪君子。乔治·华盛顿、詹姆斯·麦迪逊、詹姆斯·门罗等美国早期政治家也都有着类似的尴尬。据统计,至少有 12 名美国总统当过奴隶主,其中 8 人在总统任内依然是奴隶主。由于盘根错节的利益关系,奴隶制迟迟得不到废除,成为美国民主政治中的毒瘤,而彻底铲除这颗毒瘤的亚伯拉罕·林肯便成为美国历史上仅次于乔治·华盛顿的伟大政治家。

1809 年 2 月 12 日,林肯出生在肯塔基州哈丁县一个贫苦的家庭。为了维持家计,少年时的林肯当过俄亥俄河上的摆渡工、种植园的工人等等。虽然生活非常艰辛,但林肯从来没有放弃过读书和学习,最终成为一个博学多才的人。18 岁时,林肯当了一名水手,1831 年,他随船抵达美国南方城市新奥尔良。在那里,他第一次看到了奴隶:在奴隶拍卖市场上,一排排黑人奴隶戴着脚镣手铐,被一根根粗壮的绳子串在一起。奴隶主们像买骡子买马一样对奴隶评头论足、挑挑拣拣。他们买下奴隶后,还用烧红的铁条在这些可怜人的身上烙下印记。奴隶一旦有所抗拒,就会遭到无情的鞭打。很多奴隶家庭被生生拆散,哭喊声震天动地。目睹这一景象,林肯义愤填膺,由此发下了定要消灭奴隶制的誓言。

1834 年 8 月,林肯当选为州议员,开始了自己的政治生涯,并逐渐在政坛上崭露头角。1858 年,在参议员竞选中,林肯与史蒂文·道格拉斯进行了 7 次公开大辩论。林肯痛斥奴隶制的罪恶,认为它终将灭亡。这次辩论使林肯成为美国全国知名的废奴主义者。1860 年,林肯赢得总统大选后,半数以上的南部奴隶州便相继脱离联邦,挑起了南北战争。

战争初期,南部军队节节胜利。面对不利的局面,林肯努力工作,领导国家克服种种困难,艰难地扭转了战局。为了动员群众,1862 年 5 月,林肯签署了《宅地法》,规定每个美国公民只需交纳 10 美元登记费,便能在西部获得 160 英亩土地,连续耕种 5 年之后就成为这块土地的合法主人。1863 年 1 月 1 日林肯宣布,《解放黑人奴隶宣言》正式颁布,即日起废除叛乱各州的奴隶制,解放的黑奴可以应召参加联邦军队。《解放黑人奴隶宣言》的发表为最终彻底废除奴隶制铺平了道路。从此,林肯便以"黑人解放者"的身份永留史册。

1863 年 11 月 19 日,林肯在宾夕法尼亚州葛底斯堡国家公墓发表了纪念阵亡将士的演说。演说以追忆 87 年前美国的建国史为开篇,阐述了所有人生来平等的原则,强调了战争和牺牲的神圣意义。在篇末,林肯庄严宣告:"我们要从这些光荣的死者身上汲取更多的献身精神,来完成他们已经完全彻底为之献身的事业;我们要在这里下定最大的决心,不让这些死者白白牺牲;我们要使国家在上帝福佑下得到自由的新生,要使这个民有、民治、民享的政府永世长存。"林肯的演说只有两分钟,而掌声却持续了 10 分钟。

1865 年 4 月 14 日,林肯在华盛顿的福特剧院里看戏时,被拥护奴隶制的狂热者刺杀。然而,他的思想和功绩却永留史册。卡尔·马克思曾这样评价林肯:"这是一个不会被困难所吓倒,不会为成功所迷惑的人;他不屈不挠地迈向自己的伟大目标,而从不轻举妄动;他稳步向前,而从不倒退……总之,这是一位达到了伟大境界而仍然保持自己优良品质的罕有的人物。这位出类拔萃的道德高尚的人竟是那样谦虚,以至只有在他成为殉难者倒下去之后,全世界才发现他是一位英雄。"

(3) 富兰克林·罗斯福

南北战争结束以后,美国的经济高速发展。到 19 世纪末 20 世纪初,美国已成为世界上最发达、富裕的国家之一。然而,伴随着经济的增长,贫富差距、社会不公等问题日益显著。从西奥多·罗斯福开始,一群以"自由派"自称的改革者走进了美国政坛。他们相信,只有经济上的平等,才有政治上的自由。国家在尊重公民合法权益的前提下,应当反对不公平竞争和不合法经济行为,"不仅要保护人民免受垄断的危害,而且要便利人民的生活"。他们赋予古老的自由主义以新的内涵,使之成为发展国家、造福人民的工具。富兰克林·罗斯福则是 20 世纪美国最重要的自由主义者。

1882 年 1 月 30 日,富兰克林·罗斯福出生于纽约州的海德帕克。他的父母分别来自纽约州富裕的荷兰裔和法裔大家族。大名鼎鼎的西奥多·罗斯福是他的远房堂叔。自幼,罗斯福便接受了很好的教育,并多次前往欧洲旅行。1900 年,他考入哈佛大学,毕业考入哥伦比亚大学法学院。不过,罗斯福对于法学没什么兴趣,因此在通过纽约律师考试后,立刻退学。1910 年,罗斯福开始从政,成为纽约市参议员。随后,他逐渐展现出卓越的政治天赋。1921 年,由于感染脊髓灰质炎,罗斯福的腰部以下永久性瘫痪,只能依靠轮椅或拐杖活动。然而,他身残志坚,依旧奋斗不止,终于在 1932 年总统大选中,击败对手,当选美国总统。

罗斯福就任总统时,美国经历着极其严重的经济危机。为了拯救美国经济,罗斯福实施了美国历史上前所未有的新政。在其治下,政府全面介入工业、农业、商业、金融业等各行各业。不过,和苏联不同,罗斯福政府并不直接去接管经济,而是发挥协调和监管的作用,引导以私人企业为主导的市场经济健康发展。有人将罗斯福的经济理论概括为:“私营企业——个人利润经济不应消灭,应当保留。可是,这种经济的营运,并不总是有利于促进普遍福利。因此,只要是必要,这种营运就必须由各州和联邦政府做出努力,加以改进和补充。”罗斯福还主张推行福利制度。他认为:“政府应当关心使那些愿意工作的人有事可做。让人民免于挨饿,有房子住,生活过得不错,有适当的教育水平,这些是政府关心的事。”从新政中后期开始,罗斯福努力推动失业保险和养老保险改革,积极改善贫困居民的生活状况。英国经济学家约翰·凯恩斯则进一步完善了新政的经济政策。他呼吁美国政府用发行债券、加印货币等方式筹集资金,然后通过兴建公共工程等方式创造市场需求,从而刺激经济增长。新政期间,罗斯福和凯恩斯的观点逐渐融合,形成了自由主义经济学。

第二次世界大战爆发后,罗斯福积极投身于国际政治事务。1941 年 1 月 16 日,罗斯福正式提出“四大自由”的观点。他认为:战后的世界应当是一个有着人类四项基本自由,即“言论和表达思想的自由,每个人以自己的方式表达信仰的自由,免于匮乏的自由,免于恐惧的自由”的世界。8 月 14 日,美英又在“四大自由”的基础上签署《大西洋宪章》。在这一宪章里,自由和人权是重中之重。1942 年,《联合国宣言》也强调:“深信为保卫生存、自由、独立与宗教自由,并保全其本国与其他国家中的人权与正义起见,完全战胜敌国,实有必要。”如果说威尔逊的十四点计划虽然冠冕堂皇,但依然让人一看就觉得,美国想要"捞"点什么,那么罗斯福的"四大自由"则让美国竖起了无可争议的道义大旗。第二次世界大战结束后,保障人权、推广民主、捍卫自由便成为美国对外扩张的遮羞布和金字招牌。

由于新政的成功和战争期间的积极表现,罗斯福成为美国有史以来最受欢迎的总统之一。1936 年、1940 年、1944 年,他先后三次在总统竞选中获得压倒性优势,成为迄今为止唯一一位连任超过两届的美国总统。1945 年初,由于长期的辛劳工作,罗斯福的身体状况急剧恶化。4月 12 日,罗斯福因脑溢血在佐治亚州的沃姆斯普林斯逝世,享年 63 岁。他的去世是美国,乃至全人类的重大损失。

(4) 马丁·路德·金

罗斯福"四大自由"观念的提出,不仅在国际上产生了深远的影响,而且也令美国的黑人感到由衷的欢喜和振奋。第二次世界大战结束后,黑人纷纷组织起来,为消除种族隔离,争取平等权利而斗争。在这个过程中,马丁·路德·金逐渐成长为黑人们的精神领袖。

1929 年 1 月 15 日,一个叫迈克尔·金的婴儿在美国佐治亚州亚特兰大呱呱坠地。他的父亲老迈克尔·金是虔诚的基督教徒。1934 年,老迈克尔前往柏林参加第五届浸信会世界联合会议后,将父子俩的名字都改为马丁·路德·金,以纪念 16 世纪宗教改革领袖、德国神学家马丁·路德。马丁·路德·金长大后考入神学院,于 1954 年,被亚拉巴马州蒙哥马利市的迪克斯特大道浸信会教堂聘为牧师。

浸信会是基督教的一个分支。洗礼是基督教的一个基本仪式,是承认自己是基督徒的证明。从中世纪开始,大多数基督教会都要求,每个人在出生时就要接受洗礼。17 世纪时,基督教发生宗教改革,诞生了大量的教会、派别和分支。其中的一支主张教徒成年后方可受洗,且受洗者须全身浸入水中,因此被人们称为浸信会。这种主张引起了其他基督教组织的敌视和排斥。一部分浸信会教徒便逃往北美,主要集中于美国南部地区。1845 年,因为对黑奴制度的存废有分歧,美国的浸信会分裂成拥护黑奴制的南浸信会和主张废奴主义的北浸信会。1860 年前,浸信会主要是白人的教会,黑人奴隶很少获得入教的权利。因此,近百年间,只有大约 17.5 万名黑人是浸信会成员。不过,或许是因为来自原始宗教盛行的非洲,黑人对基督教有着极高的热情。林肯颁布《解放黑人奴隶宣言》后,上百万获得了自由的黑人加入了浸信会。由于大部分白人依旧歧视黑人,黑人教徒便组建起自己的教会。到 20 世纪初,黑人浸信会教堂已经遍布南部各地,成为组织、联络黑人的重要机构。20 世纪初,一些浸信会组织便采取措施为黑人争取政治、经济、社会等方面的平等权利。

作为浸信会的牧师,马丁·路德·金能言善辩,尤其善于进行公共演说。印度发生"非暴力不合作运动"后,金对于非暴力抵抗产生了浓厚的兴趣,于 1959 年专门前往印度"取经"。回国后,他便开始筹备民权运动。

1955 年 12 月 1 日,罗沙·帕克斯因为拒绝让座给白人而被逮捕。4 天后,马丁·路德·金组织 5.5 万名黑人发起罢乘公交车的运动。他号召黑人群众坚持斗争,"直至正义如同活水流淌,公义如同大河奔流"。经过一年多的坚持,罢乘运动终于以黑人的胜利而告终。自 1960 年 1 月 31 日黑人静坐运动开始后,警察大量逮捕参与静坐的黑人学生和黑人民众。马丁·路德·金则公开号召"把监狱填满"。面对黑人的坚决抗争,警察的逮捕活动遭到了可耻的失败,静坐运动迅速普及到整个南方。

1963 年的"向华盛顿进军"运动将马丁·路德·金推上事业的最高峰。8 月 28 日,他发表著名演讲《我有一个梦想》。面对数十万黑人、白人支持者,马丁·路德·金深情地说道:"我梦想有一天,这个国家会站立起来,真正实现其信条的真谛:'我们认为真理是不言而喻,人人生而平等'","让自由之声从每一片山坡响起来!"他的演说赢得空前的成功。1964 年,美国国会通过《民权法案》,黑人民权运动取得阶段性的成功。马丁·路德·金也因此获得诺贝尔和平奖。

1967 年以后,由于南方白人依旧歧视黑人、政府也残酷镇压黑人示威、游行,马丁·路德·金开始主张进行更加激烈的抗争。1968 年 4 月 4 日在田纳西州孟菲斯参与领导罢工运动时,在旅馆 306 号房的阳台意外遇刺,年仅 39 岁。1986 年 1 月,总统罗纳德·里根签署法令,规定每年一月份的第三个星期一为美国的马丁·路德·金纪念日。

(5) 罗纳德·里根

尽管罗纳德·里根给予马丁·路德·金以崇高的政治地位,但是在他任期内,黑人运动陷入沉寂。自林登·约翰逊就任总统以来,黑人获得的福利补助也被大幅削减。不仅如此,里根掀起了所谓的"里根革命",延续数十年的自由主义经济学也遭到无情地抛弃。"管得最少的政府乃是好政府"的主张又开始盛行了起来。

1911年2月6日,罗纳德·里根出生在伊利诺伊州坦皮科的一栋公寓里。大学毕业后,里根踏上了演艺道路。1937年,里根赢得了著名电影公司华纳兄弟公司的青睐,成了一名好莱坞影星。1962年,他以"选民委员会"主席的身份崭露头角。因为当过演员,里根的演说特别声情并茂,被誉为"加利福尼亚最有口才的政治家"。1966年,里根当选第33任加利福尼亚州州长,从此在政坛平步青云。1980年,里根当选美国总统。

在30年代,还是一文不名的里根曾拥护富兰克林·罗斯福及其推行的新政。然而,到60年代,里根的事业开始发达。越来越有钱的他开始倾向于保守主义,认为"新政"已经偏离了美国的传统,政府规模越来越大,效率低下,官僚主义丛生。1976年,里根更公开批评新政,称:"新政的基础根本就是法西斯主义。"在就职总统当天,里根宣称:"政府不解决问题,问题就在政府自己。"1981年2月18日,他正式向国会提出"经济复兴计划",主张大幅度减免富人承担的税赋、削减政府开支、压缩福利开支、减少政府对经济的干预、取消不利于工商业发展的规章制度以及实施通货紧缩政策。其中,通货紧缩政策的目的是通过调整货币金融政策,抑制通货膨胀,促使价格和成本普遍下降,从而刺激经济增长。里根对工人运动的态度也非常强硬。1981年夏,美国机场的空中管制人员为了提高薪水而罢工。里根命令所有参与罢工的人员都回到工作岗位去,但遭到拒绝。于是,里根解雇了所有的罢工者,派出美军官兵取而代之,从而将罢工镇压下去。

里根的政策迎合了启自硅谷的"新经济"的需求,改善了美国的经济形势。在里根执政期间,美国的失业率从 7.2% 下降为5.5%,国民经济的年平均增长率保持在 3.5% 左右。1984 年总统大选时,里根大声询问听众:"你们现在过得比 4 年前好吗?"听众欢声雷动。由此,里根以压倒性优势成功获得连任。

与经济政策相比,里根的外交政策更加成功。他的演说语言生动,简洁有力。1987 年 6 月 12 日,里根曾在柏林发表演说。他慷慨激昂地呼吁道:"我们乐见改变和开放;因为我们相信自由与安全并行,人类自由的进步令我们更努力追求世界和平。苏联可以做一件很明显的事,一件大幅促进自由与和平的事。戈尔巴乔夫总书记,如果你要寻求和平,如果你要为苏联和东欧寻求繁荣,如果你要寻求自由:就到这扇门来吧! 戈尔巴乔夫先生,打开这扇门! 戈尔巴乔夫先生,推倒这堵墙!"从此,"推倒这堵墙"成为苏东剧变中的重要口号。里根还特别喜欢讲嘲弄苏联的笑话,例如"亚当和夏娃是哪国人? 他们没衣服穿,分享一个苹果,还觉得自己活在天堂里,当然是苏联人";"一个莫斯科市民的鹦鹉丢了。这是只会骂人的鹦鹉,要是落到克格勃的手里可糟了"。这人便在报纸上发表了一篇声明:"本人遗失鹦鹉一只,另外,本人不同意它的政治观点。"他的外交主张更是狡猾又狠辣。1985 年 1 月 4 日,里根政府推出"星球大战计划",宣布将建立一个多层次、多手段的反弹道导弹的综合防御系统。这个计划既使得美国储备了大量高新技术,又将苏联拖入耗资巨大的军备竞赛中,加速了苏联经济和政治体制的崩溃。

2004 年 6 月 5 日,里根因肺炎于家中辞世,享年 93 岁。

大事记

1945 年 8 月 21 日	杜鲁门宣布终止《租借法案》。
1946 年 3 月 5 日	温斯顿·丘吉尔在密苏里富尔敦城发表"铁幕"演说。
1947 年 3 月 12 日	杜鲁门在要求国会援助希腊和土耳其的咨文中提出"杜鲁门主义"。
6 月 5 日	乔治·马歇尔提出复兴欧洲经济的复兴计划,即"马歇尔计划"。
1948 年 6 月 24 日	苏联封锁西柏林的水陆交通,柏林危机爆发。
1949 年 2 月 2 日	杜鲁门拒绝与斯大林进行美苏首脑会谈。
4 月 4 日	北大西洋公约组织成立。
10 月 1 日	中华人民共和国成立。
1950 年 6 月 25 日	朝鲜战争爆发。
1952 年 11 月 1 日	美国成功试爆氢弹。
1954 年 1 月 22 日	美国政府提出"大规模报复战略"。
1957 年 9 月 3 日	因黑人学生入学问题诱发"小石城事件"。
10 月 4 日	苏联发射第一颗人造卫星,美国反应强烈。
1961 年 5 月 11 日	美国总统肯尼迪向南越派出特种部队,发起"特种战争"。
1962 年 6 月 11 日	学生争取民主社会组织发表《休伦港宣言》。
10 月 22 日	美国对古巴实施军事封锁,"古巴导弹危机"爆发。
1963 年 8 月 28 日	马丁·路德·金在公众集会上发表"我有一个梦想"的演说。
1964 年 7 月 18 日	纽约哈莱姆区黑人开始暴动。

8 月 7 日　　　美国通过《东京湾决议》,随后开始大规模介入越战。

1972 年 2 月 21 日　尼克松抵达中国,开始了为期一周的正式访问。

1973 年 10 月 20 日　阿拉伯国家对美国实施石油禁运,第一次"石油危机"爆发。

1980 年 11 月 4 日　罗纳德·里根当选美国总统。

1990 年 8 月　　　美国开始实施"沙漠盾牌"行动。

1991 年 12 月 25 日　苏联解体。

2001 年 9 月 11 日　恐怖分子绑架 4 架民航客机,发起"9·11 事件"。

2001 年 10 月 7 日　阿富汗战争爆发。

2003 年 3 月 20 日　伊拉克战争爆发。

参考文献

绘图底图参考

Alvin M. Josephy, Jr., *500 Nations: An Illustrated History of North American Inidans*, New York: Alfred A. Knopf, 1994.

Andrew M. Modelski, *Railroad Maps of North America (the First Hundred Years)*, Washington D.C.: Library of Congress, 1984.

Charles O. Paullin, *Atlas of the Historical Geography of the United States*, Westport: Greenwood Press, 1932.

Clifford L. Lord, *Historical Atlas of the United States*, New York: John Reprint Corporation, 1944.

Colonel Vincent J. Esposito ed., *The West Point Atlas of American Wars*, New York: Frederick A. Praeger Publishers, 1978.

Craig L. Symonds, *A Battlefield Atlas of the American Revolution*, Baltimore: the Nautical & Aviation Publishing Company of America, inc., 1986.

Craig L. Symonds, *The Naval Institute Historical Atlas of the U.S. Navy*, Washington D.C.: Naval Institute Press, 2001.

David G. Chandler, *Atlas of Military Strategy*, New York: the Free Press, 1980.

Douglas W. Marshall and Howard H. Peckham, *Campaigns of the American Revolution: An Atlas of Manuscript Maps*, New Jersy: the University of Michigan Press and Arbor Hmmond Incorporated Maplewood, 1976.

Egon Klemp ed., *America in Maps: Dating from 1500 to 1856*,

New York: Holmes & Meier Publishers, 1976.

Felipe Fernandez-Armesto ed., *The Times Atlas of World Exploration: 3,000 Years of Exploring, Explorers, and Mapmaking*, New York: HarperCollins Publishers, 1991.

Gary Nash, *Atlas of American History*, Infobse Publishing, 2007.

Gazetteer of Nations, *Oxford Atlas of the World*, Oxford University Press, 2008.

Gilbert M. Grosvenor, Owen R. Anderson etc., ed., *Historical Atlas of the United States*, Washington D. C.: National Geographic Society, 1988.

Gregory M. Franzwa, *Maps of the Oregon Trail*, Gerald: The Patrice Press, 1982.

Henry B. Carrington, *Battle Maps and Charts of the American Revolution with Explanatory Notes and School History References*, New York: Arno Press, 1974.

James M. McPherson ed., *The Atlas of the Civil War*, New York: Running Press, 2005.

John Henry, *The Routledge Historical Atlas of the American Railroads*, New York: Routledge, 1999.

John Keegan, *Atlas of the Second World War*, New York: Harper & Row, Publishers, 1989.

John F. Rooney, Jr., Wilbur Zelinsky, eds., *This Remarkable Continent: An Atlas of United States and Canadian Society and Cultures*, U.S.: Texas A&M University Press, 1982.

Kenneth Nebenzahl, *Atlas Of the American Revolution*, Chicago: Rand Mcnally & Company, 1976.

Lesster J. Cappon, Barbara Bartz Petchenik ed., *Atlas of Early American History*, Princeton: Princeton University Press, 1976.

Major George B. Davis eds., *The Official Military Atlas of the Civil War*, New York: Arno Press, 1978.

Martin Gilbert, *Atlas of American history*, London: Dorset Press, p. 85; John Keegan, Atlas of the Second World War, New York: Harper & Row, Publishers, 1989.

Neil Kagan, Stephen Garrison ed., *Atlas of the Civil War: A Comprehensive Guide to the Tactics and Terrain of Battle*, New York: National Geographic Books, 2009.

Patrick K. O'Brien eds., *Atlas of World History*, Oxford University Press, 2002.

Russell King, *People on the Move: An Atlas of Migration*, University of California Press, 2010.

Thomas E. Griess, *ed.*, *Atlas for the War of Napoleon*, Wayne: Avery Publishing Group Inc., 1986.

Thomas E. Griess, ed., *Atlas of the Arab-Israeli Wars*, *the Chinese Civil War and the Korean War*, Wayne: Avery Publishing Group INC., 1986.

Thomas E. Griess, *Atlas for the Second World War: Asia and the Pacific*, New York: Square One Publishers, Inc., 2002.

William H. Goetzmann and Glyndwr Williams, *The Atlas of North American Exploration: From the Norse Voyages to the Race to the pole*, Norman: University of Oklahoma Press, 1992.

William Thorndale and William Dollarhide, *Map Guide to the U.S. Federal Censuses*, *1790－1920*, Baltimore: Genealogical Publishing Co., Inc., 1987.

Yanek Mieczkowski, *The Routledge Historical Atlas of Presidential Elections*, New York: Routledge, 2001.

参 考 文 献

Arthur Gribben, *The Great Famine and the Irish Diaspora in America*, Amherst: University of Massachusetts Press, 1999.

Census Bureau, *Population of the United States in 1860*,

Washington D. C.：Government Printing Office，1864.

David L. Anderson，*The Columbia History of the Vietnam War*，Columbia University Press，2010.

David Miller，*The Cold War: A Military History*，London：John Murray，1998.

Edward Coles，*History of the Ordinance of 1787*，Philadelphia：Press of the Society，1856.

Edwin Scott Gaustad，*New Historical Atlas of Religion in America*，Oxford University Press，2001.

Edmund Bosworh，R. Michael Burrell etc.，eds.，*The Persian Gulf States: A General Survey*，Baltimore：The Johns Hopkins University Press，2006.

Edwin J. Perkins，*The Economy of Colonial America*，New York：Columbia University Press，1988.

Edwin M. Stanton，*Reconstruction. Letter from the Secretary of War*，*transmitting*，*in answer to a resolution of the House of Representatives of July 5*，*1867*，*a report of the Adjutant General relative to the execution and administration of the reconstruction acts*. *July 12*，*1867. — Laid on the table and ordered to be printed*，Serial Set Vol. No. 1311，Session Vol. No. 1 40th Congress，1st Session H. Exec. Doc. 20，Washington D. C.：Government Printing Office，1867.

F. G. Gosling，*The Manhattan Project: Making the Atomic Bomb*，Washington D.C.：DIANE Publishing，1999.

Francis Jennings，*The Founders of America: How Indians Discovered the land*，*pioneered in it and created great classical civilizations*；*how they were plunged into a dark age by invasion and conquest*；*and how they are now reviving*，New York：W • W • Norton & Company，1993.

Frederick E. Hoxie ed.，*Encyclopedia of North American*

Indians，Boston：Houghton Mifflin Company，1996.

Jeremy Thornton，*The Irish Potato Famine: Irish Immigrants Come to America*，*1845 - 1850*，New York：the Rosen Publishing Group，Inc. ，2004.

Jeff A. Hughes，*The Manhattan Project: Big Science and the Atom Bomb*，New York：Columbia University Press，2002.

John Sloan Brown，*Kevlar Legions: the Transformation of the U.S. Army*，*1989 - 2005*，Washington D. C. ：Center of Military History，2011.

Karen D. Harvey，Lisa D. Harjo，*How to Teach about American Indians: A Guide for the School Library Media Specialist*，Westport：Greenwood Press，1995.

Keith L. Dougherty，*Collective Action Under the Articles of Confederation*，Cambridge：Cambridge University Press，2006.

Klaus Frantz，*Indian Reservations in the United States: Territory*，*Sovereignty，and Socioeconomic Change*，*Issue* ，Chicago：University of Chicago Press，1999.

Klaus J. Hansen，*Mormonism and the American Experience*，Chicago ：the University of Chicago Press，1981.

Louis Morton，*United States Army in World War II: the War in Pacific: Strategy and Command: the First Two Years*，Washington D. C. ：Center of Military History，2005

Martin Blumenson，*United States Army in World War II: the European Theater of Operations: Breakout and Pursuit*，Washington D. C. ：Center of Military History of United States Army，2005.

Milton Viorst，*Fire in the Streets: America in the 1960s*，New York：A Touchstone Book，1979.

Paul Alan Gompers，Joshua Lerner，*The Venture Capital Cycle*，Cambridge：MIT Press，2004.

R. Elberton Smith，*United States Army in World War II: The*

War Department: the Army and Economic Mobilization, Washington D.C.：Office the Chief of Military History，1959.

Richard Dean Burns and Milton Leitenberg，*The Wars in Vietnam，Cambodia and Laos，1945－1983: A Bibliographic Guide*, Oxford：ABC-Clio Information Services，1984.

Richard W. Stewart，*American Military History*（*Two Volumns*）, Washington D. C.：Center of Military History，2009.

Ronald H. Cole，*Operation Urgent Fury: the Planning and Execution of Joint Operations in Grenada 12 October- 2 November 1983*，Washington DC：Joint History Office，1997.

Samuel W. Taylor，*Rocky Mountain Empire: the Latter-Day Saints Today*，New York：Macmillan Publishing Co.，Inc.，1978.

Spencer C. Tucker，*The Encyclopedia Of the War Of 1812*，New York：ABC-CLIO，2012.

United States treasury dept.，*Reports of the secretary of the treasury. To which are prefixed the reports of A. Hamilton on public credit，a national ban*，Washington D.C.：Blaire & Rives，1837.

U. S. Department of Commerce，*Historical Statistics of the United States，Colonial Times to 1970*，Washington D. C.：Government Printing Office，1975.

W.D. Collins，*Relations between quality of water and industrial development in the United States，by W. D. Collins*，Serial Set Vol. No. 8478，Session Vol. No. 60 68th Congress，2nd Session. H. Doc. 543，Washington D.C.：Government Printing Office，1926.

Will Bagley，*The pioneer Camp of the Saints: the 1846 and 1847 Mormon Trail Journals of Thomas Bullock*，Spokane：the Arthur H. Clark Company，1997.

William C. Sturtevant，*Handbook of North American Inidans*, Washington：Smithsonian Institution，2008.

Young Hum Kim，*American Frontier Activities in Asia: US-Asian*

Relations in the Twentieth Century，Chicago：Nelson-Hall，1981.

北京国际战略问题学会编:《世界军备与裁军简明手册》,北京:军事译文出版社,1986。

〔美〕查尔斯·彼尔德著,何希齐译:《美国宪法的经济观》,北京:商务印书馆,1984。

〔美〕菲特、里斯著,司徒淳等译:《美国经济史》,沈阳:辽宁人民出版社,1981。

〔美〕富兰克林·罗斯福著,张爱民等译:《向前看·在路上:罗斯福新政从纲领到实现》,武汉:华中科技大学出版社,2011。

〔美〕格罗夫斯著,钟毅等译:《现在可以说了》,北京:原子能出版社,1978。

胡锦山:《1940—1970 年美国黑人大迁徙概论》,《美国研究》,1995年第 4 期。

〔英〕李德·哈特著,钮先钟译:《第二次世界大战战史》,上海:上海人民出版社,2002。

李凤鸣:《空想社会主义思想史》,上海:上海人民出版社,1980。

李世安:《一只看得见的手——美国政府对国家经济的干预》,北京:中国当代出版社,1996。

李庆余:《美国外交史:从独立战争至 2004 年》,济南:山东画报出版社,2008。

齐世荣主编：刘成、刘金源、吴庆宏著:《英国:从称霸世界到回归欧洲》,西安:三秦出版社,2005。

〔美〕尼米兹、波特著,赵振愚等译:《大海战:第二次世界大战海战史》,北京:海洋出版社,1987。

陶文钊主编:《中美关系史》,北京:中国社会科学出版社,2009。

〔日〕山冈庄八著,兴远译:《太平洋战争》(第 1 卷),北京:金城出版社,2011。

沈红:《美国研究型大学形成与发展》,武汉:华中理工大学出版社,1999。

〔美〕斯坦利·L.恩格尔曼、罗伯特·E.高尔曼主编,高德步等译:

《剑桥美国经济史(第一卷)殖民地时期》,北京:中国人民大学出版社,2008。

[美]休·戴维斯·格拉汉姆、南希·戴蒙德著,张斌贤译:《美国研究型大学的兴起 战后年代的精英大学及其挑战者》,保定:河北大学出版社,2008。

杨生茂、刘绪贻主编:《美国通史》(六卷本),北京:人民出版社,2008。

杨自保:《论20世纪60年代美国城市危机》,华东师范大学2006年硕士学位论文。

王旭:《美国城市发展模式:从城市化到大都市区化》,北京:清华大学出版社,2006。

王章辉:《英国文化与现代化》,沈阳:辽海出版社,1999。

[美]詹姆斯·麦克弗森著,刘世龙等译:《火的考验:美国南北战争及重建南部》,北京:商务印书馆,1994年。

中国人民革命军事博物馆:《中国人民解放军战史图集》,北京:中国地图出版社,1990。

https://www.loc.gov

http://www.loc.gov

https://www.census.gov

http://cascourses.uoregon.edu

http://www.nps.gov

http://www.fs.usda.gov

http://www.rowancounty.info

http://americanhistory.unomaha.edu

https://www.fhwa.dot.gov

http://dig.lib.niu.edu

http://www.in.gov

http://digital.library.okstate.edu

http://www.census.gov

http://mapserver.lib.virginia.edu

http：//cartweb. geography. ua. edu

http：//www. ourdocuments. gov

http：//www. westpoint. edu

http：//www. whitehouse. gov

http：//www. fdrlibrary. marist. edu

http：//www. nationalarchives. gov. uk

http：//www. nrdc. org

http：//www. eia. gov

图书在版编目（CIP）数据

地图上的美国史 / 张津瑞，林广著.—2版.—上
海：东方出版中心，2016.5（2020.5 重印）
（地图说史）
ISBN 978-7-5473-0936-0

Ⅰ.①地… Ⅱ.①张… ②林… Ⅲ.①美国—历史—
通俗读物 Ⅳ.①K712.09

中国版本图书馆CIP数据核字（2016）第048656号

地图上的美国史

出版发行　东方出版中心
地　　址　上海市仙霞路345号
邮政编码　200336
电　　话　021-62417400
印 刷 者　三河市德鑫印刷有限公司

开　　本　720mm×1020mm　1/16
印　　张　21.25
字　　数　302千字
版　　次　2016年5月第2版
印　　次　2020年5月第5次印刷
定　　价　45.00元